蓝色报告2013

浙江舟山群岛新区社会发展报告

主　编　方志华
副主编　骆小平　王建友

海洋出版社
2014年 · 北京

图书在版编目（CIP）数据

蓝色报告：浙江舟山群岛新区社会发展报告. 2013/方志华主编. —北京：海洋出版社，2014. 4
ISBN 978 -7 -5027 -8776 -9

Ⅰ. ①蓝…　Ⅱ. ①方…　Ⅲ. ①社会发展 - 调查报告 - 舟山市 - 2013②经济发展 - 调查报告 - 舟山市 - 2013　Ⅳ. ①D675. 53②F127. 553

中国版本图书馆 CIP 数据核字（2014）第 004233 号

责任编辑：任　玲　鹿　源
责任印制：赵麟苏
海洋出版社　出版发行
http://www.oceanpress.com.cn
北京市海淀区大慧寺路 8 号　邮编：100081
北京华正印刷有限公司印刷　　新华书店经销
2014 年 4 月第 1 版　2014 年 4 月第 1 次印刷
开本：787 mm×1092 mm　1/16　印张：15. 25
字数：280 千字　定价：36. 00 元
发行部：62147016　邮购部：68038093　总编室：62114335
海洋版图书印、装错误可随时退换

海洋首个“新区”需要“特别整体研究”（代序）

浙江舟山群岛新区研究中心主任　黄建钢

《蓝色报告2013》就要问世了，心中既有一些欣慰，又有一些忐忑。

从2003年第一本《蓝色报告》出世以来，一晃已经10年过去。在这10年中，孕育《蓝色报告》的环境和氛围已经发生很多和很大的变化。可看到的变化有：一是世界性的“海洋世纪”已经进入第二个10年，全球性的“海洋意识”普遍增强，海洋争议和争端时有凸起并发酵；二是作为首个“海洋经济”主题的“浙江舟山群岛新区”不仅进入了国家“十二五”发展规划，而且得到批复设立和挂牌，发展规划已获批准；三是中央政治局举行了“海洋战略”集体学习，习近平总书记提出“经略海洋”概念并作出明确的阐述；四是“中国（上海）自由贸易试验区”规划已经批复并挂牌，“舟山自贸园区”也在积极探索之中，等等。

这是新的《蓝色报告》面临的新机遇和新挑战，它既可能成功于此，也可能失败于此。关键在于，它的策划者、主编者和研究者如何掌握和呈现。现在看，新的《蓝色报告》即将出版了，这等于已经抓到了机会；但其内容距离“新区社会发展报告”的内涵还有不少差距，这等于又没有很好地抓牢机会。

不过，《蓝色报告》在反映新区建设和发展的进程上毕竟已经迈出了可喜的第一步，这也是回归和浓缩的一步。它在历史上已经迈出过“浙江”和“全国”两个步子——2003年《蓝色报告》的副标题为“浙江社会发展的若干调研”，2004年《蓝色报告》的副标题为“中国社会经济发展的若干调查”。这一步使其又回到了起点——舟山：一方孕育和养育了浙江海洋学院的水土。现在到了浙江海洋学院必须反哺舟山的时候。“浙江舟山群岛新区”的设立和运行标志着中国的“海洋意识”、“海洋战略”和“海洋对策”已经进入一个新的阶段。

同时要看到，“浙江舟山群岛新区”建设的艰巨性，其艰巨性在于，我们还是很难突破自己的思维方式。由于思维的局限，人们观察、确认和利用自然资源、社会资源和心理资源存在严重的障碍，而拓展“海洋经济”的“主题新区”的关键在于要有一个“海洋思维”。海洋思维不仅是指一种思维方式，更是指一种思维角度。

其实，思维角度一般要比思维方式更重要和优先，但角度又由“观点”决定。这里的“观点”不是通常意义的“结论”，而是指观察事物和事务的平面点。这个“点”一般由经度和纬度的两维交叉而成，然后再在平面点基础上确立一下高度，所以，角度是由经度、纬度和高度来决定的。不同的“角度”选择不同的“方式”，不同的方式产生不同的“结论”。

从海洋的角度看“浙江舟山群岛新区”就会发现，这个“第四个新区”一定有一个如何发现、挖掘、培育和利用海洋资源的问题，或许中央把它定位为“海洋经济主题新区”也正基于这个考虑，甚至可以说，利用海洋资源的多少和好坏决定着新区发展的程度和高度。但现实是，在“浙江舟山群岛新区”的发展思路和方式中，利用“海洋资源”所占的比重距离“海洋经济主题”的要求还有很大的差距，所用和所思的基本还是一个陆地资源的问题。

“浙江舟山群岛新区”是一项国家海洋战略部署，其战略性体现在海洋产业的战略布局和结构上，由此才决定了其在国家战略中的地位和作用。关键是，其中哪些属于国家的战略部署与布局？只有明白了这些，新区的建设和发展才有方向和动力。其中，国家的海洋战略一定需要“浙江舟山群岛新区”的贡献，但“浙江舟山群岛新区”的贡献不一定就是国家的战略需求。这就既需要锁定目标，又需要调整节奏，而《蓝色报告》就是对其进程的跟踪、记载和思考。

应该说，《蓝色报告》在历史上已经起到了或发挥了应有的作用。当初领导给予我们“有情况，有分析，有建议，有一定的参阅价值”的肯定，一直在激励和指导着我们的思维和行为。这又要求我们在研究和编撰“浙江舟山群岛新区社会发展报告”时不仅必须要有纵向和横向比较，而且还要有收集和提炼我们对新区发展的观点和观念，形成富有应用性和前瞻性的对策和建议。这就需要我们的研究者一定要深入到新区的建设和发展的实际运行中去，然后再用创新的态度把新区放到学术的X光上去透视一下，接着再把一些问题放到手术台上去解剖一下。

其实，“浙江舟山群岛新区”要想发展，就必须接轨国际。而接轨国际，则必须接入TPP谈判，而要真正地进入TPP谈判，则必须建立在海峡两岸的“特自区”的基础上，助力使海峡两岸合作进入一个更高的层次和水平。由此可见，《蓝色报告》就不仅是一次简单的收集和记录，而且应该是为舟山发展提供一种复杂的视角和对策。它还要反映学术界对“浙江舟山群岛新区”的研究，尤其是从社会学角度的研究，因此书名的副标题为“浙江舟山群岛新区社会发展报告”，强调的是“社会”的整体和复杂性，它还包含经济、文化、政治、教育等方面。这也决定了“浙江舟山群岛新区”的创新必须是一个“整体创新”，研究者必须具有一种“整体思维”，这是与“分析思维”反向的思维方式。这种思维方式至今还处在萌芽和探索阶段，还没有成功的案例和成熟的经验。这又要求必须对研究者进行“整体思维”和“整体研究”的培训。不进行这样的培训，要想做好这样的研究是不可能的。

从这个角度看，《蓝色报告2013》还是有一些不足甚至遗憾的，但愿会在以后的《蓝色报告》中变得成熟和完善起来，如同“浙江舟山群岛新区”也在不断成熟之中一样。

是为序。

CONTENTS | 目录 |

第五部分　舟山宗教与反邪教

第六部分　新区形象与公民素养

第七部分　社会调查体会与心得

第一部分
新区政策与制度

舟山群岛新区产业结构与流动人口管理政策研究

顾协国

【摘　要】 2011年舟山成立群岛新区，随之而来的是产业结构的升级和大量流动人口的进入。通过认清舟山新区发展现状、产业结构和流动人口，提出新区产业布局规划和流动人口管理的对策，从创新公共服务政策、经济发展政策、社会管理政策三方面制定流动人口的管理政策，从而合理布局新区的产业结构，加快新区发展的速度。

【关键词】 舟山群岛新区；产业结构；流动人口政策

一、该课题的背景和意义

在现有的政治、经济、文化、社会和生态文明建设的背景下，提出舟山群岛新区产业结构与人口政策的研究课题，具有时代和现实意义。

（一）提出舟山群岛新区产业结构与人口政策课题的背景

2013年1月17日，国务院正式批复《浙江舟山群岛新区规划》，规划中提出的五大目标的实现和五大功能群岛的建设，都要求舟山进行产业结构的调整。而产业结构的调整必然会引起人口流动的变化，人口流动的变化势必也会引起相应的人口政策的调整。可见，产业结构的升级和人口政策的调整在舟山群岛新区的发展中占据着举足轻重的地位。我们之所以提出该课题，也是建立在政治、经济、文化、社会和生态文明建设五大背景之下。

作者简介：顾协国（1969—），男，浙江定海人，浙江海洋学院思政部副教授。

1. 政治背景

2011 年 3 月，十一届全国人大四次会议审议通过了《国民经济和社会发展第十二个五年规划纲要》，其中第三十八章第二节（构建社区管理和服务平台）中明确提出“加强流动人口服务管理”，为舟山群岛新区的发展指明了方向。同年 6 月 30 日，国务院正式批准设立浙江舟山群岛新区，舟山成为我国继上海浦东、天津滨海、重庆两江新区后又一个国家级新区，而且为我国首个以海洋经济为主题的国家级新区，这就为舟山的产业结构发展做了定位。2013 年 1 月 17 日，国务院正式批复《浙江舟山群岛新区规划》，其中，对于舟山未来的产业布局做出了明确的规划。而产业的发展离不开人的因素，在舟山群岛新区建设中产生的各种政策背景，都要求舟山产业结构的升级和人口政策的调整。

2. 经济背景

舟山群岛新区经济的强劲发展促进了产业结构的升级和人口政策的调整。舟山群岛新区作为我国首个以海洋经济为主题的国家级新区，是浙江海洋经济发展的先导区和长江三角洲地区海洋经济发展的重要增长极。2011 年舟山市 GDP 达 772. 8 亿元，“十一五”期间年均增速近 15%，居浙江省首位；2012 年，全市实现地区生产总值 851. 95 亿元，比上年增长 10. 2%，增速居全省第二。三次产业的结构比例为 9. 8∶45. 2∶45. 0，已经进入产业结构优化升级的重要阶段。在舟山经济发展的同时吸引了大量的市外、省外流动人口。据相关部门统计，舟山市流动人口总量从 2000 年的 6. 99 万人增加到 2012 年的 36. 94 万人，年均增长率为 14. 88%，已经占到舟山户籍人口的 20% 左右，对此，必须加强对新区大量流动人口的管理，调整人口政策。

3. 文化背景

舟山独特的文化背景，为其产业结构的升级和人口政策的调整提供了契机。舟山独特的地理区位，为舟山营造了颇具特色的渔业文化、海岛文化；而舟山的佛教圣地普陀山，又为舟山带来了独特的佛教文化，吸引了不少外来流动人口。舟山目前的产业结构呈现“二三一”模式，第二产业和第三产业比例相当。《浙江舟山群岛新区规划》中的第十章明确提出了要把舟山建设成为海洋科教文化基地。舟山的发展离不开第三产业的发展。在这一文化背景下，舟山必须重视对流动人口的管理，用舟山特色海洋文化的巨大吸引力，打造海洋人才高地，带动人脉聚集，建设我国海洋高端人才聚集地和人力资源富集区，借此升级产业结构，调整人口政策。

4. 社会背景

舟山现有的社会背景，要求舟山升级产业结构，调整人口政策。舟山群岛新区的发展带来大量的流动人口，我们在看到它带来大量劳动力的同时，也不能忽视由于流动人口本身所具有的自发性、无规律性、无序性、盲目性所带来的弊端。这些弊端很容易造成社会的动荡不安，甚至会阻碍舟山产业结构的升级。而舟山群岛新区的发展离不开产业结构的升级。在人口大量流入舟山的背景之下，必须调整现有的人口管理政策，从而为舟山经济的发展，产业结构的升级营造一个良好的社会氛围。

5. 生态文明背景

舟山的生态文明背景为其升级产业结构和调整人口政策提供了一个“舞台”。舟山群岛新区生态条件良好，人居环境秀美，是全国空气质量最好的城市之一。据中国人民大学环境学院等机构发布的《中国城市空气质量管理绩效评估》称，中国空气质量好的城市个数仅占10.67%，可以说是凤毛麟角，而舟山群岛就是其中的佼佼者。在环保部2013年1月公布的数据中，舟山群岛在74个监测城市中排名居于第三。2012年6月28日，舟山入选中国十大养老胜地。舟山的环境吸引了不少外来人口，这就要求调整人口政策。新区规划中提出舟山发展的原则为生态优先，和谐发展，积极打造“绿色舟山”、“美丽海岛”，这就要求提升产业结构。

（二）研究舟山群岛新区产业结构与人口政策课题的意义

1. 认清舟山发展现状

舟山群岛新区的发展，带来舟山产业结构的升级。与此同时其传统支柱产业如船舶修造、港口物流、海洋渔业、海洋旅游等海洋类产业将继续发挥重要作用，而这些支柱产业又都是劳动密集型产业，它们在新区建立的背景下势必快速发展，这就必然会吸引大量的市外、省外人口流入舟山，从而对舟山的经济、社会等各方面产生影响。所以，新区的发展离不开产业结构的升级和人口政策的调整。对目前舟山产业结构和人口政策的了解和分析，是认清舟山新区发展现状的必经之路。

2. 平衡产业布局和人口流动

人口与经济之间存在着辩证的关系，并不是劳动力越多，经济越发达，而是这两者之间要达到一个均衡值，才能发挥出最大的正面效应。所以，有必要根据舟山经济的发展建立适度的人口目标。根据测算，2020年舟山适度人口容量应该在138万~187万人之间。由此，需要引进大量的外来流动人口，并对其进行科学规划、调节和管理，适应现有的生产结构；或者根据现有的生产结构，合理规划舟山的流动人口，使两者达到最大的正面效应，促进新区的经济发展。而对于舟山产业结构和人口政策的研究，有利于发现产业布局与人口流动之间的联系，平衡两者之间的关系，更好地促进舟山经济的发展。

3. 科学布局新区产业结构

产业结构的升级是舟山经济发展的必要途径。本课题通过对舟山产业结构和人口政策的研究，结合《浙江舟山群岛新区规划》中对于舟山新区产业布局的规划，再根据舟山的人口现状，有利于为科学、合理地布局新区的产业结构服务，以助推“构建功能定位清晰、开发重点突出、产业布局合理、集聚效应明显、陆海协调联动的‘一体一圈五岛群’总体开发格局”。

4. 合理疏导新区流动人口

新区发展吸引的人口对舟山的发展起着至关重要的作用，所以对流动人口的管理是新区发展不容忽视的一个问题。通过对舟山产业结构和人口政策的研究，合理地疏导新区的流动人口，变无序为有序，增强流动的稳定性、规则性，从而进一步优化人口产业结构，促进舟山产业结构转型升级。

二、舟山群岛新区产业结构和流动人口现状与规划

研究舟山群岛新区的产业结构与人口政策，首先要了解舟山产业结构与流动人口的现状，再在此基础上提出新的规划。

（一）产业结构和流动人口现状

1. 流动人口现状

流动人口（Recurrent Population）是指“短暂性离开常住地（半年以上），跨市级以上行政区域流动为谋生求业的人口”。总体来看，舟山市当前的人口流动状况表现为以下两方面：一是流动人口中外来流动人口数量大；二是外来流动人口的文化素质不高，影响舟山产业结构的升级。

舟山市的流动人口既有本市户籍的流动人口，也有外来的流动人口，但本市籍流动人口与外来流动人口相比数量较小。2008年，舟山外来暂住人口占全市总人口的三成；其中省外流入占八成以上。据第六次人口普查数据显示，舟山市市外流入总人口达30.31万人，其中常住舟山为24.55万人，占全市112.13万常住人口的21.89%。这也就是说，舟山市每5个常住人口中就有一个是市外人

口。如今舟山群岛新区的建立使舟山走上了快速发展的轨道，正经历和面临着社会经济发展大变动的时期，这必将牵涉到更为剧烈的人口波动。

然而，大规模、大数量、快速度的人口流入中，大部分的外来务工人员虽然劳动能力偏强，然而文化素质却偏低，成为阻碍舟山新区产业结构升级的一大瓶颈。据统计显示，流动人口中初中文化程度占52.2%，所占比例最高；其次是小学文化程度为24.2%；而高中以上则为13.3%，不识字的占10.3%。舟山的发展需要高技能的人才，根据舟山产业结构升级的需要，届时技能人才总量需要13.5万，高技能人才至少需要2万人，这都要求劳动力具有较高的文化素质水平。

2. 舟山群岛新区产业结构现状

产业结构（Industrial Structure）是指各产业的构成及各产业之间的联系和比例关系。产业结构升级（Upgrading Industrial Structure），是指产业结构从低级形态向高级形态转变的过程或趋势。舟山产业结构升级主要体现在两方面：一是从“二三一”的产业结构模式向“三二一”升级和转型；二是舟山传统海洋产业向海洋新兴产业的升级和转型。

根据2012年统计，舟山三次产业的结构比例为9.8:45.2:45.0，舟山的特色海洋产业的发展领域基本是在第二产业，如水产品加工业、海洋工程装备制造业、修造船业等。然而舟山因地理位置带来的丰富的生物资源，因佛教文化、海洋文化带来的丰富的旅游资源等都为第三产业的发展提供了契机。在群岛新区建设的背景下，舟山产业结构的优化、升级和转型拥有了一个较好的前景。

海洋产业一直是舟山的特色产业，也成为新区产业升级的重点对象。虽然舟山的海洋产业体系较为完善，海洋渔业发达，但毕竟是针对舟山传统的海洋产业而言，舟山产业升级的重要部分就是充分发挥科技创新和成果转化的引领驱动作用，不断提高资源利用效率和水平，推进海洋传统产业向新兴产业升级转型，从而全面提高海洋综合开发效率和效益。

（二）产业结构和流动人口管理规划

根据舟山产业结构和人口政策的现状及产业与人口的辩证关系，可以有效地提出舟山群岛新区的产业和人口规划，且这两者在新区规划中不可分割，相辅相成。一方面是通过产业结构的升级，带来高质量的人口流入；另一方面是通过疏导从而合理地利用流动人口，加快新区产业结构的升级。

1. 规划新区产业布局

规划新区的产业布局主要包括两方面：一是产业的内容布局；二是产业的空

间布局。

舟山新区产业内容布局的规划目标依旧是以海洋为重点内容，即将舟山建设成为重要的现代海洋产业基地。现代海洋产业基地有别于传统的海洋产业，最突出的就是要建立大宗商品交易平台、海陆联动集疏运网络、金融和信息支撑系统“三位一体”的港航物流服务体系，并且其核心是将海洋科技创新成果转化为现实生产力。

海洋产业的空间布局主要是重点构筑“南生活、中生态、北生产”三带协调、功能清晰的发展格局。尤其是在南部的花园城市带的建设规划中加快第二产业和第三产业培育步伐，发展以金融贸易、海事中介、医疗服务、研发创意、教育培训、休闲旅游、会展节庆等业态为主的现代服务业。北部重点是对传统海洋产业的升级，建立海洋新兴产业带。如重点发展临港装备制造、海洋生物、海洋探测装备、高端海洋电子信息、水产品精深加工等海洋新兴产业，形成产业转型升级先导区和海洋新兴产业聚集区。中部的生态区的建立也是对于产业的一个新布局，生态的发展为旅游业的发展提供了良好的机会，从而有利于第三产业的发展。

2. 管理新区流动人口

根据新区新的产业布局，舟山的人口政策也必须做出相应的新规划。一是要根据产业布局规划疏导人口流动；二是要用新区的优惠政策去吸引有利于舟山发展的高素质人才；三是要规划提高现有的人口素质。

舟山群岛新区的建立，对于外来人口的吸引力又增加了一个筹码。而产业结构的新布局是舟山发展的必经之路，面对大量的外来流动人口，必须根据地区需要，对外来人口进行引流，使得流动人口可以发挥最大的正面效应。

舟山的产业结构升级是朝着新兴产业发展的，这需要高素质的人才，为舟山的发展做出贡献。在舟山的发展规划中必须要建立健全人才培养、引进、激励机制，建设我国海洋高端人才聚集地和人力资源富集区。

舟山产业结构的升级所需要的大量的高素质人才，不仅来源于直接的引进，还可以通过对现有的外来流动人口进行引导和培养。虽然现在大部分的外来流动人口的文化水平比较低，但经过培养，还是可以为紧缺的中等水平的岗位提供人才来源或储备。

三、舟山群岛新区流动人口政策

人口政策，是指一个国家根据本国人口增长过快或人口停止增长乃至出现负增长而采取的相应的政策措施。《中华人民共和国宪法》第二十五条指出：国家推行计划生育，使人口的增长同经济和社会发展计划相适应。2013 年政府工作报告中也提到，逐步完善人口政策。坚持计划生育基本国策，适应我国人口总量和结构变动趋势，统筹解决好人口数量、素质、结构和分布问题，促进人口长期均衡发展。

具体地说，落实好群岛新区发展规划，“吸引来人，留得住人”是重中之重，因此既要有效引导人口流动，也要加强流动人口服务管理，制定有效的地方人口管理政策，确保基本公共服务的提供，促进产业结构升级，推动经济社会发展。

按照舟山群岛新区规划，2020 年底需支撑的人口资源至少要 150 万～200 万；若按繁荣市场、完善城市功能和长远发展，舟山群岛新区需要更多的人口作支撑。而目前舟山常住人口仅有 114 万，已不能满足新区人口需求。现在新区刚起步，尚处于经济转型期，为更有效地对产业结构转型升级所需配套的人力资源进行管理、分配，必须采取如下政策。

(一) 创新公共服务政策，提振积聚新区建设的人气

公共服务，是 21 世纪公共行政和政府改革的核心理念，包括加强城乡公共设施建设，发展教科文卫等公共事业，为社会公众参与社会经济、政治、文化活动等提供保障。面对舟山大量的流动人口，需从教育、卫生、居住、就业等方面进行创新，更好地服务流动人口。

1. 教育政策

越来越多的人口涌入舟山，拖儿带女现象严重，因此必须重视教育问题，做到教育公平。根据流动人口自身条件，使符合条件的流动人口子女义务教育阶段在指定学校就读，在收费、接受教育管理等方面与本地学生享受同等待遇，入读市内职业学校享受和本地学生同等待遇，也可申请报考本地普通高中。据统计，全市在义务教育阶段学校就读的流动人口子女有 15 286 名，入学率达到 100%，其中在公办中小学就读的有 9 202 名，公办学校接纳比例为 60.2%。

目前，民办民工子弟学校可在一定程度上弥补民工子弟失学的缺口，有利于保持社会健康有序的发展。但校舍安全、食堂卫生和学生饮食安全、学校综合学科教师严重缺乏、班容量普遍超标等问题突出，必须着力加以解决。从落实因地制宜地推行优化学校教育优质资源配置政策出发，应加强对民工子弟学校的扶持力度。

另一方面，强化职业教育、成人教育、继续教育，着力办好成人文化技术学

校。根据新区规划和实际需求对流入人口进行订单培训，积极开展外来务工人员、企业职工、转产转业渔农民、下岗失业人员培训；推进成人继续教育，完善社区教育基地建设，有效利用和整合社区各种教育资源，建立一支以专职为骨干、兼职为主体，专兼结合、素质较高的社区教育工作者队伍，以满足居住社区人员的终身学习需求。

2. 卫生政策

子女等教育能够落实，是“留得住人”的重要筹码之一，但城市化、工业化和人口老龄化进程的加快，传染病、慢性非传染性疾病和重大公共卫生安全问题等带来的多重挑战，公共卫生服务能力亟须提升。只有公共卫生服务能力提高，新居民才能放心、安心。

要加强流动人口健康管理，实施流动人口健康管理项目，建立流动人口健康服务与管理新机制。建立流动人口健康综合治理机制。流动人口往往是一些疾病的易感人群和传染中介，必须提升流动人口疾病监测能力、发现能力和处置能力，确保不发生因控制不力而导致的疾病传播和蔓延。

尤其要加强流动人口妇幼保健能力建设。要突出、强制推进流动人口出生缺陷防治工作，加大新生幼儿出生缺陷监测力度，完善婚前医学检查和孕前优生检查，加强和规范产前筛查诊断和新生儿疾病筛查工作，提高流动人口出生的素质。据统计，2010 年共为流动人口育龄妇女免费查环、查孕 47 610 人次，免费手术服务 767 人次，避孕药具免费发放率达 94.2%。

3. 居住政策

舟山在面临群岛新区建设需要大量人力资源之际，应大胆创新，吸引舟山新居民共谋发展。截至 2011 年，舟山已经有流动人口 330 557 人（其中定海 118 090 人，普陀 146 360 人，岱山 55 344 人，嵊泗 10 763 人），但由于种种原因，居住情况呈现多种形态，主要以散居和租房为主，缺乏稳定性和合适的居住条件。

根据《浙江省流动人口居住登记条例》，舟山必须对《居住证》政策创新的力度超越其他地市，使申领居住证人员享受更多的优惠待遇。在就业政策、子女就学、劳动保障、卫生安全、维权服务等方面提供便利。

此外，大力发展“流动人口园区”式的居住场所，引导在产业集群地带附近进行聚居，并跟进相应的配套设施。如企业为外来务工者提供集体宿舍，并由相应企业依法承担流入人口管理的责任。由用人单位对居住在集体宿舍的流入人口逐人逐户进行登记，建立花名册，并帮助员工统一报送到镇（街道）流入人口事务所办理相关证件。

4. 就业政策

贯彻落实就业优先战略，强化政府促进就业责任。加大对流动人口就业援助的力度。一方面要建立制度化的就业帮扶机制，履行政府对流动人口就业困难群体的就业帮扶责任，完善职业培训、就业服务、劳动维权“三位一体”的工作机制，确保各类就业困难人员得到托底安置；全面推进充分就业建设，健全就业援助长效机制和工作保障制度，确保就业困难群体出现一人，帮扶一人，就业一人。另一方面要充分保障流动妇女就业权益，出台政策和细则，消除就业性别歧视，开展妇女就业援助专项活动，创造公平就业的社会环境，加强妇女劳动保护，加大劳动监察力度，开展妇女就业权益专项检查，废除用人单位歧视妇女的就业规定和内容，依法处罚就业歧视行为。

强化常住流动人口就业失业登记管理制度。为方便流动人口就业援助工作，帮助流动人口实现顺利就业、安居就业的目标，首先要建立流动人口就业失业登记管理制度。其次要开拓常住流动人口就业的新渠道。完善职业培训、就业服务、劳动维权“三位一体”的工作机制。再次要发展区域经济、乡镇企业和服务业。加快建设小城镇，促进就地就近就业。

5. 人才政策

人力资源是发展的基础，而人才则是发展的保障。舟山群岛新区发展初期，处于打基础阶段，基础建设项目多，需要的人力资源数量自然就大，随着产业结构的调整和发展，尤其是舟山群岛新区从起初注重国内生产总值（GDP）数量逐步向质量转变，由注重投入产出到科技产出，注重提升科技含量和产品附加值，就必须做好流动人口的人才工作，必须做好人才政策的创新。

人才管理制度的创新。人才管理是留住人才、调动人才积极性的关键所在，要创造人才工作的宽松舒心的环境，通过实施重大人才工程打造海洋人才特区。海洋是舟山群岛新区的特色，建设好舟山群岛新区，必须突出这一特色，利用好这一特色，解放思想，充分利用新区的特殊地位，建设新区人才高地。

建立健全人才优化政策。引进并留住有用的人才，必须有比长三角其他城市更吸引人的条件、环境和事业平台。为此，应优化人才引进配套政策、培育使用政策、待遇保障政策，建立创新人才的激励机制。建立以政府奖励为导向、用人单位和社会力量奖励为主体的人才奖励体系；建立高层次人才评比表彰制度。建立由政府、社会、单位、个人等多元化、多渠道的投入机制，能够让一定数量的中高端人才、大量的初端人才愿意来，愿意留。

（二）创新经济发展政策，满足产业建设需求，引导人口围绕新区产业发展流动

人口是经济发展、产业建设的重要依托，人力资源是新区建设所有资源中的“第一资源”，人才资源则是新区建设的灵魂。新区产业空间新的战略性布局的逐步贯彻落实，意味着由此会产生成千上万劳动岗位和辅助就业机会，客观上需求大量流动人口充填劳动力市场，也会吸引众多的人力资源前来寻求发展机遇。

根据浙江舟山群岛新区、浙江海洋经济发展示范区、国家海洋综合开发实验区和长三角地区经济发展重要增长极的战略定位，按照“四岛一城”（国际物流岛、自由贸易岛、海洋产业岛、国际休闲岛和海上花园城）的规划目标，突出“一体一圈五岛群”的空间结构，围绕“一心（舟山岛为舟山城市发展核心）、三副（以岱山岛、泗礁岛和六横岛为舟山城市发展副中心）、多点（以金塘、衢山、朱家尖、长涂、大洋山、桃花岛等岛屿为基础，发展新型城镇或城市综合体）”的安排，通过制定适应的经济政策引导人口合理流动，引导人口围绕新区产业建设、空间规划、城市综合体布局为核心进行流动，满足新区建设的人力资源需求。

用产业引导流动人口的走向，是实施流动人口服务管理的一项重要模式。根据产业的发展对各种人力资源的实际需求，用产业引导流动人口的走向，由市场对流动人口进行自发的配置，提高产业引导、市场配置，从而实现流动人口在现实中的合理流动。

舟山以海洋产业为主，包括以海洋捕捞渔业为主的第一产业，以船舶修造业、海洋交通运输业为主的第二产业，特别是以渔业服务业、海岛旅游业、海景房产为主导的第三产业，逐渐成为舟山群岛新区经济转型升级的重要支柱力量。

但由于舟山渔农村比较富裕，城乡差别相对较小，渔农村消费市场的扩大也使得就业增加，这也是第一产业发展带来的贡献。同时舟山群岛新区第三产业发展还有较大的提升空间。目前国内外对三大产业的就业弹性分析表明，第三产业就业弹性最大，是吸纳劳动力最多的产业。舟山群岛新区的第三产业无论从经济社会与资源环境可持续发展的角度，还是从促进就业的角度，都应该大力扶持，促进经济结构的优化和发展方式的转变。

（三）创新社会管理政策，降低流动人口管理成本，有序引导合理流动

由于受多种因素和国家相关政策的影响，人口盲目流动、无序流动现象还存在，仍会引发诸多新情况、新问题，须通过社会管理政策创新加以引导，促进新区人口按经济社会规划与发展需求流动。

1. 构建人口有序流入的服务管理工作机构体系

流动人口管理得好不好，关键在于有没有部门负责，有没有人管事，为此必须建立健全管理机构，配足配强服务管理人员。逐步实现“一体化”服务管理，即将与人口相关的所有服务统一并入到一个部门。

首先要建立完善的服务管理机制。流动人口工作必须从综治委负责的体制下解放出来，设立专门的流动人口服务管理局，进一步理顺流动人口服务管理体制，实现由机构设置体制到服务管理机制的实质性转变。

其次要健全流动人口服务管理领导小组的综合协调机制。加强流动人口服务管理，要降低管理成本，引导有序合理流动，杜绝扯皮推诿，提高服务管理效率，要明确责任，细化职能，并与公安、计生、卫生等职能部门做到信息共享、职能部门齐抓共管。

再次要做好流动人口服务管理队伍的建设和保障工作。按照省政府要求的500:1公开招收流动人口信息协管员，及时做好流入人口登记、办证等工作，以及协助其他职能部门落实流入人口的教育、服务、管理和维权工作。

各区（县）、各有关部门狠抓流动人口服务管理工作的基础建设，严格落实流动人口服务管理责任制，有效提高对流动人口的掌握和管控，增强流动人口服务管理工作的实效。在乡镇（街道）依托综治中心开展服务管理工作，设立流动人口服务管理中心，为流动人口提供证件办理以及用工信息、教育培训、法律咨询、权益维护等服务；不断完善流动人口信息管理网络建设，将人口计生、教育、卫生、劳动保障等信息融为一体，有效提高信息综合应用水平；同时针对当前舟山市船舶修造行业外来人口众多、流动量大、人员复杂的情况，严把“住宿关”、“务工关”、“办证关”、“进出关”、“信息采集关”，为有效管理提供有力支撑。定海、普陀等地坚持推行流动人口“本地化”服务管理，协同街道（乡镇）建立新居民委员会，强化流动人口自治自管。

此外，各地积极推进基层自治组织建设，以“外来人口之家”、“民工之家”等活动为载体，让流动人口群体参与自我管理，及时了解诉求，倾听意见，化解矛盾，有效促进了流动人口和本地人口的交流与融合。

2. 注重引导舟山流动人口综合素质的全面提升

管理部门要从“以人为本”出发，坚持科学发展，有步骤地提升常住流动人口的综合素质，为群岛新区发展提供助推力量。

一是要大力推进法制宣传教育工作。着眼于提高流入人口的法律素质，坚持以人为本，寓教育于服务之中，逐步形成教育灌输法、媒体宣传法、典型示范法、自我教育法、维权助推法等多种宣传教育方法，并通过本地各类媒体法制栏目开展宣传教育，制作法制宣传标语、宣传牌、宣传画廊、宣传警示牌，下基层宣传，提高流入人口宣传教育覆盖面。

二是要切实保障流入人口参政议事等民主权利。在每年“两会”新增流入人口的列席名额，积极落实企业职代会中流入人口代表数，依法保障流入人口行使对本单位民主管理的权利；在涉及流入人口的登记批转、案件办理等方面进行严格规定，免费提供现场法律咨询和帮助申请法律援助服务，对合法权益受到侵害又经济困难的流入人口当事人提供代书法律文书、非诉讼代理服务等。

三是要建立信息协管员的培训平台。发挥信息协管员的作用，必须提升其法律素质，做好纠纷调解技能培训工作，通过集中培训、及时交流、定期总结等方式，充分发挥其一线协调功能，同时抽调部分信息协管员入驻司法所，协助流入人口维权服务工作。在各流入人口事务所开辟维权服务窗口，根据侵权事实和涉及金额、调解难度、社会影响等，进行综合处理。流入人口侵权案件一律实行“谁接待、谁落实”的全程跟踪办结责任制，根据纠纷调解难度确定办结时限，切实提高服务效率，实现服务事项无积压、服务受理无推诿。

四、结语

总的来说，在当前形势下，随着《浙江舟山群岛新区发展规划》的出台和落实，产业结构有目的、有计划地向以海洋经济产业为支柱的方向进行转型升级，以市场经济要求推动第三产业的发展。舟山亟须大量的人力资源，研究表明，人口整体素质的提高，与经济发展是成正比的，因此，通过政府科学的管理与服务，引导人口有序迁移、合理流动，以适应产业结构布局是当务之急。

参考文献

1. 浙江省发改委：《浙江舟山群岛新区发展规划》，2013 年。
2. 课题组：《舟山群岛新区产业布局中的流动人口管理机制研究》，2013 年。
3. 课题组：《舟山市流动人口服务管理的现状与困境研究》。
4. 浙江大学人口与发展研究所课题组：《舟山人口发展态势研究》，2010 年。
5. 熊理然，成卓，李江苏：《主体功能区格局下中国人口再布局实现机理及其政策取向》，《城市管理》，2009 年。
6. 浙江海洋学院社会科学部课题组：《舟山市常住人口态势发展研究报告》。
7. 国家人口计生委课题组：《英国人口管理实践及对我国的人口管理启示》，《学习时报》，2012 年。
8. 舟山市统计信息网[EB/OL].(2012)http://www.zstj.net/ShowArticle.aspx? ArticleID = 5406.

9. 舟山新区产业结构比例[EB/OL].(2013).http://www.zhoushan.cn/rdzz/gjjhhzhkf/xwsd/201301/t20130123_578879.htm.
10. 舟山空气质量[EB/OL].(2013).http://zj.sina.com.cn/news/m/2013-04-03/151370221.html.
11. 定海新闻网[EB/OL].(2011).http://dhnews.zjol.com.cn/dhnews/system/2011/06/30/013936707.shtml.
12. 产业结构的概念[EB/OL].(2013).http://baike.baidu.com/view/61661.htm.
13. 产业结构升级法概念[EB/OL].(2013).http://baike.baidu.com/view/3136720.htm.
14. 百度百科[EB/OL].(2013).http://baike.baidu.com/view/958065.htm.

非正式制度约束与舟山群岛新区制度创新

杨菊平　张中飞

【摘　要】　舟山群岛新区的建设发展离不开制度的创新，而制度的创新往往表现在正式制度的“移植”和借鉴，制度创新的成功与否更为重要的是制度的运行问题，正式制度的有效与否与舟山本地的非正式制度密切相关。本文通过对舟山群岛新区制度创新的调查研究，指出在舟山群岛新区制度创新过程中要注意避免与正式制度相冲突的非正式制度约束等问题以及如何更好地推动舟山群岛新区制度创新。

【关键词】　舟山群岛新区；正式与非正式制度；制度创新

一、引言：问题的提出

自2011年6月30日国务院正式批准设立浙江舟山群岛新区以来，对如何建设舟山群岛新区，加快新区发展有诸多的调查与研究。一个普遍的认识是，舟山群岛新区的发展需要政策与投入支持。无论从舟山的现实情况出发还是借鉴国内外新区建设的经验，这一认识都得到充分的支持。而舟山群岛新区作为我国首个颁布的以海洋经济为主题的国家战略性区域规划，有其特殊性，在制度的建设上更是不能简单地照搬照抄，需要结合舟山实际情况和发展战略目标来制定。因此，无论我们主观上是否愿意接受，制度的创新都是必需的。问题在于舟山群岛新区的发展需要什么样的制度？在制度的创新过程中，需要注意哪些因素以避免出现与预期不符的结果？本文拟从这些问题出发，在对舟山群岛新区制度创新调

作者简介：杨菊平（1977—），女，湖南浏阳人，浙江海洋学院思政部讲师，博士；张中飞（1976—），女，浙江绍兴人，浙江海洋学院思政部副教授。

查的基础上做进一步的探讨。在国家为舟山群岛新区发展提供的各项政策支持下，在省政府的重视和支持下，舟山市政府投入大量人力、物力加快制度建设和创新。但关键问题不在于制度设计之新，更在于现有的制度环境是否能保证设计思想的有效落实。根据当前舟山的产业特点、经济发展状况和舟山人的思维模式，如何才能更好地推进群岛新区制度创新呢？

笔者认为，首先，稳定而健康的社会经济发展需要稳定而健康的行政机构与体制安排，需要有制度的保障和实现制度目标的运行机制；其次，舟山群岛新区的特殊性更需要制度的创新；再次，与以往所有的改革和创新一样，当前舟山群岛新区的制度创新往往过于注重正式制度和宏观的层面，而事实上，非正式制度是正式制度的基础，进一步，如果没有与正式制度相一致的非正式制度，往往会造成制度实际运行过程中的实效问题。因此，在推进正式制度创新的同时，也要加强与之相适应的非正式制度建设，既要自上而下地推动制度建设，也要夯实制度的微观基础，从实际工作和生活需要出发进一步推动制度的演进。

二、舟山群岛新区制度建设现状

建设浙江舟山群岛新区，打造海洋综合开发试验区在我国尚属首例，需要积极探索一种适应舟山群岛新区建设的新型发展模式，这就迫切需要新的与之配套的法律制度予以调整和规范。因此，新区建设的改革创新必须制度先行，在制度层面上进行科学预测和前瞻设计，引导改革顺利进行。

自舟山群岛新区获批复以来，先行先试，制度先行已成为共识，“先行先试”的核心是规划先行、政策先行、制度先行。围绕新区建设客观需要和市委、市政府的工作思路，目前在构建新区法律制度体系方面已取得许多重大的进展，为推进新区建设提供了法制保障。

1.《浙江舟山群岛新区发展规划》

舟山群岛新区设立后，浙江省政府以国函〔2011〕77 号关于同意设立浙江舟山群岛新区的批复文件、《中华人民共和国国民经济和社会发展第十二个五年规划纲要》、《长江三角洲地区区域规划》和《浙江海洋经济发展示范区规划》精神为指导，认真组织编制《浙江舟山群岛新区发展规划》。在对舟山进行全面实地调研，充分吸收了现有各新区、试验区的成功经验及各行业主管部门和专家学者的意见建议，多次讨论修改后，形成《浙江舟山群岛新区发展规划》（以下简称《规划》）。《规划》全面阐述了舟山群岛新区发展基础和战略意义，明确提出了舟山群岛新区建设的指导思想、基本原则、战略定位和发展目标等。《规划》还进一步明确在陆地入海、财税金融、城乡统筹管理体制等方面的大胆创新，为新区建设营造良好的政策环境。2013 年 1 月 17 日，国务院以国函〔2013〕15 号文件正式批复《浙江舟山群岛新区发展规划》，从而正式确立了有关新区地位、发展目标以及优惠政策和投资保护措施的总体计划。

2.《浙江舟山群岛新区条例（草案）》

为保障《规划》实施，落实各项政策目标，引导舟山群岛新区又快又好地发展，2012 年 3 月，舟山市法制办受舟山市政府委托，承担《浙江舟山群岛新区条例（草案)》(以下简称《条例》) 的起草工作。《条例》就是将《规划》这一总体计划转化为行为规则的地方性法规。通过立法的形式把浙江舟山群岛新区的地位、发展目标以及优惠政策和投资保护措施，用法律确立下来，能够帮助舟山群岛新区在建设发展过程中少走弯路，并尽快步入科学发展的轨道。

制定《条例》，也体现了国家对新区在管理制度和政策上的创新给予的支持，明确了凡是法律法规没有明确规定的，允许新区进行探索和试点，使新区在实践中行之有效的“特事特办”经验合法化。通过创造和建立良好的制度环境，并将制度优势转化为社会发展和经济竞争的内在要素，以此来吸引外来投资、人才、技术，逐步解决发展中存在的结构性矛盾和深层次问题，促进舟山群岛新区健康协调发展。可以说，《条例》是“舟山群岛新区基本法”。

3. 建立配套制度，推进体制机制创新

相对于《规划》而言，《条例》具有更强的操作性，但《条例》总体上而言仍是一个较为宏观的指导性法律文件，在新区发展过程中需要各部门相应的配套措施。目前在《规划》和《条例》的基础上，制定了一系列政策性文件，推进体制机制创新，充分体现了新区发展“开放开发、先行先试”的发展基调。

（1）制定了《浙江舟山港综合保税区管理办法（征求意见稿)》。为了促进舟山港综合保税区建设与发展，推进浙江海洋经济发展示范区和舟山群岛新区建设，提高全省外向型经济发展水平，根据法律、法规和国务院有关规定，2013 年舟山市人民政府制定了《浙江舟山港综合保税区管理办法（送审稿)》并报送省政府。

（2）推动群岛新区行政体制改革。为贯彻落实《浙江舟山群岛新区发展规划》和省委办公厅、省政府办公厅印发《关于创新浙江舟山群岛新区行政体制的意见》的通知精神，2013 年 8 月 21 日，新区行政体制改革正式启动。紧紧围绕国家对舟山群岛新区的战略定位，以强化新区统筹协调职能、强化政府职能转变、强化经济功能区建设、优化部门机构设置、优化乡镇（街道）行政区划、优化基层社会管理和公共服务为主要内容，实行经济管理扁平化、社会管理精细化、政府服务高效化，加快建立与舟山群岛新区建设发展相适应的机构精简、职能综合、结构合理、运行高效的行政管理体制，为舟山群岛新区建设提供坚强有力的体制保障。

(3) 深化行政审批体制改革。根据2012年7月1日起施行的《浙江省人民政府关于下放行政审批事项推进舟山群岛新区建设发展的决定》，省政府及其有关部门根据舟山群岛新区建设发展的需要，以依法交办、委托等方式，将有关行政审批事项下放至舟山市政府及其有关部门具体承办。舟山市政府认真做好省级部门下放舟山市的400项审批事项权限的承接落实工作，同时进一步理清多个部门行政审批事项，对不具备设立依据或依据不充分的非行政许可事项一律取消。在此基础上，市政府制定出台了《关于下放行政审批权限优化发展环境的实施意见》，按照"合法合理、简政放权、高效便民、权责一致"的原则，将211项市级审批事项通过直接下放和委托等方式下放县区，进一步理顺市、县（区）审批权限。从而进一步增强了县（区）政府的统筹协调、自主决策和公共服务能力，提升了区域经济发展活力。

(4) 其他配套制度和机制创新。法治环境是市场经济发展的最重要的环境，也是推进新区建设必不可少的客观条件。为优化新区发展的法治环境，加快新区建设的软实力，推进新区大开发、大建设，根据《规划》的精神，市政府和各部门积极探索制度和机制创新，制定了《舟山群岛新区重大项目引进评估管理办法》、《舟山市政务诚信体系建设实施方案》、《舟山市土地储备实施办法》等一系列规范性文件，并在全市范围内构建法律顾问体系，创新海陆联动统筹机制，创新环保预审制度，积极探索改进行政执法方式，加强和创新社会管理，提高公共服务效率。

三、舟山群岛新区制度创新存在的问题

规范管理，制度先行。舟山群岛新区制度创新是适应宏观经济社会发展、配合国家海洋发展战略和规范新区建设的必然要求。加强新区制度环境建设的重要性毋庸置疑，舟山市政府高度重视并且做了诸多工作，但也存在一些问题，主要表现在以下几个方面。

（一）制度供给依然不足

尽管舟山市政府高度重视并在制度与机制创新方面做了大量工作，但与浙江舟山群岛新区建设新形势下政府法制工作的要求尚存在较大差距，《纲要》和

《条例》涵盖了舟山新区发展的各个方面，而目前配套制度创新供给还远不能满足需求。

此外，已有的制度供给在其科学性和合理性方面仍需积极探索。自上而下的制度变迁往往导致在制度设计时，忽视了各方主体尤其是普通群众的能动性，在执行时难以使制度发挥应有的作用。此外，先进的制度供给可能是超前的，特别是这种制度在经济发展水平相对较低的时期。

（二）重视正式制度的创立，忽视非正式制度的建设

在正式制度供给不足的情况下，需要发挥非正式制度的补充作用。在加快舟山群岛新区的制度供给中，往往注意制度变迁和创新，而忽略了作为正式制度基础的非正式制度的建立。

1. 非正式制度基本理论

非正式制度，也称为“非制度化规则”、“非正式约束”、“社会潜网”等，“非正式制度是指人们在长期的社会生活中逐步形成的习惯习俗、伦理道德、文化传统、价值观念、意识形态等对人们行为产生非正式约束的规则。非正式制度既是正式制度形成的基础，人类的许多正式制度都是在非正式制度基础上确立起来的；也是正式制度有效发挥作用的必要条件。”[1]

非正式制度对正式制度的形成和有效实施作用重大。首先，非正式制度是正式制度的必要补充。非正式制度发挥作用的范围广泛，正如诺斯所说：“即使在最发达的经济中，正式规则也只是决定选择的总约束中的一小部分（尽管是非常重要的部分），人们行为选择的大部分行为空间是由非正式制度来约束的。”[2]在正式制度所不能到达的地方，往往是由非正式制度来规范的。其次，非正式制度是正式制度的基础。非正式制度支持正式制度，并为其提供合法性。如没有非正式制度的改变，正式制度的变迁将十分不稳定。再次，非正式制度是正式制度发挥作用的必要条件。正式制度只有在社会认可，即与非正式制度相容的情况下，才能发挥作用。

总体而言，非正式制度的作用是一把双刃剑：一方面，与正式制度相一致的非正式制度能减少正式制度的实施成本，它可以提高人们遵守正式规则的自觉性，提高正式制度实施的绩效；另一方面，与正式制度不一致的非正式制度又可以阻碍制度变迁与创新，由于非正式制度的变迁缓慢，非正式制度总是滞后于正式制度甚至与之不相容，因此，两者经常出现“紧张”状态，使正式制度锁定在无效状态。正式制度与非正式制度只有实现耦合，制度变迁才能顺利实施，制度绩效才能显著增长。

2. 舟山社会形态特点

非正式制度具有附着性特征，它总是依附在社会经济领域中具体实体及其关系网络之上并发挥作用。非正式制度往往存在于相对封闭的共同体和特殊类型的社会关系中才能起作用，比如，亲缘关系、地缘关系、私人交往圈、民间组织网络等。舟山由于地理位置和交通不便，相对比较封闭，长期以来的生产生活方式使得舟山具有典型的熟人社会特征。依附于这一特殊社会关系网络上的非正式制度往往与以普遍信任为特征的法治社会要求相冲突，不利于新区发展的法治化和制度化。同时，由于特殊关系网络成员的价值取向标准依赖特殊关系，往往导致成员缺乏创造精神、竞争精神和主体意识，而这些都是新区发展不可或缺的主体人格特征。

3. 舟山群岛新区非正式制度约束对制度创新的影响

影响舟山群岛新区发展的非正式制度主要体现为包括价值观念、传统习俗、伦理规范等在内的地区文化环境。我们通常将舟山本土固有的文化称为海洋文化。舟山海洋文化是在迁入的农业文化与原生的海洋文化相争相融中形成发展起来的，整合相对比较缓慢，在其价值观上也体现为开放性与封闭性、灵活性与保守性、忠厚实在与投机取巧、执着与无谓、重生与轻死并存。这里主要讨论舟山本土固有的文化中不利于新区经济发展的价值观念、道德规范和风俗习惯，它表现为一种封闭性的、依赖性的、保守性的行为文化倾向或者行为偏好。这些非正式制度形成了舟山地区文化的惰性结构，具有资源依赖性强、人际关系依赖性和文化保守性强的特点。

正式制度只有在社会认可，即与非正式制度相容的情况下，才能发挥作用。非正式制度由于其内在的传统性和历史积淀，持续性强。“尽管正式约束可能由于政治或司法决定而在一夕之间发生变化，但嵌入在习俗、传统和行为准则中的非正式约束可能是刻意的政策难以改变的。”[3]正式制度创新后，如果非正式制度因为惰性而一时难以变化，新的正式制度和旧有的非正式制度势必产生冲突。如：舟山地区长期形成的较为悠闲的生活和做事方式与新区的发展进度不合；“人情交涉”渗透到舟山人的生存方式之中，在社会实践中悄无声息对抗法治；长期以来由于交通不便等原因形成的较为封闭保守的观念与新区发展要求的开放性也会形成一定的冲突；在制定相应制度及制度运行过程中，传统的观念较容易导致地方保护主义的现象；此外，还有官本位与服务理念的冲突，等级观念与阳光行政的冲突，因袭主义与创新精神的冲突等。

这些非正式制度往往导致制度建设面临困境，使政策意图不能得到贯彻，制度难以奏效。具体而言对舟山群岛新区制度创新的约束作用主要表现在以下几个方面：①制约制度创新的进程。如果正式制度与非正式制度不相容，就意味着创新的制度与改革措施的出台与人们的观念或价值信念相去甚远，即使这些制度与改革措施是正确的，在短期内也难以得到人们的理解与支持。②规定着一定时期对其他地区制度借鉴的边界和速度。只有那些适宜于舟山群岛新区发展且与舟山的非正式制度相容的一般制度才可以简单通过“移植”（借鉴）的办法，用于推动舟山群岛新区制度的变迁，使之不断趋于合理和完善。③影响制度安排的社会净收益。由于非正式制度往往能直接影响个人的行为偏好，当符合社会利益的非正式制度被创新时，个人的“自利”标准就成为创新取舍的尺度。这无疑会使正式制度安排的推出受到抑制，从而极大地降低制度安排的社会净收益。这也就导致在制度建构和创新的过程之中，即便有法律条文，也往往被不成文的惯例、“潜规则”和无孔不入的人际关系潜网扭曲得面目全非。

（三）制度创新的队伍建设尚需加强

全面推进群岛新区制度创新，是一项系统工程，涉及面广、难度大、要求高。舟山群岛新区的制度创新模式总体来说，是先有一个总体的框架，然后根据《纲要》、《条例》等精神和指导原则进行各项配套制度的创新，而这一部分的任务相当繁重。从目前情况看，政府法制机构和队伍建设还面临诸多困难，相关部门法治机构和队伍的规章制定能力、创新动力存在较大的差距。从市法制办关于影响舟山群岛新区发展的法律障碍问题及解决建议调查结果可以看出，各部门对新区发展面临的法律问题（法律冲突、法律空白）等缺乏敏感性和前瞻性的认识，对解决问题的法律途径（先行规定或者变通规定）方面缺乏有效应对，在法制立意等方面缺乏较深入的思考。随着法制工作任务日渐繁重，法制人员力量配备与所承担的工作任务不相适应的矛盾仍然在法制机构中不同程度地存在。

四、进一步推进舟山群岛新区制度创新的几点思考

（一）进一步加大制度供给

1. 加强法制队伍建设，提高制度创新主体素质

舟山群岛新区的建设，不仅要求制度创新主体具有良好的法律素养，还要对社会、政治、经济、文化现象有深入的理解。一方面，要树立责任意识，加强学习和培训，不仅要学习新的政策法律，还要学习新的经济、管理、科技知识，培养符合改革开放要求的新理念，不断提高自身素质。另一方面，要为法制工作人员提供更好的成长和发展空间，造就一批具有统筹规划能力、综合协调能力、督

促指导能力、政策研究能力和情况交流能力等各种高水平的创新型法制人才。

2. 加强配套制度建设，完善新区制度体系

从某种意义上说，新区就是一种制度安排。制度创新是新区可持续发展的决定性因素。合理的制度体系和有效的制度创新是新区发展进程中社会结构转换和经济要素流动的动力源泉。同时新区的制度安排是一个完整的制度体系，是一个包括完善要素市场、深化体制创新、提升对外开放、加强科技创新、构筑和谐社会等诸多方面制度的系统工程。制度体系的完善程度和创新程度决定了体系的生命力和功能发挥。构建系统完整的制度体系，并从制度间相互协调、配合、支持的角度予以制度创新，这既是制度自身本质的规定性，也是新区发展的内在要求。任何一项制度都不可能单独存在，每项制度安排都必定联结着其他制度安排，共同融合在制度结构之中。因此，一项制度安排的效率不仅取决于该项制度本身，还取决于配套制度安排的完善程度。新区先进制度安排的巩固和确立，需要加强配套制度的建设。

3. 夯实制度需求的微观基础

已有的制度创新确认了新区其制度供给主体的法定资格，强化其制度创新的内在动力，但是还要进一步不断完善法律和法规，保护各类社会团体的合法权利和合法行为，支持和鼓励各类企业、大学和科研机构探索在自愿基础上建立技术性民间组织的尝试，增强企业和行业的自律能力和自我保护能力，建立健全中介服务体系，充分发挥其社会服务功能。通过各项制度保护新区各类主体的权益，夯实制度需求的微观基础。

（二）推动非正式制度的变迁

制度结构是否科学合理，直接影响到新区整体推进的速度、广度与深度（质量）。作为新区的制度体系，制度结构不仅表现为正式制度之间的促进与制约关系，而且表现为涵盖新区文化的非正式制度的支持与制约。

1. 推动非正式制度变迁的必要性

一方面，社会事务不可能事无巨细都由正规制度加以规定，正式制度细化到一定程度之后，将会引起制度的制定、学习、执行、监督成本与收益不成比例地迅速增长，而且正式制度规定得过多过细，将会造成制度性的僵化，丧失灵活性。而社会活动的多样性使得无论法制如何健全也绝不可能忽略非正式制度。群岛新区的制度建设和创新同样也要为非正式制度留下空间。另一方面非正式制度对正式制度实施效果的影响越来越受到重视，忽视传统、道德、风俗等非正式制度而生硬地“移植”或创新正式制度将毫无效果甚至是适得其反，在某种程度

上真正决定制度绩效的是非正式制度安排部分。因此，舟山群岛新区正式制度的变迁必然要求非正式制度的相应改变。

正是由于正式制度与非正式制度相互依存、相互补充的关系，在舟山群岛新区的建设过程中，既要重视正式制度的作用，也要重视非正式制度的创新，并使两者相互作用、相互补充。

2. 推动非正式制度变迁的途径

对于舟山群岛新区来说，如果非正式制度安排与创新严重滞后于正式制度供给，将会在很大程度上阻碍新的制度结构的实质性确立和有效运行，从而制约舟山群岛新区的建设和发展。因此，必须要大力推动非正式制度的创新，建立起相适应的文化氛围，为新区的经济发展创造良好的制度环境。尽管非正式制度具有较强的稳定性，但毕竟风俗习惯、意识形态等是人类后天习得的产物，具有可塑性，因此，可以通过“柔性”的文化建设与“刚性”的制度建设等相互促进，实现非正式制度的演进和创新。

（1）发挥舟山海洋文化的积极方面。舟山海洋文化精神，是在舟山特殊的地理环境和艰苦的生产方式条件下形成的为大多数人所拥有的主流价值观。迄今为止，关于舟山海洋文化精神优秀方面的定位，可以概括为这样几点：自强不息精神，开拓创新精神，海纳百川精神，同舟共济精神和求真务实精神。推进舟山群岛新区非正式制度建设首先要加强对舟山海洋文化内涵的挖掘、凝炼和提升，大力倡导舟山海洋文化的这些优秀方面，冲破陈规陋习，使舟山群岛新区的发展有着深层次的精神依托，为群岛新区正式制度创新提供良好的观念基础。

（2）加强新区文化建设，促进新区非正式制度的创新。从文化衍生出来的非正式制度与正式制度的良性互动是新区创新制度体系完全确立的根本所在。通过先进文化和理念的宣传和培育，推动与新区正式制度匹配的非正式制度的萌芽和生长，从而改善非正式制度与正式制度的紧张关系，实现正式制度与非正式制度的良性互动，提高制度绩效。从这一点出发，应抓好以下两方面的工作：第一，通过媒体宣传、先进人物评选、创新创业大赛等多种形式来扩大新区创新文化的影响；第二，搭建信息交流与沟通平台，构建由专业服务机构、经济实体、政府机构构成的正规性的商务网络型关系和以普遍信任为特征的契约关系，打破以特殊信任为特征的特殊人际关系网络。

（3）通过各种途径促进各种观念的转变。对当下与舟山群岛新区发展理念不相容的非正式制度（包括各种陈旧观念和惯例等）要通过各种方式和途径予以转变。第一，通过最大程度地实行开放来带动人们观念的转变。既要大力发展交通、通信等基础设施建设，打破地域隔绝，又要促进人员流动。一方面鼓励外面的企业家和专业技术人才进驻新区，另一方面积极组织对外学习交流，让外界的新思想新观念影响新区人的生活方式，进而更新观念。第二，要提高政府公务员的素质，实现政府职能的转变。公务人员是改革和制度变迁最终的实施者，也是政府职能转变的真正落实者。但由于目前群岛新区公务人员的素质与知识结构参差不齐，导致在政府制度变迁的过程中，一部分人持消极甚至抵触的态度，以至于政府职能转换的进程相当缓慢。因而必须积极加强现代政府理念的宣传和教育，借鉴"新公共管理理论"、"治理理论"、"企业家政府理论"等发达国家的改革理念构建新区新型政府文化。第三，大力发展教育，加强宣传工作，逐步提高群岛新区居民的文化程度和人口素质。彻底转变人才观，大力推进人才管理体制改革。人才是发挥后发优势的关键所在，要朝着营造适应人才发展的机制、环境方向努力。第四，信息化是诱导地区非正式制度变迁的重要途径。通过技术性的、工具性的改进，激活地区文化在经济活动和追求知识过程中的现代性一面，通过诱致型变迁模式，推进非正式制度的变迁。

（三）重视制度创新的长期性和连续性，防止向传统回归

制度经济学认为，制度创新本质上就是制度变迁，用以表达"制度创立、变更和随时间变化的动态过程"[4]。通常把制度变迁划分为强制性制度变迁和诱致性制度变迁，舟山群岛新区的创建是政府强力推行的结果，因此属于强制性的制度变迁。但是，"制度变迁是一个复杂的过程，这是由于制度变迁在实际上可能是一系列规则、非正式约束、实施的形式及有效性变迁的结果。制度变迁一般是渐进的、连续的，甚至非连续的变迁也绝不是完全不连续的"。[3]。因此，新区制度变迁的完成不是一蹴而就的。新区制度体系的完全确立往往需要两个阶段：创立阶段和完善巩固阶段。第一阶段表现为一种强制性、跳跃性的非连续制度变迁，第二阶段表现为一种诱致性的、渐进的、连续的制度变迁。第二个阶段比第一阶段的任务更加艰巨，一方面需要培育创新动力，另一方面还需要抑制体制和制度回归冲动。

尽管舟山群岛新区的制度建设取得了显著的进展与成效，但基本上还处在第一阶段。需要注意的是，制度的变迁和发挥实效不是一蹴而就的，由于正式制度的强制性变迁特点，使得正式制度的创新迅速开展，但是从较长时期来看，制度的实效性受到诸多因素的影响，并不一定会产生预期的结果。一方面，新区制度创新主体的观念、意识都深受传统制度的影响；另一方面，新区经济的参与主体其创业冲动和创业意识也深受传统制度的熏陶，因此存在对传统制度的天然依赖。这将对正式制度形成重大的制约，极大地降低制度创新的预期利润，从而导致创新动力不断衰减。在新区制度的创新与运行过程中，随着创新预期利润的减

少和创新机会成本的增加，有可能导致新区体制和制度的回归，因此有必要将制度创新作为一个长期工作来抓。

五、结语

在舟山群岛新区发展过程中，一项正式制度的实施效果，不仅取决于该项制度本身的完善程度，而且还取决于其与非正式制度的相容程度。从长期来看，制度变迁固然要重视正式制度，但也要关注非正式制度，只有当两种制度相容时，才能顺利地推进新区制度环境建设，增进制度绩效。但由于观念等非正式制度具有相对稳定性和独立的演变规律，难以快速适应制度环境变化的要求，如果听任非正式制度主导制度变迁，必将延缓制度供给，制约群岛新区经济社会发展。而适时的正式制度创新，既可以适应快速发展的需要，也可以直接影响人们的行为，引导促进观念等非正式制度的变迁。鉴于当前的形势，我们期望制度创新兼顾实际需要与可能，在设计符合舟山群岛新区发展现状的正式制度的同时，强推非正式制度的变迁，实现制度变迁与经济社会发展的良性循环。

参考文献

[1] 卢现祥：《新制度经济学》，武汉大学出版社，2003 年，第 145 页。
[2] 【美】道格拉斯·诺斯：《财产权利与制度变迁——产权学派与新制度经济学派译文集》，三联书店，2003 年，第 54 页。
[3] 【美】道格拉斯·诺斯：《制度、制度变迁与经济绩效》，上海三联书店，2008 年。
[4] 【美】道格拉斯·诺斯：《经济史中的结构与变迁》，上海三联书店，1994 年。

新中国成立后舟山海涂开发政策的历史考察

侯晚梅

【摘　要】　舟山海洋开发政策的确立和发展是一个逐步演进的过程，改革开放前，海涂开发政策主要倾向于扩大耕地面积和盐业；改革开放至20世纪末，海涂开发政策开始强调合理开发；进入21世纪，海涂开发逐步走向科学化。舟山海涂开发政策的不断完善，既是舟山经济社会发展的内在要求，也是不断解放思想、转变传统海涂开发观念和发展理念的必然结果。

【关键词】　海涂开发；政策；历史考察

海涂是重要的海洋资源，是指淤泥质海岸的潮间带浅滩。我国拥有渤海、黄海、东海、南海四大海域漫长的海岸线，海涂资源相当丰富。随着耕地的不断减少、人口的迅速增加，海涂资源作为后备土地资源的重要性越来越凸显出来。而对于舟山，一方面相对其他沿海地区而言海涂资源更加丰富；另一方面土地资源却又严重不足。据资料显示，目前舟山市人均耕地面积仅0.281亩，为浙江省人均耕地占有数的1/2、全国人均耕地占有数的1/6。因此，舟山海涂的开发利用，不仅可以缓解海岛人多地少的矛盾，而且可以为海岛经济建设提供更多的潜在土地资源，具有重要的意义。然而海涂上连接陆地，下连接海洋，生物种类繁多，生态环境独特，而且又极其脆弱，因此如何科学开发利用舟山海涂资源，成为摆在我们面前的巨大挑战。因为如果开发得当，土地资源可以得到明显增加，土地资源短缺现状能够得到有效缓解，直接推动舟山经济建设；反之，回报我们的将是一场生态灾难。因此，海涂开发宜谨慎行事，必须制定合理的政策加以指导。

作者简介：侯晚梅（1974—），女，苗族，湖南邵阳人，浙江海洋学院思政部讲师。

基金项目：建国以来舟山海洋开发政策的历史演变（2011B011）。

通过资料研究发现，舟山海涂开发政策大体可以划分为三个时期：改革开放前，倾向于扩大耕地面积和开展盐业生产；改革开放至20世纪末，开始强调合理开发；进入21世纪，逐步走向科学开发。本文拟对新中国成立后舟山海涂开发的政策进行全面的考察，总结海涂开发的历史经验和教训。

一、舟山海涂开发政策的历史考察

（一）改革开放前，倾向于扩大耕地、发展盐业的海涂开发政策

1950年舟山解放后到改革开放这段时间，为了解决舟山人多地少的矛盾，20世纪五六十年代舟山出现第一次围垦高潮。这时期舟山海涂开发政策的特点是倾向于农业种植和盐业，同时也支持海涂养殖。

1.20世纪五六十年代，海涂开发政策主要倾向于扩大耕地面积

（1）扩大耕地面积政策。“为了扩大耕地面积，发展国营农场增加国民经济收入，进一步解决本地区人多地少的问题，今后必须是大力开展海涂围垦工作。为此，省人委已于本月五日召开了专业会议作了布置：要我们在最近时间内搞出‘三五’期间的分年围垦安排计划，逐级上报中央，争取纳入国家经济建设计划，以便安排经费。”[1]

（2）海涂养殖政策。“一九五六年全县规划养殖面积5 520亩……目前在放养、繁殖保护上亟待解决如下几个问题。为此，特作如下指示：1. 各地应从思想上引起重视，加强对近洋生产的领导……2. 解决涂面使用问题：海涂应属全民所有，任何人不得作为私产出租……禁止盗窃，对蓄意破坏屡教不改的坏分子，公安司法机关根据情节轻重依法惩处……3. 禁止投毒药鱼……4. 县银行在养蛏贷款上不及时……必须迅速发放到群众手里去，今后，如因贷款不及时，延误了放养季节，致使整个养殖计划不能实现，应由银行负完全责任。”[2]

（3）海涂开发经费相关政策。“温州、台州、宁波、舟山……杭州市人民委员会：1958年围垦计划根据省委关于围垦海涂‘除个别重点工程由国家投资或补助外，一般工程完全由人民公社自围、自垦、自种’的精神……”[3]“岱山县农林办公室……一、同意围垦樟套海涂……三、这个工程的性质是民办公助，应以自力更生为主，国家仅能在材料和技工等方面给予必要的扶助，故在进行技术设计和编报经费预算时，应充分和群众商量……”[4]“同意小干海涂围涂建场面积两千一百亩，核定总投资五十七万元；所需资金从舟山地区地方机动财力中自筹解决。”[5]“为了支持群众围垦海涂，一九六六年计划从省机动财力中拿出一百万元作为围垦的长期无息贷款……围垦海涂的贷款每亩掌握十元左右，由各相

关专署因地制宜，自行安排。”[6]

2. 20世纪70年代，舟山海涂开发更加兼顾盐业生产

这个阶段海涂开发政策是由我国当时的社会生产力和国家经济形势决定的，分析如下：

第一，舟山扩大耕地面积的迫切需要。众所周知，舟山相对内陆地区来说，人多地少的矛盾比内陆地区要尖锐得多，所以强调扩大耕地面积，解决人多地少的矛盾，这是非常必要的，也是舟山发展的需要。

第二，改变北盐南调格局的需要。舟山地处长江、钱塘江、甬江三江的入海交汇处，所以海涂资源丰富，而且海水盐浓度较高，这些对发展盐业生产非常有利。因此，海涂开发政策上支持盐业，体现了因地制宜的原则，是实事求是的表现。

第三，由中国计划经济决定的当时海涂开发经费筹措形式。这个时期，在海涂经费的筹措上，采用的是民办公助，国家补助仅限于围垦工程的“三材”和技工费（包括国家的贷款），投劳主要依靠的集体经济，组织群众投工，最后围垦的海涂归全民所有，这是符合当时计划经济实际的。

但是，政策上一味强调农业种植和盐业生产，导致出现“重围轻养”的现象，在适宜养殖的港湾涂区，也开展了一些围垦海涂的工程，从而影响了海涂养殖，减少了人民的收入。这是由于在“文化大革命”中，受“左”的思想和政策的影响，单一地抓粮食产量直接所致。

（二）改革开放至20世纪末，强调合理开发的海涂开发政策

改革开放后，舟山市在国民经济大调整的形势下，认真总结了海涂开发利用正反两个方面的经验教训，制定了适当的海涂开发政策，把舟山的海涂开发推向了第二次高潮。这个时期的主要特点是，强调合理开发海涂，具体体现在两个时期：改革开放初到20世纪80年代，大力支持海涂养殖；20世纪90年代到20世纪末，支持海涂综合利用，海涂经费筹措上采用了股份制入股等新的筹措形式。

1. 改革开放初到20世纪80年代，海涂开发政策注重支持海涂养殖

党的十一届三中全会至20世纪80年代末，舟山海涂开发政策在强调合理开发利用海涂资源的同时大力支持海涂养殖。

（1）海涂养殖政策。“各渔业指挥部：我区港湾辽阔、可供海水养殖的滩涂、水面众多，鲻鱼、对虾、河鳗等自然苗种资源和饵料来源都比较丰富，具有发展海水养殖的良好自然条件……必须加强对养殖生产的领导，大力发展海水养殖生产。”[7]

（2）已围海涂征用政策。“为了解决黄沙堆场和满足其他建筑材料经营上的仓储需要，经研究同意你们在定海县甬东大队征用已围海涂12.6亩堤外泥涂3.7亩。”[8]“经研究同意在西码头港区征用海涂600平方米，作停车场地用，所需经费自筹解决。”[9]

（3）经费筹措政策。“地区建材公司……经研究同意你们在定海县甬东大队征用已围海涂12.6亩堤外泥涂3.7亩，共计16.3亩，所需资金8万元（包括补偿费、平整场地、迁移民房、围垾等），在保证今年上交利润任务的前提下，从你公司业务经营费用中开支。”[8]“现将浙江省财政厅财农第133号、省农垦局农垦字第69号拨给我区的1982年第一批人民公社开荒补助费15万元下达给你们……围垦海涂要继续发扬自力更生、艰苦奋斗的精神，发动社员进行劳动投资，组织社队集资联办，同时国家给予必要的支持。”[8]

2.20世纪90年代到20世纪末，海涂开发政策倾向于综合开发利用

由于大力支持海涂养殖，20世纪80年代后期舟山兴起海水养殖业服务，但进入90年代，对虾养殖业发生滑坡等原因，舟山海涂开发政策做出进一步调整，强调综合开发利用海涂资源，在海涂开发经费的筹措上也出现了一些新的形式。具体政策如下。

（1）海涂综合利用政策。“舟山市计委……原则同意开发普陀东港海涂工程。一、本工程是围海拓疆，增加陆域解决城市用地的工程，因此，整个工程应按城市发展的总体规划要求进行规划，实施可采取分期进行的办法……东港区开发对舟山市、尤其是普陀的经济和社会发展具有重要意义和作用。东港对沈家门港及莲花洋航道的影响须十分注意，应在前期工作中进行充分论证。”[8]“舟山市电力公司……经与定海区农林水利局和有关乡镇协商，厂址予先白泉浪洗，同意在该处围垦海涂，并将意见函告如下……二、本着以最小投资取得最大效益的原则，贵公司所围海涂面积，在统一规划前提下，应力求与整片海涂开发予以衔接。”[8]

（2）海涂开发经费政策。“鼓励、支持国内外投资者以合资、合作、独资和股份制等形式投资进行滩涂围垦。国家依法保护投资者的合法权益……滩涂围垦专项资金的主要来源是：（一）国家安排的专项资金；（二）省及沿海、沿江市、县、区从造地改田资金中安排用于滩涂围垦建设的资金；（三）其他渠道筹集的资金。”[10]“舟山市计委……同意建设东港海涂开发一期围涂工程……所需资金由省、舟山市、普陀区共同采取集资方式筹措，具体入股额和参股单位，待可行性研究后另行商定。”[11]“舟山市电力公司……按照谁开发、谁得益的原则，今后按负担大小处理分配、共享成陆海涂和岸线。”[12]

这个阶段海涂开发政策的转型是由我国改革开放的大好形势决定的，分析如下：

第一，能够根据国家和省的政策及时调整舟山海涂开发政策。例如，改革开放后舟山根据浙江省放宽养殖政策，大力支持海水、海涂养殖，从而使舟山海涂开发到20世纪80年代后期再次推向了历史高潮。

第二，能够在实践中不断总结舟山海涂开发经验教训，及时调整舟山海涂开发政策。针对20世纪90年代，舟山对虾养殖业发生滑坡，围垦区农业种植又不适宜，盐业效益低下，舟山海涂开发跌入低谷的实际，舟山海涂开发在政策上更强调海涂的综合运用，在资金的筹措上也根据省的规定采取股份制以及引进外资等新方式，为舟山海涂开发走向21世纪奠定了良好的基础。

（三）21世纪，逐步走向科学化的海涂开发政策

21世纪是海洋世纪，为了适应舟山海洋经济和社会发展对土地的需要，科学合理地开发、利用和保护滩涂资源，保护生产用地和保护耕地，促进经济社会可持续发展，成为了21世纪制定舟山海涂开发的前提条件。在此前提下制定的海涂开发政策，再次把舟山海涂开发推向了历史发展的高潮。这时期，舟山海涂开发呈现出比以前更具科学性的一面。主要相关政策有：“各市、县（市、区）人民政府，省政府直属各单位……坚持滩涂资源开发和生态环境保护相统一的原则，修订完善全省滩涂围垦总体规划。滩涂围垦总体规划应符合我省海洋功能区划、土地利用总体规划和钱塘江治理规划，与《浙江省环杭州湾产业带发展规划》、《温台沿海产业带发展规划》和城市发展规划等衔接。同时，明确近期和远期开发功能和目标，充分发挥滩涂资源的经济、社会和生态效益。各有关市、县（市、区）政府要按照全省滩涂围垦总体规划，认真组织修编区域滩涂围垦规划，并报省政府批准后实施。今后滩涂围垦开发项目必须符合经批准的省、市、县（市、区）滩涂围垦总体规划，符合生态保护的要求，提高科学围垦水平。”[13]“1. 海涂围垦开发促淤保护并举，为舟山可持续发展提供用地保障，为浙江海洋经济发展拓展重要区域空间。2. 充分发挥区域‘港、景、渔’资源优势，科学围垦开发，提升海洋资源综合利用效能。”[14]“舟山市海岛围垦造地区划分为七个造地区……造地区规划与海洋功能区规划、港口岸线开发发展规划和土地利用总体规划等相衔接；宜围则围、宜港则港、围促结合。以实现社会、经济、生态效益最佳为目标，将本市围垦造地区划分为可围区、限围区和禁围区三类……可围区指的是可按常规程序进行围垦的区域；限围区指的是比较重要又比较敏感需要严格控制的区域；禁围区指的是原则上不允许围垦的区域。”[15]

这个阶段海涂开发政策的转型顺应了舟山大开发的大好形势，分析如下：

第一，舟山经济社会科学发展的需要。舟山发展的历史就是一部围垦史，不管是五千多年前的新石器时代舟山先人的围垦造田，还是现在舟山人进行海涂围垦，都是为了解决舟山土地资源不能满足人民需要的矛盾。随着经济的发展，社会的进步，海涂开发不只满足于面积的增多，更强调与生态的衔接，强调开发的可持续性，从而促进经济、社会、生态和环境的协调发展。

第二，浙江舟山群岛新区建设的迫切要求。2011 年 6 月 30 日舟山被国务院正式批准为浙江舟山群岛新区，成为我国首个以海洋经济为主题的国家战略层面新区，这标志着舟山开发开放上升为国家发展战略。按照国务院要求，舟山群岛新区的功能定位为“浙江海洋经济发展的先导区、海洋综合开发试验区、长江三角洲地区经济发展的重要增长极”。所以在舟山的大开发的大背景之下，舟山对土地的要求必将更加迫切，对生态环境的关心程度也必将更加密切，这些要求最终体现为舟山海涂开发决策的科学性和可持续性。

二、舟山海涂开发政策的历史经验及现实启示

纵观舟山海涂开发的发展历程，可以看到舟山始终坚持海涂开发政策与不同时期的国情、省情、市情紧密联系在一起。据此，可以得出以下历史经验及现实启示。

第一，舟山海涂开发政策的制定，必须同舟山市情、浙江省情，乃至我国国情相结合。改革开放前，解决人民的生活问题是最基本的问题，所以舟山海涂政策倾向于农业种植和盐业，改革开放以来的各个时期，舟山海涂开发政策更加紧密地联系国家经济发展战略和经济发展的实际水平，因此决策更科学，开发更合理，政策更完善。

第二，舟山海涂开发政策得到不断发展和走向完善，是舟山市各级党委和政府对经济发展形势正确判断、果断决策的结果。改革开放前，受生产力水平限制，各级党委和政府把围垦造地的重点放在农业种植和盐业方面以改善民生；改革开放以后，经济形势大大改善，生产力大幅提高，各级党委和政府总结改革开放前海涂围垦的经验教训，在海涂开发政策上进行了大刀阔斧地改革，积极支持海涂养殖，强调综合利用和科学开发海涂资源，重视可持续发展，推动了舟山经济和社会的全面发展，海涂开发政策也得到很大的发展，并不断走向完善。

第三，舟山海涂开发必须不断解放思想，引导人们转变传统海涂开发观念。海涂围垦最初就是为了解决耕地的缺乏，随着社会的发展，科技的进步，特别是人们对海涂资源认识的不断深化，对海涂资源的利用也逐步走向综合开发利用，并强调海涂开发与生态保护的衔接。目前舟山海涂开发利用是以经济建设为导向

的综合利用，但在一些发达国家，滩涂利用主要是保护湿地生态系统和生物多样性。海涂开发利用观念上的差异必然导致海涂综合利用效率的差异。因此，决不能以生态的代价换取经济的发展，这是值得全世界范围内深刻反省的问题，我们不能重蹈覆辙。

参考文献

[1] 浙江省舟山市舟山专员公署文件（急件）:《关于落实三五期间围垦海涂计划并速编送基建计划任务书的通知》，浙江省舟山市档案馆编辑，舟署农（63）字第40号：1963.02.11。

[2] 象山县人民委员会:《关于保护海涂养殖的指示》，浙江省舟山市档案馆编辑，象水字第1376号：1956.04.23。

[3] 浙江省围垦海涂指挥部:《为通知报送1958年基本建设修正计划和编报1959年围垦海涂计划》，浙江省舟山市档案馆编辑，海垦（58）字第106号：1958.03.26。

[4] 舟山专属农林水利局:《关于巨山樟套海涂围垦问题的批复》，浙江省舟山市档案馆编辑，舟农垦字第52号：1966.04.30。

[5] 浙江省人民委员会文件:《关于同意安排小干海涂围涂建场任务书的批复》，浙江省舟山市档案馆编辑，委计字215号：1964.04.08。

[6] 浙江省计划经济委员会:《关于安排一九九六年支援群众围垦海涂贷款的通知》，浙江省舟山市档案馆编辑，农字24号.1966.01.28。

[7] 象山县人民委员会:《关于保护海涂养殖的指示》，浙江省舟山市档案馆编辑，象水字第1376号：1956.04.23。

[8] 舟山地区计划委员会、舟山地区财政局文件:《关于同意征用海涂，平整场地，建造黄砂堆场的批复》，浙江省舟山市档案馆编辑，周舟计基（80）50号、舟财企（80）43号：1980.03.14。

[9] 浙江省舟山地区计划委员会文件:《关于同意征用西码头港区征用海涂600 m^2 的批复》，浙江省舟山市档案馆编辑，舟计（86）98号：1986.05.17。

[10] 浙江省舟山地区水利局、财政局文件:《关于下达1982年围垦海涂经费的通知》，浙江省舟山市档案馆编辑，舟水（82）26号、舟财予（82）265号：1980.09.03。

[11] 浙江省计划经济委员会文件:《关于舟山普陀东港海涂开发一期工程可行性研究报告（代设计任务书）的批复》，浙江省舟山市档案馆编辑，浙计经建（1991）358号：1991.05.22。

[12] 舟山市水利围垦局文件:《关于同意在白泉浪洗围垦海涂的函复》，浙江省舟山市档案馆编辑，舟水围（93）第27号：1993.04.07。

[13] 浙江人大及其常委会:《浙江省滩涂围垦管理条例》，[EB/OL].（1996-11-02）[2004-04-06].http://www.zj.gov.cn/gb/node2/node50/node52/node68/node119/userobject11ai167.html.

[14] 浙江省计划经济委员会文件：《关于舟山东港海涂开发工程项目建议书的批复》，浙江省舟山市档案馆编辑，浙计经建（1990）706 号：1990. 10. 20。
[15] 舟山市人民政府：《舟山市海涂围垦总体规划（2009—2020 年）》（批准件），2010 年 8 月。

第二部分
新区法治文化

舟山群岛新区法治保障

——以法治思维、法治方式为视角

邬振悦　方志华　俞树彪　杨锐荣　胡项之

【摘　要】　法治是凝聚社会改革发展稳定的最大共识，党的十八大提出了提高领导干部运用法治思维和法治方式深化改革、推动发展、化解矛盾、维护稳定的能力。舟山群岛新区是我国对区域经济发展规划的创新，离不开法制建设，离不开法律的保驾护航。随着舟山群岛新区建设的大力开展和三年行动计划的加速实施，更需要领导干部善用法治思维和法治方式，正确处理改革、发展、稳定的关系，直面舟山群岛新区法治保障客观诉求，把握舟山群岛新区法治保障面临形势，努力营造舟山群岛新区发展的良好法治环境，最终实现舟山群岛新区承载海洋强国的战略使命。

【关键词】　舟山群岛新区；法治保障；法治思维；法治方式

党的十八大强调，要提高领导干部运用法治思维和法治方式深化改革、推动发展、化解矛盾、维护稳定的能力。法治思维是法治社会中的一种思维方式，是指按照法治的逻辑来观察、分析和解决社会问题的思维方式，它是将法律规定、法律知识、法治理念付诸实施的认识过程。[1] 而法治方式作为方法论，是指各级领导干部想问题、作决策、办事情，严格遵循法律规则和法定程序，自觉接受监督和承担法律责任的一种行为准则。法治思维强调人们在思维习惯中养成运用法治价值来进行思考的习惯，法治方式则注重法治价值对人们行为的直接指引和规范作用。舟山群岛新区建设离不开法治保障，本文以法治思维和法治方式为视角，探索如何为新区建设法治保障寻求发展路径。

作者简介：邬振悦，舟山市委副秘书长、政法委副书记；方志华、俞树彪、杨锐荣，浙江海洋学院思政部教师；胡项之，舟山市法学会秘书长。

基金项目：浙江省法学会2013年立项课题前期成果。

一、法治思维和法治方式是推进舟山新区法治保障的客观诉求

21世纪是海洋世纪，世界上沿海国家开展“蓝色圈地运动”，加大对海洋资源的开发利用，采取各种有利于海洋经济发展的国家政策。作为经济区的一种表现形式，舟山群岛新区是伴随我国建设海洋强国历史重任而产生的。实践证明，没有良好的法制保障，任何经济都无法取得可持续、健康发展。只有坚实的法制保障，才是经济发展的定心丸。近年来，舟山群岛新区民主法治建设成效显著，依法执政能力显著提高，法治政府建设稳步推进，法律在促进经济社会发展、维护公平正义、保障人民权利等方面的作用不断增强。随着舟山群岛新区建设的全面开展，改革进入深水区，加速矛盾凸显、利益调整、先行先试，离不开相应的法治理念及其思维方式的引导，无论是深化改革、推动发展，还是化解矛盾、维护稳定，亟须各级领导干部提升运用法治思维和法治方式的能力。

1. 凝聚共识促发展

法治思维和法治方式是推动发展的内在动力。发展是执政兴国的第一要务，是解决舟山群岛新区所面临难题的根本途径。但发展只能是科学发展、可持续发展，而不是拼资源、竭泽而渔的盲目发展。如果为了追逐“政绩”急功近利，蛮干式发展，甚至不惜以牺牲法治的方式来换取经济的发展，只能引发出各种恶性事件和社会矛盾、社会冲突。事实上，公众权利意识的觉醒，对个人财产和利益的维护，对生态环境的敏感以及享受发展成果的强烈愿望等，都在挑战着粗放式的发展理念。只有以法治方式推动发展才能凝聚共识、排除干扰，才能使发展稳定全面推进。建设法治政府、法治社会已成为共识，运用法治思维和法律手段解决经济社会发展中的矛盾和问题应成为常态，绝不允许以“发展”为借口，发生所谓的“良性违法”。法治是治国理政的基本方式，法治是凝聚社会改革发展的最大共识。[2]法治思维和法治方式要求领导干部在对法治的认识上更加注重法治的本体性价值；在行为模式上更加注重法治的基础性作用，为舟山群岛新区发展营造良好的法治环境，最终实现舟山群岛新区承担的海洋强国战略目标。

2. 定纷止争促和谐

法治思维和法治方式是维护稳定的根本保障。发展是第一要务，稳定是第一责任。舟山群岛新区进入大建设、大发展时期，运用法治思维和法治方式维护稳定，是领导干部在加强和创新社会管理中必须具备的首要能力。只有建立以权利公平、机会公平、规则公平为主要内容的社会保障体系，努力营造公平的社会环境，保证人民平等参与、平等发展，才能化解社会矛盾，维护社会的和谐与稳

定。舟山群岛新区维稳工作要根据新区人民群众的新期盼、新要求和维稳信访工作的新形势、新特点，不断改变思维模式和工作方式，努力从以堵为主的静态稳定，转为以疏为主的动态稳定。以法治思维和法治方式维护社会稳定，必须充分发挥司法在解决纠纷、化解矛盾中的主导作用。化解矛盾关键是要畅通社情民意表达渠道，建立健全科学有效的利益协调机制、诉求表达机制、权益保障机制。少数领导干部以言代法、以权压法、徇私枉法的现象时有发生，有法不依、执法不严、违法不究的现象仍然存在，阻碍了群众正常的利益诉求，损害了群众的合法权益，成为引发群体性事件、影响社会稳定的部分诱因。坚决摒弃“搞定就是稳定、摆平就是水平”的庸俗维稳观，坚决摒弃“花钱买平安”的错误维稳观。实践证明，偏离法治轨道的维稳，越维越不稳。为追求暂时“稳定”而牺牲“法治”的被动式维稳看似解决矛盾，实则回避矛盾、积累矛盾，最终只能陷入“信访不信法”的怪圈。和谐是法治的目标，而法治是实现和谐的手段。法治的精髓在于公平性和正义性。法治思维是以合法性为判断起点、以公平正义为重点的一种逻辑推理方式。[3] 和谐社会意味着崇尚个人独立的自由，意味着对多元利益的保障，也要求对国家公共权力进行限制，而法治的产生与运行也正是以权力制约和权利保障为基础和核心的。正如习近平总书记在纪念现行宪法公布施行30 周年大会上的讲话所指出的“形成办事依法、遇事找法、解决问题用法、化解矛盾靠法的良好法治环境，在法治轨道上推动各项工作”，使法治思维和法治方式成为有效化解各种社会矛盾的最佳途径。

3. 先行先试促改革

法治思维和法治方式是深化改革的基本要求。当前改革已进入了“攻坚区”和“深水区”，改革的成效将更加体现在如何提高运用法治思维和法治方式深化改革的能力上。舟山群岛新区的改革，既要尊重基层的首创精神，更要重视“顶层设计”。只有把改革真正提升到制度、体制、机制建设的层面，通过法律制度的形式，形成社会共识，才能成为推动改革的根本力量，才能保证改革不为各种不确定因素所阻挠。改革确需先行先试，敢闯敢干，大胆突破，但先行先试、敢闯敢干不等于无法无天、无所顾忌。认为改革创新就是要打破条条框框，先行先试就是要突破法律底线，是极其错误的。改革必须在法律框架内推进，绝不能以破坏法制为代价。建设舟山群岛新区就要着眼于创新，调整已有的行政体制以及权力利益关系格局，它将对现有法律制度提出更高的要求。如果完全以现行法律规范为基础，新区建设的深层次推进是很难做到的。要突破这个困境需要加强立法来为其指明方向，保障创新的合法性和有效性，这是时代的必然要求。事实上，只有遵循法治的路径，以更大的勇气和智慧，运用法治思维和法治方式深化改革，才能积极稳妥推进改革、维护社会和谐稳定，促进社会经济发展。目前，社会公众尤其是部分党政干部仍然习惯用政治思维、道德思维来思考和解决问题，甚至在最需要和最能体现法治思维的司法部门也依然没有实现思维方式的完全转变。司法不公、徇私枉法、司法腐败问题，打官司难、执行难、地方保护主义、部门保护主义等问题仍然存在。从舟山群岛新区推进发展的要求来看，法治思维和法治方式更加凝聚着深化改革的法治共识。舟山群岛新区是我国对区域经济发展规划的创新，离不开法制建设，离不开法律的保驾护航。一个区域要实现协调发展、可持续发展，必须通过对规范性文件的协调，达到从宏观考察各地发展的优势，以法制的手段，在区域内打破行政垄断，实现资源的优化配置，既节省行政成本也实现经济的集约化发展。因此，提升领导干部运用法治思维和法治方式的能力就具有较为鲜明的理论价值和时代意义。

二、舟山新区法治保障进程中法治思维和法治方式的现实境遇

国务院正式批复设立浙江舟山群岛新区，舟山迎来千载难逢发展机遇，同时也面临着前所未有的挑战。建设舟山群岛新区将涉及社会秩序重构，利益格局的重新划分和调整，面临着破与立的全面平衡，这就不可避免地存在着制度创新与法律规制之间的冲突，其背后所隐藏的法律问题是非常复杂的。正如一位学者所言："中国现代法治的建立和形成最需要的也许是时间，因为任何制度、规则、习惯和惯例在社会生活中的形成和确立都需要时间。"[4]法治中国战略目标的实现必将是一个长期的过程，在此过程中，仍然需要法治理念的不断更新和思维方式的继续转换。随着当代中国法治理念及其思维方式的现代化变革与转换，建设社会主义法治国家的目标必定会在不久的将来得以实现，这也是我们完全可以期许而且是值得期待的。

（一）依托法制保障抓住机遇发挥优势，推动海洋事业发展

始终坚持以经济建设为中心，促进法治建设与经济建设协调发展。我国作为一个发展中的社会主义国家，法治必须服务于发展这个第一要务。[5]解放和发展生产力，巩固和完善社会主义基本经济制度，促进国民经济又好又快发展，为建设社会主义现代化国家提供法治保障，是我国法治建设的根本任务。离开了发展，也就谈不上法治的完善。舟山群岛新区法治保障强化法治思维和法治方式，必须增强市场经济条件下的法治意识，努力从思想到行为上实现"三个转变"，即在判断是非和协调矛盾方法上由重视情理因素为主向以法律规定的尺度为主转

变；在新区管理方式上由依靠行政命令为主向依靠法律手段为主转变；在新区执法观念上，由非规范化向规范化转变。从而不断增强新区建设管理中依法决策、依法办事、依法管理的自觉性和责任感。新区建设需要良好的法治环境，新区发展离不开现代法律服务体系的支持。由于舟山群岛新区的构想是在世界经济全球化与区域经济一体化的趋势中提出的，以下问题将成为进一步强化法治思维和法治方式来推动舟山群岛新区法治保障的现实境遇。

1. 海洋经济法律配套制度有待完善

国务院批复的《浙江海洋经济发展示范区规划》中明确指出：要把舟山逐步建设成为国际物流岛、自由贸易岛、海洋产业岛、国际休闲岛和海上花园城。但还存在海洋产业投资法律法规制度不够系统化、外商投资法律不够完善、混业经营探索尚未起步、知识产权保护有待加强等问题。尚未出台《舟山群岛新区条例》，也没有专门的海洋产业投资管理办法等相关法律法规，致使海洋经济发展无法得到具体引导，缺乏法律依据。舟山群岛新区规划建设自由贸易港区，而现有外商投资的规范性文件和政府规章分散，内容交叉或重复，有些条款已经不符合现实需要，对外商投资的积极性客观上是一个反向抑制作用，急需全面清理。同时，混业经营、离岸金融是未来海洋经济发展的一个必然趋势，利用国家给予舟山群岛新区先行先试的政策优惠，探寻混业经营、离岸金融的可能范围并用相关法律法规制度规范下来也是舟山群岛新区金融改革创新的当务之急。舟山群岛新区作为海洋经济综合开发试验区，正在建设中国海洋科技城，虽然政府在激励创新的政策导向方面力度不断加强，但是与之相配套的知识产权政策导向还不够，与各项海洋产业的结合还不够紧密，引导知识产权科技转化力度急需进一步加强；同时，企业知识产权保护意识也较弱，在研发、生产、经营过程中防范风险意识还不强，与国外企业知识产权纠纷中应对措施不得力，往往处于不利地位等。

2. 海洋生态资源环境保护法律法规制度需要进一步强化

舟山群岛新区近年来海洋生态资源环境问题比较严重，资源环境承载能力趋向饱和，经济发展和环境保护的矛盾日益突出。如何妥善处理好海洋生态、资源、环境约束与海洋经济发展之间的关系，将成为领导干部善用法治思维和法治方式破解制约舟山群岛新区社会经济全面发展的关键“瓶颈”。

3. 区域法律法规制度不够协调

从党中央、国务院对新区的定位角度出发，新区在和其他地区协调发展过程中存在着一系列法律问题。比如，地区间利益多样化、沟通渠道欠通畅、协调成本大，在一定程度上影响发展效率和实效；自贸区法律制度建设滞后，区域内贸易摩擦不断出现，司法上缺乏有效的实施保障机制等。可见，区域法律制度建设的滞后，使得舟山群岛新区的开发开放缺乏必要的协调渠道和法律保障，在和其他地区的协调发展上存在矛盾，在区域经济全球化的进程中处于不利地位。如何努力打造面向环太平洋经济圈的桥头堡，将成为舟山群岛新区领导干部善用法治思维和法治方式法治保障的智慧考量。

（二）依赖法治路径化解矛盾理顺体制，促进和谐协调发展

当前，舟山群岛新区建设的诸多矛盾是由利益诉求引发的。要有效化解利益矛盾，就必须运用法律手段理性处理，通过建立利益协调、诉求表达和权益保障机制，使社会矛盾得到有效化解。善于运用法治思维化解社会矛盾，各级领导干部必须带头做出表率。治国首在治吏，法治重在治权。矛盾纠纷和复杂问题出现了怎么办？是法治还是人治？是法大还是领导的看法大？这个问题如果没弄清楚，轻则群众抱怨，重则激化矛盾，引发群众上访和群体性事件。这就要求舟山群岛新区社会经济建设必须在法制的轨道上进行。随着新区建设进程的不断加快，结合推进法治政府建设的要求，必然要求新区领导干部要有强烈的市场规则意识，在规划建设和管理新区中，做到言行决策规范化，管理活动法制化，评判是非注重法律标准。舟山群岛新区的社会管理与各种新局面的开创，也离不开新区法制建设保障。通过建立和完善权力机构和政治协商机构的监督机制，建立层级监督机制，努力建立和完善长效机制，是促进新区工作走向规范化、法制化的保证。近年来，随着依法执政、依法行政理念的深入宣传和全面贯彻，各级领导干部的法律规则意识得到逐步提高，但还存在一些法治思维意识淡薄、法治方式能力不足、忽视决策程序等问题，集中体现在法治思维意识和能力由上而下呈递减的趋势，基层领导干部的法治思维意识和法治方式能力成为决策中的短板。具体表现在以下几个方面。

（1）法治观念淡薄。个别领导干部法治思维意识淡薄，存在官本位、官贵民轻的思想和特权观念。奉行“摆平就是水平，稳定就是搞定”的人治思维，认为“法律无用人管用”，采取非法律手段解决现实中出现的矛盾和问题，往往为追求“稳定”而牺牲“法治”。认为法律束缚手脚，改革创新就是要打破条条框框，先行先试就是要突破法律的底线。认为国内生产总值（GDP）是衡量政绩的主要标准，搞GDP有动力，搞法治很吃力，甚至以牺牲“法治”的方式来换取经济的发展。这些模糊认识的存在，直接影响依法决策、科学决策和民主决策。

（2）法治思维欠缺。有的领导干部忽视甚至违背法律原则和法律精神，对

某些遵循法律原则、法律精神可以决策的事项，死扣法律条文，机械地按法律条文办事，致使决策违背法律的根本目的。有的领导干部在实际工作中有选择地适用法律，有利于自己的就办，不利于自己的就不执行。有的领导干部处置突发事件时，由于法治思维、法律素养欠缺，不能正确把握运用法治原则和精神，不能做到统筹兼顾，灵活处置，以致酿成恶性群体性事件。

（3）忽视决策程序。领导干部决策，不仅要追求决策结果合法，而且要做到决策程序到位。个别领导干部没有依照法律法规规章规定的程序办事，喜欢一个人“说了算”，或者搞所谓的“三拍式”（拍脑袋、拍胸脯、拍屁股）决策，决策失误给国家利益、社会公共利益和公民权益造成重大损失。近年来，有的地方违反土地规划法律法规规章，违反物权法和征收补偿条例，违法征地、违法拆建，任意侵犯公众财产权和人身权，引发多起自焚、自杀等惨剧或者暴力对抗致人死亡的恶性事件；一些地方违反环境保护法律法规规章，大肆兴建高污染、高耗能企业，以致造成严重生态灾难事件。出现这些问题的一个重要原因，就是领导干部决策时没有认真听取社会公众和专家的意见，没有向社会公开，决策程序不规范，实体规范也就无从谈起，自然就丧失了群众基础。

（4）法理意识不足。法律思维的目的不仅是获得处理法律问题的结论，而且要为法律结论提供充分的法律论证与法律理由。法律思维要求理由必须公开、有法律上的依据、具有法律上的说服力。就此而论，法律思维的首要任务与其说是寻求解决问题的结论，不如说是寻求据此作出结论的法律理由——那些认同法律并依赖于法律的人们能够接受的理由。也就是说，当我们遇到法律问题时，要能够给自己的主张一个合法的理由，使自己能够稳操胜券。

在“法治方式”的运用上，需要领导干部有创新和智慧，用法治的方式去解决社会中的疑难问题。一是发生社会矛盾时，要积极主动介入，不逃避，不推诿，勇于承担责任，与公众沟通；二是分析矛盾产生的原因，依据相关的法律分析公众的诉求是否合法、合理；三是对于合法的诉求应依法展开调查，在调查中公众的参与很重要，确保调查的客观、中立；四是调查情况清楚后，行政决策或者决定采取和公众民主协商的方式进行，吸纳公众的意见和建议，不能采纳的应说明理由，避免行政专断；五是信息及时有效地公开，事件调查情况等相关信息通过发布公告的形式公之于众，确保信息的权威和准确，避免虚假信息扩散，掌握信息主动权；六是对于违法行为，不姑息、不放纵，应追究法律责任的依法进行，行政权力不干预司法行为。但是，由于大部分领导干部法律知识的缺乏，法律思维的限制，在遇到法律问题时往往不能“自圆其说”，虽然感觉在理，却难以用法律语言辩护，做到“合理又合法”。

（三）运用法治方式创新管理深化改革，提升干部法律素养

运用法治思维和法治方式深化改革，关键在于推动权力有限化。法治目标就是控制权力，确定权力的边界，防止权力滥用。通过法治的方式，进一步健全民主制度、丰富民主形式、拓展民主渠道，使人民的知情权、参与权、表达权和监督权得到更充分的法律保障，从各个层次、各个领域扩大公民有序政治参与，使人民享有更多更切实的民主权利。深化改革，加强劳动就业、社会保障、收入分配、教育卫生、居民住房、安全生产等方面的法律完善，着力保障和改善民生，促进社会公平正义，为社会建设提供法律和制度保障。在法治框架内推进司法体制和工作机制改革，加快推进行政体制改革中做到法治先行。逐步使各级管理机关和广大人民群众都能了解有关新区建设管理的法律法规及制度规定，并能自觉地用这些规定来规范自己的行为，用法来评判解决新区建设管理中遇到的矛盾是非，用法来保护人民群众的合法权益，真正实现“依法开发、依法管理”，“人民新区人民建、建好新区为人民”。[6]毋庸讳言，个别干部法治观念不强，依法办事能力不足，缺乏法治思维和法治方式处理改革问题引发不稳定事件屡见不鲜。其具体表现为以下几个方面：①把个人凌驾于法律之上，以言代法，以权压法。个别干部觉得在自己的管辖区域内，老子天下第一，别人无权干涉，更不能变更。②法律工具化，需要时法律是个宝，不需要时则束之高阁。特别是涉及部门利益时，地方保护主义思想严重，只要是为了一己私利，就可以把法律当儿戏。③运用法律时不严肃、随意性大，碰到困难或威胁时，为了息事宁人可以随意更改制度甚至判决。尤其在使用自由裁量权时，有的司法工作人员不根据案件的具体情况任意曲解法律，随意做出裁决。④为了追求短平快和高效率，既不讲实体规范，更不顾程序规范，忽视、扭曲甚至排斥法律的作用。把追求人民群众是否满意与个别当事人是否满意等同起来，把化解社会矛盾的工作简单化，乃至于以牺牲其他公平来取得一时的稳定与和谐。如前段时间在网上传得沸沸扬扬的某市中级人民法院以死刑换取被害者家属不再上访承诺的“死亡保证书”。司法的权威只有在对事实的发现、程序的坚持和正义的守护当中才能建立起来。当法官因为个别当事人的压力而无视法律的时候，法律的帝国就开始坍塌了，而社会也失去了最后的守护者。在舟山群岛新区建设中，如何避免上述现象的出现，树立法律权威，培养法治意识，培育全体新区人的法律素养，提高运用法治思维和法治方式的能力，这是每一个新区人尤其是各级领导干部值得深思的问题。

三、善用法治思维和法治方式强化舟山新区法治保障对策思考

法治思维要求各级领导干部想问题、作决策、办事情，时刻牢记人民授权和职权法定的原则，严格遵循法律规则和法定程序，切实保护人民权利和尊重保障人权，始终坚持法律面前人人平等，自觉接受监督和承担法律责任。法治方式要求领导干部在对法治的认识上，更加注重法治的本体性价值；在行为模式上，更加注重法治的基础性作用，可以预见，这将是法治理念、法律知识、法治信仰以及法治自信循环往复和不断攀升的过程，构成一个由思维到实践更为完整、更为统一的领导干部推进法治的工作体系。

（一）舟山群岛新区建设发展需要法治理念

根据法律、法规和规章的要求，结合实际把新区建设资源配置及生产流程的各个环节纳入法制化轨道，抓紧出台《舟山群岛新区条例》以及新区建设管理中急需的配套性规范文件。舟山群岛新区急需法制框架如下。

（1）新区基本法制规划。提前做好新区立法详细规划，明确立法主体和立法重心，避免随意性和盲目性，使其具有完整性和系统性。通过实践调研搞清楚新区需要什么样的法律体系，应抓紧起草拟定新区管理和发展急需的、对确保新区社会稳定具有举足轻重作用的法规、规章和规范性文件。明确哪些应由国务院及其有关部门起草颁行，哪些应由省人大和省政府起草颁行，抑或哪些由舟山市人大草拟，由国务院有关部门或浙江省人大或浙江省政府颁行，都应该提前做好研究，尽快达成共识并付诸实践。新区的开发开放伊始，应加快在体制创新、产业升级、扩大开放方面的立法起草和规范性文件制定工作，加强规范各功能区开发管理、促进产业健康发展的立法起草和规范性文件制定工作，完善各管理区基础设施管理、社会事务管理等方面的立法起草和规范性文件制定工作，加强体现新区管理特色、适应现代社会经济发展需要的立法起草和规范性文件制定工作。应当提高立法透明度，扩大公众的立法参与，建立立法机关评估、执法机关评估、专家学者评估、社会公众评估相结合的立法评估机制，适时完善、修改相关法律法规，确保立法的适应性。

（2）海洋经济法制建设。按照建立社会主义市场经济体制和新区开发开放总目标的要求，运用探索创新和移植借鉴相结合的方法，逐步构建定位适度、推动有力、特色鲜明、框架科学的舟山群岛新区法律、法规和规章体系，全力为新区的海洋经济乃至社会全面发展提供法制保障。比如，建立支持创业风险投资的政策体系和法律体系、改善外商投资的法律环境、加强知识产权保护法律制度

建设。

(3) 海洋生态资源环保法制建设。生态文明建设要突出法治轨道上的制度安排，要更加重视运用法治思维、法治方法解决生态环境问题，多向立法、执法和司法借力依法解决海洋生态资源环境问题。探索建立健全海洋生态资源环境公益诉讼制度和海洋生态资源环境公益损害赔偿制度。积极引导发展循环经济，鼓励环保服务型企业落户舟山群岛新区，并给予政策优惠，对企业的排放行为实行有力监督，加强新区的污染防治措施和生态修复措施，促使新区经济和生态文明建设协调发展。

(4) 区域协调法律制度建设。海洋是整体，新区与毗邻的上海、宁波以及长三角地区的其他省市之间加强协调发展与合作共赢具有现实意义。加强地区之间的协调联动、使多方协调渠道、形式和内容法制化规范化，进而加强区域协调发展和陆海统筹。此外，舟山群岛新区应与东北亚其他国家和地区之间加强合作协调，利用国际资源和市场，促进自身发展。

(二) 舟山群岛新区维护稳定需要法治引领

新区建设中社会管理和谐稳定需要强化法治思维和法治方式。新区管理的法治保障，必须围绕新区建设管理中所发生的各种重点、焦点和难点问题，有针对性地开展各种专项整治活动，做到点面结合，以点带面。舟山群岛新区按照打造法治新区的要求，从立法、执法、司法、守法、法律监督各个方面整体推进，促进法治建设各个环节、各个方面协调发展。

(1) 在立法层面，舟山群岛新区没有立法权，可以接受授权或建章立制。法规制度建设应立足新区规划，涵盖商品贸易、服务贸易、原产地规定、食品卫生检验和动植物检疫措施、技术性贸易障碍和保障措施、反倾销税、政府采购、知识产权、竞争政策、争端解决机制和机构设立、例外条款、一般条款（加入、终止、修改、保留、生效等）以及各附件等。

(2) 在执法层面，构建必要的权威的法律组织机构体系。整合现有的新区管委会与行政机构的重叠，设置“磋商、执行、监督”三位一体的职能机构，同时设立若干分工合作机构，履行具体经济合作领域的法律协调和执行职能；法治建设的重点将从加强立法工作向加强宪法和法律实施、建设公正、高效、权威的司法制度、维护法律的权威转变。

(3) 在司法层面，需要建立包括矛盾解决在内的法律运行机制。以协调相互关系，规范合作行为，解决合作争端。公检法司应着眼于新区的建设目标，正确运用政策和法律，围绕新兴海洋产业发展、企业兼并重组、渔业转产转业、知识产权保护、劳动合同仲裁等新区内产业、企业可能涉及的法律问题进行研究和宣传，积极推进法律咨询服务，妥善处理改革发展中出现的新型案件，总结审判实践经验，积极提出司法建议，推动新区立法建制，完善制度建设，为新区的发展创造条件，进一步促进区内经济秩序的法治化和规范化。

（4）在守法层面，完善新区专业法律服务机构和人才建设。加快新区政府法律顾问制度建设，吸收相关领域专家、学者、律师、公证人员等，为领导决策服务，为各级政府及其职能部门依法行政提供有力的法律服务。加强基层法律服务工作，充分发挥基层法律服务所贴近社区、贴近企事业单位、贴近群众的优势，为社区建设和社会稳定服务，使法律服务更加有机地融入舟山群岛新区的开发开放建设中，为舟山群岛新区综合配套改革的顺利推进和区域外向型经济的进一步发展创造公平、有序的空间。法律服务从业机构和人员也应该在借鉴国际先进国家经验的同时，对新区即将涉及的法律事务进行超前研究探讨，认真做好国际投资、贸易、融资、招投标、税收、土地、环保等法律事务的研究，努力为新区区域内企业提供争议解决程序性咨询、法律风险防范等完善的法律服务，使法律服务融入新区的开发开放各领域之中，为新区营造加快发展的法制环境提供源源不断的动力。

（5）在法律监督层面，进一步完善舟山群岛新区法律监督制度建设。检察系统和检察人员应采取有效措施，预防职务犯罪，强化诉讼监督，维护司法公正，为优化新区的投资环境提供法律保障，维护投资者的合法权益。微博已经成为政府与民间直接互动的窗口，政务微博集群式发展，敞开了信息公开的门窗，给公众开辟了政治参与的新路径。更有价值的是，在微博这个“观点广场”上，公众对复杂事件的围观，政府对网络热点的回应，本身就是法治意识、法治思维的培育过程。改革公共管理方式，增强公众的对于公共事务的参与积极性，提供更多的参与机会。规范权力运行，要让公权力的运行公开透明。提升和维护司法权威，司法应该具有不被任何组织、个人影响，也不被任何媒体、舆论影响的能量。

（三）舟山群岛新区深化改革需要法治素养

新区建设深化改革先行先试中应努力提高广大干部善用法治思维和法治方式的能力。新区建设要发扬“大干、实干、苦干、巧干”的“四干”精神，但前提是依法干。“先行先试”是在现有的法律框架内没有作出具体规定的，才可以因地制宜，制定出具有舟山新区地方特色的规定或办法。但最终还是要提炼、总结出具体的做法，上升到制度及法规的高度。并且不会因为领导人的变更而更改这些制度和法规，这样才是法治理念的具体体现。领导干部增强法治观念本身就是对建设法治新区的最大贡献。领导干部要率先提高法律素质，增强法律意识；

模范带头遵守法律，模范遵守新区规章制度，在建设法治新区过程中起到率先垂范的作用；积极参与新区立法，在完善立法方面积极献言献策，自觉维护新区建设的大好局面；增强法治观念，敬畏法律、崇尚法律，有效传播法治理念。突出抓好“三大机关”（政府、法院、检察院）建设和“四大环境”（市场环境、经营环境、公共环境、治安环境）建设，形成“法治新区”建设的亮点。舟山群岛新区需要深化改革，关键是提升领导干部增强法治思维和法治方式的能力。如何提升领导干部增强法治思维和法治方式的能力，具体有以下几方面举措。

（1）学习法律知识。学习和掌握基本法律知识，是培养法治思维和法治方式的前提。法律知识包括法律法规方面的知识和法律原理知识。只有既了解法律法规的具体规定，又了解法律原理原则，才能更好地领会法律精神，养成法治思维，运用法治方式思考处理各种法律问题。学习法律知识担负着法律规制的传播职责，能为领导干部的行为提供标准，促进领导干部形成法治思维，自觉运用法治方式，培养领导干部依法办事的信念。学习法律知识不能仅限于一两次的课堂教育或集中式短期活动，需要完善领导干部的法律学习制度，更应建立常态化、整体性法治学习机制，让法律知识转化为人们大脑中的法治理念，使法治理念上升为法治思维，进而在全社会尤其是领导干部中养成按照法律办事的习惯。学法制度包括各级党委中心组领导集体学法制度、学法讲座制度、学法培训制度、自学制度、领导带头讲法制度、典型案例警示制度，等等。借鉴中央政治局集体学习制度，建立领导干部法律讲堂，通过“法律讲座”、“法治论坛”等载体，潜移默化提升领导干部法律素养，真正形成社会主义法治建设的价值认同。各级政府机关应将学法活动纳入政府部门学习规划，聘请专家、教授、资深律师为领导干部进行专题性的法治讲座培训，提高领导干部依法决策水平和防腐拒变的能力。落实学法用法考试考核制度是掌握各级领导干部平时学法、依法办事的情况的重要手段，按不同等次将考核结果记录归档，成为组织人事部门对其任用、晋升的一项重要依据，是促使其加强法律知识学习、严格依法行政的有力监督。加强领导干部学法用法路径设计，细化各部门的法制教育学习任务，健全完善与高校的合作机制，进一步发挥普法讲师团的主导作用，切实为领导干部提供方便快捷的获取法律知识、解决实际问题的服务渠道，从而以刚性制约和柔性服务的双重机制共同促进领导干部法治能力的提升。一旦形成了浓厚的氛围，各级领导干部必然认识到法律知识对自身工作的重要意义，自然会从“要我学”转化为“我要学”。

（2）掌握法律方法。法律方法就是从法律角度思考、分析和解决法律问题的方法。法律方法是法律思维的基本要素，法律思维的过程就是运用法律方法思考、分析和解决法律问题的过程。领导干部只有掌握法律方法，具备法治思维和运用法治方式的能力，才能依法履职、依法决策，才能推进经济社会健康有序发展。当前培养和提升领导干部掌握法律方法，在运用传统讲解式普法方式的基础上，多采取典型案例、视频课件等教学方式，通过解读、访谈、调查等网上互动方式，帮助领导干部了解法治建设在经济社会发展各领域的实际作用，提升领导干部运用法治思维和法治方式处理问题的前瞻性和主动性。掌握法律方法，运用法治思维和法治方式能力，势必成为今后一个时期对领导干部的一项基本要求，成为建设法治新区、法治政府的一项常态化的重要工作。一是要培养法治思维理念。法治思维理念的养成，是一种"习惯成自然、润物细无声"的陶冶过程。领导干部要自觉树立法律信仰，自觉运用法治思维决策，切实地维护法律的权威，将法律内化为自身的本能，而非将法律仅仅视为"治世之工具"。二是要养成法治思维习惯。法治思维应成为人们想问题、办事情的一种自觉的思维方式，即要成为一种必需、一种习惯、一种价值和理念。作为舟山群岛新区各项事业的引领者与践行者，领导干部尤其需要具备法治思维，要自觉培养政治意识和大局意识、责任意识和廉洁意识、新区意识和创新意识。要通过各种途径，养成依法履职、依规办事的习惯，确立慎权观念，从根本上消除"信权不信法"、"信关系不信法"的思想观念，使"合不合法，合不合程序"成为领导干部的口头禅和常用语。三是要善用法治方式。培养领导干部的法治方法，不仅要学习训练法治思维，更要善于运用法治方式破解难题、解决难事，在遇到权力与权利冲突、公共利益与个人利益冲突时，要牢固树立民本意识，主动运用权利本位、正当程序等法治理念处理问题，恪守公开、公平、公正等法治原则依法办事，减少官民对抗，树立领导干部在群众中的良好形象。

(3) 参与法律实践。法律思维和法治方式是一种在法律实践中训练、培养和应用的思维方式和工作方式。脱离具体的法律生活和法律实践，不可能养成法律思维和法治方式。通过法律实践，使领导干部学会运用法律知识评价社会现象，运用法律武器解决现实问题。完善实践锻炼机制，将公职人员，尤其是年轻的领导干部和后备干部，放在深化改革、促进发展、化解矛盾、维护稳定的一线实战平台去锻炼，做到任务、职责、责任、奖惩"四明确"，促使凡事不仅知其然，而且知其所以然，知其将何然，最大限度地激发个体的智慧与热情。将广播、电视、电影、报纸杂志以及法制文艺演出等方式融入到法律实践活动中，使领导干部能依法判明是非和善恶，以法律的途径处理现实纠纷，维护合法权利，从而养成依法办事的思维方式和行为习惯。将领导干部安排在不同的部门、不同的岗位去交流，不断提高自身的综合能力，面对繁杂的事务，遇到棘手的问题时，做到临危不惧，应对有节，得心应手地综合运用法理、情理、事理，感悟到肩负的历史使命。多组织参与法律知识竞赛、法律咨询、参与案件调解、旁听审判机关对具体案例的审理等实践活动，提高法治教育的思辨性、互动性，在生动的法治实践中促使领导干部强化法治意识、提高法律素养。引导领导干部善于深入基层、深入群众、深入实际调查研究，努力做到听民声、知民情、护民权，把握矛盾纠纷脉搏，探索经济社会发展规律，创新社会管理的思维与手段。依法履职水平，是衡量一个领导干部法治思维能力的重要指标，也是考量一个领导干部依法执政、依法行政、依法决策的重要因素。参与法律实践，保障民众利益诉求渠道畅通，建立法律专家咨询制度和行政执法责任制度，邀请专家、学者、律师作为政府法律顾问参加领导班子常委会、政府常务会，为领导干部的议事决策提供合法性论证，为各级党组织和政府在宪法和法律范围内活动提供法律保障。

（4）完善法治监督。法治思维和法治方式需通过法治监督方式规范保证。培育法治思维和法治方式，必须建立科学的干部政绩考核和选拔任用机制，将法治指标纳入政绩考核体系，让法治思维和法治方式成为领导干部主动自觉的惯性思维。改革领导干部选拔、任用制度和法律监督、问责制度，并通过推广正反典型经验，不断引导和激励公权力执掌者主动、自觉和善于运用法治思维和法治方式治国理政。加强制度控权，通过完善外部环境来影响与促进领导干部自觉养成法治思维和法治方式。健全保障法律执行、运作、实施的各种具体制度，如保障行政公开、公正、公平的各种制度以及违法决策追究责任制度，最大程度地保证决策的科学性、民主性。要加强监督，以强有力的监督来督促官员提高运用法治思维和法治方式的能力。融党的监督、法律监督、群众监督、舆论监督、网络监督等为一体，构建严密监督体系，增强公权力运行的公开透明度、群众参与度。通过进一步完善内部运行机制，规范自身行为，提高严格执法、依法行政的效率，切实运用法治思维和法律方式治国理政，处理和解决问题成为国家机关的唯一选择，化为每个执政者的自觉、主动行为。进一步推行政务公开目标管理责任制，把政务公开工作开展情况纳入部门整体工作目标管理和考核范围，并进一步将此作为干部特别是领导干部政绩考评的重要内容，奖优惩劣，形成正确导向。

（5）维护司法公正。维护司法公正，为法治思维和法治方式树立法治权威。只有维护司法公正，充分利用案件处理的法律影响和效果，利用案件的预防、教育功能使领导干部在思想上重视对法律的学习，从行为上重视对法律的遵守，从而使他们成为自觉学法、知法、懂法、用法、守法和护法的高素质领导干部。司法不公不但侵害了领导干部的合法权益，也大大打击了领导干部学法、用法的积极性，在一定程度上影响了领导干部法律素质的培养和提高。同时要坚持程序思维，防止以言代法。程序思维要求将社会中已经存在的各种冲突通过正当程序的运行予以公平公正地解决，要求权力按照法律预设的程序行使，严禁恣意行使权力，保障程序参与者有平等的权利。正当程序能够满足民众对正义实现的心理需求，容易引导民众对程序结果的认同和肯定。坚持程序思维关键要做到：一是保障民众的知情权。法治政府的建设，不仅需要政府制度的公正合理透明，更需要民众的积极参与，而民众的知情权是其有效参与的前提。二是树立民众参与原则。政策在制定和实施过程中需要有公众的有效参与，并且赋予参与者表达自己意思的机会。确保事关民众利益的重大事项能依法决策、科学决策和民主决策。三是深化政府专业法律服务。引入法律服务制度，寻求智力支撑，帮助提高党政领导干部依法行政的能力和素养，养成凡事须过“法律关”之良好的执政风气和办事习惯，顺应公众对政府权力的公共性、法定性、有效性的诉求。

（6）培育法治文化。畅通法治文化渠道，为法治思维和法治方式的形成增效提速。法治文化的传播，以文化特有的引领和约束功能，影响着领导干部的世界观、价值观，传播着法治观念和对法治的价值判断，培植着领导干部的法治信仰，从而促使依法治国基本方略的全面落实。注重法治舆论的培育和引导，营造全社会学法、遵法、守法、用法的良好氛围，积极构建规范有序的法治生态，进一步坚定领导干部的法治自信，从而切实使法律获得强大的生命力。在执政、立法、行政、司法、社会组织的一切活动中，都要坚持法律原则，都要深谙法治思维，都要精通法治方式，形成浓郁的治国理政活动中的法治文化。培育法治文化首先要构建法治文化进机关平台，建立机关内的法治文化阵地，设计有针对性的法治文化作品。要从具体工作中发现法治文化建设的重点，增强法治文化的影响力、渗透力和感染力，使领导干部切实体会到法治就在身边，从而形成推进法治的自觉和自信。其次，培育法治文化要创新载体，创新手段。不仅要利用好传统媒体的作用，如报刊、广播、电视、宣传窗等，还要充分挖掘新兴媒体的作用，如网络、手机在传播法律知识、培养法治理念方面所发挥的作用。培育法治文化还要形成各部门联动，全社会参与的机制。要发挥政法系统、行政执法部门、组织人事、思想宣传、群众团体的作用，形成各司其职又互相配合，协同打造法治文化环境。精心培植法治文化教育基地，挖掘法治文化底蕴，搭建法治文化平台。分别组建县、镇（区）、部门（系统）、村（社区）法治文艺团体，创作并编排法治文艺节目，开展汇演与巡演活动；整合资源，鼓励公职人员开展法治书画、摄影、剪纸、动漫等创作活动。同时本地媒体法治栏目全覆盖，开通法制宣传微博，培植学法用法的群体典型，广泛动员全社会积极参与，形成广大人民群众学法、知法、用法的良好氛围。如果广大群众掌握了丰富的法律知识，树立了强烈的法治意识，则会形成倒逼机制，倒逼广大干部增强学法、知法、用法的紧迫感，养成法治思维和法治方式的自觉性。

参考文献

[1] 沈宗灵：《法理学》，高等教育出版社，1994年，第123-124页。
[2] 孙国华，朱景文：《法理学》，中国人民大学出版社，1999年，第208页。
[3] 苏力：《法治及其本土资源》，中国政法大学出版社，1996年，第21页。
[4] 高鸿钧：《现代法治的出路》，清华大学出版社，2003年，第67页。
[5] 刘作翔：《实现法治：我们的理想和追求》，政治与法律，1996年5期，第38-41页。
[6] 邢春生：《加强法制建设推进滨海新区开发开放》，港口经济，2009年2期，第8-10页。

舟山群岛新区海洋法治文化建设的路径探索

高建平　杨锐荣

【摘　要】　建设浙江舟山群岛新区，对于实践十八大提出的“海洋强国”战略，实现中华民族伟大复兴的重大任务，具有战略上的意义。那么，舟山群岛新区建设需要海洋法治文化作保障，在谋划《浙江舟山群岛新区建设三年（2013—2015 年）行动计划》之初，同步规划新区海洋法治文化建设的目标是非常必要的。为此，本文在调研舟山新区法治文化现状和阐述其重要性的基础上，提出在落实舟山群岛新区行动计划中推进海洋法治文化建设的探索路径，对舟山群岛新区的三年行动计划的全面落实，将起到积极的推动作用。

【关键词】　海洋法治文化；新区建设；路径

习近平总书记曾说：法治文化是一个国家或地区对于法律生活所持有的以价值观为核心的思维方式和行为方式，包括人们的法治意识、法治观念、法治思想、法律价值取向等。具有法治“灵魂”之称的法治文化，是实现法治社会必不可少的内在动力和精神支柱。也就是说，法治文化是培育现代公民信仰法律的精神，使公民真正从内心认同法律的一种思维方式，并将这种思维方式内化为自觉遵守法律的行为准则，从而发挥法治文化的“酵母效应”[①]，渗透到全社会的

作者简介：高建平（1959—），女，湖北安陆人，浙江海洋学院思政部教授；杨锐荣（1975—），女，河南柘城人，浙江海洋学院思政部讲师。

① “酵母效应”：酵母，真菌的一种，在适宜的环境和温度下，会以几何级数膨胀扩散。如今，在江苏无锡，法治文化建设犹如“酵母效应”，正变得越来越强。司法部有关负责人将法治文化比作血液，称其是法治建设须臾不可或缺的滋养。——见徐伟、柴黎：《法治文化如何才能发挥“酵母效应”》，《法制日报》2008 年 9 月。

各行各业，各个方面，最终实现构建法治社会的目的。

那么，正在筹划建设中的舟山群岛新区，以其独特的海洋产业为支柱，形成了具有鲜明特色的开放型海洋经济体系，实现了从传统海岛经济向现代海洋经济转型的目标，因此，被列为长江三角洲地区海洋综合开发试验区的改革重点。然而，海洋经济建设，离不开海洋文化的支撑，作为海洋文化重要组成部分的海洋法治文化，也应该成为保证舟山群岛新区行动计划实施的“软实力”。

一、舟山群岛新区海洋法治文化建设的现状

法治不仅是治理国家的重要手段，还是社会政治生活中倡导公平正义的实践规则，是现代文明生活中人们应该普遍追求的一种生活方式，这就是法治精神、法治文化的体现。“法治文化”主要是区别于“人治文化”的一种新的政治文明体系。[1]

海洋法治文化是法治文化的重要组成部分，是依海为生的人们在长期的涉海实践中形成的关于海洋法律制度、法治机构、人们的海洋法治意识及其涉海活动的总称。[2]简而言之，海洋法治文化即是沿海地区在海洋经济建设、生产实践过程中，逐渐形成的海洋法律思想、治海理念以及与海洋相关的制度、法规、设施、产业等文化思想体系，海洋法治文化一旦形成，就以其独具海洋特色的“法文化共识、价值取向和行为方式”，影响和支配着人们的涉海行为，并以其维护着海洋的健康永续发展。

舟山是我国一个以群岛建制的地级海岛城市，所辖 4 个海岛县区，陆域面积 1 440 平方千米，海域面积 11 万平方千米，1 390 个岛屿。因其独特的地理位置和海洋环境，形成了舟山独有的以海洋经济为主、陆域经济为辅的经济发展模式。特别是近年来，随着将海洋经济上升为国家战略的高度，舟山海洋经济顺势发展，海洋产业综合发展能力有较大幅度提高，海洋经济结构转型等也趋于完成，以临港、物流、旅游为主的海洋现代经济体系已初具规模。

但是，由于我国长期以来重陆轻海传统观念的影响，长期受“黄土文明”（即黄色的土地，农业文明）传统大陆文化所统领，我国国民的海洋意识淡薄。目前，国家正处在改革发展的攻坚阶段，但法治文化建设相对滞后，在推进依法治国的进程中，出现了诸多与现代法治精神不相协调的问题，不同程度地影响着经济的发展，特别是涉海类法治建设更加缓慢，已经成为制约我国海洋经济发展的瓶颈。舟山一直以单一的海岛经济孤立而缓慢地发展，很多潜在的海洋资源优势并没有得到充分利用和开发。同时，舟山群岛区域在海洋经济艰难发展的过程中，不断受到国内外大环境的冲击，与全国及全世界相同共性的海洋问题，即影

响海洋经济健康发展或和谐海洋建设方面的问题，都不同程度存在着。例如，不断恶化的海洋生态环境、不同程度污染的海洋水域、逐渐退化的渔业资源、频繁发生的海洋灾害、受到严重侵害的海洋权益，等等。还有舟山自身在发展过程中所存在的独有问题，例如，海洋综合管理能力偏低，对海洋资源进行掠夺式、粗放式开发经营，海洋产业结构不尽合理，现代化海港物流体系不够健全，缺乏专门的高层次海洋建设人才，海洋科技开发力量薄弱等，都严重制约着舟山海洋经济的整体快速发展的步伐。

除此之外，舟山虽地处海岛，但长期受大环境的影响，海洋类法治机构不完善、海洋类法律法规不健全、海洋法治教育没有受到足够重视，海洋法治文化建设长期滞后于海洋经济的发展，这已是不可忽视的现实问题。为此，2013 年暑期我们对舟山市普陀区社区公民进行了随机性问卷调查，对收回的 100 份有效问卷进行统计，虽不能完全反映舟山民众对海洋法治文化的认识和了解程度，但也能说明一些问题。本次调查偏重于年轻人，100 人中年轻人占多数，40 岁以下的占 66%，41 岁以上的人占 34%，其中中小学生占 39%，据此可能反映出舟山市的现行教育中对海洋法治文化内容的重视程度。具体情况如下：

（1）对涉海类法律法规了解程度不高。在“对于涉海类法律法规了解程度”的选项中，基本了解的人占 36%，不了解的人占 59%。

（2）海洋普法宣传力度不够。在“您所在单位（社区）是否经常开展海洋普法宣传活动”的选项中，认为偶尔宣传的人占 37%，认为基本没有宣传的人占 39%，认为完全没有宣传活动的人占 15%。

（3）对海洋执法管理了解程度不高。在“是否接触或了解过以下的海洋执法管理”的选项中，通过海洋渔业专项执法、海洋渔业动态数据库管理、海域（滩涂）使用动态监管、海岛现代化执法管理等几种方式了解的人合计占 54.16%，而完全没有接触或不了解的人占 41.67%。

（4）对涉海类的节庆纪念日宣传不够。在“您所知道的涉海类节日”的选项中，对世界海事日、中国“航海日”和“世界海洋日”暨全国海洋宣传日了解的人数，三项合计才占 35.35%，对中国海洋文化节了解的人数占 56.36%，还有近 10% 的人什么都不了解。

（5）海洋法治文化教育不系统。在“通过哪些途径了解海洋法治文化”的选项中，反映出来人们了解海洋法治文化的渠道繁杂，有通过海洋电视台或广播电台，海洋类网站，单位、社区等实地宣讲，海洋宣传栏及横幅、报刊等多种渠道进行了解，既不系统，又不正规，更不权威，缺乏系统的学校教育。

（6）对海洋灾害种类了解的不足。在“您所了解的海洋灾害种类”的选项中，了解人数最多的是海啸占27.85%，而对风暴潮、海浪、海冰、赤潮等灾害了解的人数均未超过20%。

（7）对海洋生态环境保护措施知之甚少。在“您所知道的海洋生态环境保护措施”的选项中，对海洋规划编制、养殖用海、规范捕捞、港区海湾重点整治等措施了解的人数均不超过20%，只对实行休渔期一项了解的人数占29.75%。

由此可见，舟山在以往的海洋经济建设过程中，忽视了对海洋法治文化建设的重视，故而在公众心目中缺乏对海洋法治文化的认识，这样必将影响舟山海洋经济的发展和舟山群岛新区建设的步伐。钱穆先生说过：“一切问题，由文化问题产生；一切问题，由文化问题解决。”[3]新区的发展建设需要现代法律服务体系的支撑和法治文化的保障，这已是很多沿海城市在海洋经济发展过程中总结的成熟经验。要促进舟山海洋经济的新发展，全面落实舟山群岛新区《三年行动计划纲要》，为浙江省海洋经济的大发展真正起到先导作用，舟山各级政府要在筹划经济发展规划的同时，谋划好为其起到保驾护航作用的海洋法治文化建设，因此才能完成国家交付的为中国蓝色经济的发展所肩负的先行先试的重大任务。

二、海洋法治文化建设应成为舟山群岛新区建设的“软实力”

现代经济是国际化、协作化、规则化的经济，它要求全社会有与之相适应的理念和行为方式，依法经营、诚实信用、遵守规则成为必要条件，法治文化适应了经济社会发展的客观需求，无可取代地成为经济发展的“软实力”[4]。

一直以来，舟山以海洋文化为动力，在促进区域海洋经济的发展中起到了巨大的推动作用。但是，海洋法治文化建设在舟山海洋文化发展过程中的作用却是缺位的。通过调查表明，人们对海洋法治文化知识了解甚少，对海洋法治文化缺乏足够的意识，在海洋开发、管理过程中没有将法律作为一种依靠、一种精神导向和信仰，致使海洋资源环境遭到破坏，海洋经济健康发展受到影响。因此我们必须要加强海洋法治文化建设，就是把法治文化建设与海洋文化建设结合起来，让法治文化引路，运用法治文化的教化、塑造作用，来引领海洋文化及海洋经济健康有序地发展，营造良好的海洋法治文化氛围。

目前，舟山群岛新区建设已经定位于立足浙江、服务全国、面向太平洋的战略高度，未来10年的发展目标，是成为浙江海洋经济发展的先导区和“长三角”地区海洋经济发展的重要增长极。“三年行动计划”已经设计完成，将面临的是新型城市化建设的进程，即新区行政管理体制转轨、产业升级、城乡统筹发展等。也就是说，原有的行政职能、执法和审批等都将随之改革，建立法治政府、构建和谐社会应是对舟山新区提出的基本要求，因为良好的法治基础、和谐氛围、平安环境是其他新区建设过程中招商引资、发展经济的成功经验，已得到充分的证实。舟山群岛新区的“三年行动计划”中提出建设“四岛一城”、自由贸易园区、打造花园城市等，都没有可借鉴的经验，国家原有的法律法规也不完全适用于舟山新区的情况，为此提出了先行先试的原则。所以，根据舟山群岛新区的特点，在“三年行动计划”执行之初，构建良好的法治秩序，在新区上下树立法治观念意义非凡。大力开展海洋法治文化建设，推进海洋法治宣传教育活动，努力把海洋法治意识、海洋法治精神融入人们的头脑之中，融入海洋经济社会发展之中，在全社会形成依法、讲法、守信的海洋法治文化风尚。使人们在新区建设中树立崇尚海洋法治的意识，并逐渐形成良好的文化氛围，从而为舟山群岛新区建设提供强大的精神动力。在法治的框架下，建立现代化城市管理体系和法治保障体系，探索新区综合执法体制的改革，突出海洋法治文化的特点，使其成为提升舟山新区区域功能规划、城市管理和发展建设过程中的“软实力”；在大宗商品交易中心建设、海上开放门户建设、现代海洋产业基地建设、海岛综合保护开发示范区建设、陆海统筹发展先行区建设过程中优化“软环境”。使新区人们在开发建设海洋的过程中树立依法治海的理念，努力提高与新区海洋经济社会发展总体水平相适应的海洋社会法治化管理水平和公民法律意识，为新区海洋法治建设形成良好氛围打下坚实的基础。让海洋法治文化在新区的治海、用海方式和人们的涉海行为上形成依托，为推进舟山群岛新区建设提供强有力的法治保障。

三、在落实舟山群岛新区行动计划中推进海洋法治文化建设

建设法治国家，不仅需要健全的法律法规和完善的法律监督制度，更需要与之相适应的法治文化，以此作为一种动力，来培养全体社会成员的法治精神和法律信仰。舟山群岛新区以海洋文化及海洋经济为发展重点，那么，海洋法治文化就应该成为舟山群岛新区海洋事业发展的重要精神支柱和内在动力。所以，在舟山群岛新区规划建设之初加强海洋法治文化建设，是依法治国方略在现代化城市建设管理过程中法治实践的体现，具体建设路径应紧紧围绕《新区三年行动计划》的建设目标，着力在实施基础设施建设、现代海洋产业发展、重大平台建设、海上花园城建设、改善民生等五大行动过程中，切合实际地探索新区海洋法治文化建设之路。

（一）在基础设施建设行动中推进海洋法治文化建设

在信息化时代背景下，城市的发展进入了一个新的阶段，这就是目前在全球兴起的“智慧城市”① 建设，它已经成为世界城市发展的强劲动力，然而，要成功建设智慧城市的主要要素在于城市基础设施建设。

舟山群岛新区的基础设施建设主要包括交通、能源、水利围垦、信息等基础设施，它们是新区未来城市建设、生产经营和生活保障的物质基础，是舟山物质生产及劳动力再生产的重要条件。《新区三年行动计划》中指出，力争 2015 年建成舟山本岛主干公路网、多条疏港公路、连岛大桥和配套码头工程，提升陆岛交通网络和客货运枢纽，优化港口集疏运基地设施，完成重要航道改造和一批锚地、引航基地建设，大力推进通用航空建设；建成舟山电厂分期电源工程及新区配电网络，加快建设舟山与大陆联网通道及输变电等工程；推进重要水源和引水工程以及海水淡化、中水回用和雨水利用项目建设，加大滩涂围垦和综合开发力度，为新区产业发展和城市建设提供新的空间；全面完成“数字舟山”地理空间框架建设，开发具有海岛特色的测绘与地理信息应用系统和电子商务、综合管理等服务平台及无线岛城、城市海底光网、海洋数字等工程。

舟山群岛新区的基础设施建设，是为了实现未来舟山新区的生产、管理、生活全面智能化、城乡一体化、城市现代化的发展目标。随着城市化建设的迅猛发展，城市基础设施建设的主体发生了很大的变化，原来主要由政府财政投资的公共产品变成了投资主体多元化。也就是说，目前投资城市基础设施建设的主体有政府、公有企业、私营企业、个人、投资机构等。投资主体的多元化必然带来利益的多元化，必将产生相关的法律问题。同时在建设过程中要大量应用现代化技术和高新科技手段，对城市的效率功能、承载能力、管理的系统性等都提出了很高的要求，特别是每项建设都要充分考虑舟山作为海岛城市的特殊性，这都需要有法律法规作为保障。

为此，全面提升新区海洋法治文化水平，奠定海洋法治文化在城市基础建设中不可取代的先导地位非常重要。一方面，政府及管理部门要掌握相关的法律条文，以便在法律的范围内进行招投标工程活动；另一方面，相关的投资主体要在法律的框架内获得自己应有的权利，同时要主动履行自己应尽的义务；第三方

① 国家信息化专家咨询委员会委员高新民先生在 2013 年 8 月 10 日，2013 年首届内蒙古经济论坛智慧城市分论坛大会上做了主题演讲，其中提出工信部、发改委、住建部等八个部委起草了《促进智慧城市发展指导意见》。何谓智慧城市？“智慧城市是当今城市发展的新目标新理念，是推动政府职能转变，推进社会管理创新的新手段，是信息技术创新应用和城市转型发展深入融合的产物。”

面，广大的新区公民要提高法律意识，以高度的主人翁责任感来监督城市基础设施建设工程的具体落实，使之能够按时完成三年行动计划的预期目标，让我们的城市真正不愧于“智慧舟山”的美誉。

（二）在现代海洋产业发展行动中推进海洋法治文化建设

国家海洋战略的实施必然促进传统海洋经济向现代海洋经济的转型，必然催生海洋新兴产业和海洋高新技术的发展，所以大力发展海洋高新技术和战略性海洋新兴产业，必将成为实现海洋强国战略的重要支撑。

舟山群岛新区的现代海洋产业，主要是指在改造提升传统海洋产业的基础上，发展临港先进制造业、现代海洋服务业和海洋战略性新兴产业，加快建设大宗商品储运中转加工交易中心，做大做强海洋工程与船舶、海洋旅游、海洋资源综合开发利用、海洋生物医药、现代海洋渔业等支柱产业，基本形成现代海洋产业框架体系，不断提升产业集聚效应。争取到2015年，万吨级以上码头超过60个，海运运力保有量稳步增长，港口货物年吞吐量超过4亿吨，大宗商品交易额达到5 000亿元，力争港口物流产业增加值占国内生产总值（GDP）比重达15%；力争船舶工业总产值达到1 000亿元，其中海洋工程产值达到200亿元以上。推进东海油气后方服务基地和大洋勘探基地建设；力争游客接待量达到3 500万人次，旅游收入达到350亿元；力争水产加工业总产值达到200亿元，渔业产值185亿元，其中远洋渔业产值45亿元；加大专业招商力度，努力引进国内外知名海洋生物医药企业和科研机构，打造我国重要的海洋生物与海洋医药产业基地等。[5]

舟山作为国家级海洋综合开发试验区，在现代海洋产业建设过程中，应在扩大对外开放和交流合作、产业升级方面加快立法，以促进现代渔业、临港工业、海岛开发、物流产业、旅游、医药等方面法律法规建设；对外来投资商出台相关的优惠政策，对外资经营业务和范围提供政策支持，为进入舟山海洋综合开发试验区的企业提供良好的风险投资法律评估环境；建立试验区内部的法律体系，在试验区社会事务管理上认真落实《中华人民共和国海洋环境保护法》精神，在执法监管、打击非法捕捞、保护生态资源、创建平安渔场等方面加大力度；建立适合试验区建设的海洋法治文化观念，为塑造试验区新形象打下坚实的法律基础。同时，要大力开展法治文化教育活动，提高试验区内成员海洋法治文化水平。按照国家对舟山群岛新区提出的海洋经济发展总目标，结合本地的海洋法治文化资源，建立新的海洋法律政策框架体系和运行机制，为促进法治文化与海洋文化有机结合搭建良好的平台，从而让海洋法治文化为实现舟山群岛海洋经济社会全面可持续发展保驾护航。

（三）在重大平台建设行动中推进海洋法治文化建设

海洋环境资源是海洋经济发展的物质基础，海洋经济的建设必然着眼于海洋资源环境的可持续发展，所以，在舟山新区重大平台建设时，政府要从政策法规方面入手，对新区公民进行宣传教育，使公民增强海洋资源环境保护的意识，从而促进海洋经济的可持续发展。

舟山群岛新区的重大平台建设，即根据“一体一圈五岛群”空间布局，加快重大开发开放载体和服务平台建设。一是借助舟山群岛较好的产业及城镇化基础，优化提升主体区域，重点构筑“南生活、中生态、北生产”[①]的发展格局，形成一批特色鲜明、集聚辐射能力强的现代工业化产业示范基地和现代服务业集聚区。二是利用舟山群岛新区的最佳深水岸线资源，全力打造港航物流核心圈。建设大宗商品储运中转加工交易中心、区域性国际港航服务平台，规划建设国际燃油供应中心和矿砂、煤炭等大宗商品深水中转中心，集装箱运输、保税物流及相配套的加工增值综合服务区和舟山港综合保税区。三是根据舟山群岛各岛屿自身特点，积极构筑五大功能岛群。即普陀国际旅游岛群、六横临港产业岛群、金塘港航物流岛群、嵊泗渔业和旅游岛群、重点海洋生态岛群等，打造各具特色的海洋功能性岛群，使之成为舟山群岛新区全面发展的重要基础。

在这些重大平台建设中，关键是要重视海洋生态环境的保护。要合理利用海洋资源，正确处理海洋资源开发与海洋环境保护的关系。特别是对工业“三废”的排放和沿海水域污染问题要重点进行治理，因为工业废水是海洋污染的重要来源，采用多种方法，控制污染源。如在海洋环境质量评价，海洋污染监测技术与方法，海洋污染对生物资源的影响，海洋开发对环境的影响，石油和金属污染物迁移规律，海水水质标准和渔业水质标准的测定以及海洋污染航空遥感等方面采取具体措施，制定和健全必要的法律和规章制度。在落实《中华人民共和国海洋环境保护法》方面要加大力度，真正做到依法管海，依法护海。着重防止海岸工程对海洋环境的破坏，防止海洋勘探、海岛开发、船舶、陆源污染物、倾倒废弃物对海洋环境的污染与破坏等。

生态环境对人类生存及发展的重要性已有共识，但海洋生态环境对人类的价值却还未被人们完全认识，这就需要各级政府尽快完善有关海洋方面的法律法

---

① “南生活”指构建南部花园城市带，打通南部海岸城市发展走廊，发展多业态的现代服务业；“中生态”指构建中部重点生态带，加强舟山岛中央山体生态保护，构筑绿色廊道，形成以中央山体为核心的指状绿地系统，切实维护自然生态系统平衡和海岛生态安全；“北生产”指构建北部海洋新兴产业带，在舟山本岛北部区域，重点发展临港装备制造、海洋生物、海洋探测装备、高端海洋电子信息、水产品精深加工等海洋新兴产业，打造国内一流的海洋产业基地。

规，加大落实力度，通过法制化来保障海洋生态环境的健康发展和有效运行，从而唤起人们保护环境、呵护生态的意识，对海洋环境的保护要真正做到全体公民及各级组织利益共享、责任共担，我们的海洋事业才能实现以人为本，全面、协调、可持续地发展。

（四）在打造海上花园城行动中推进海洋法治文化建设

倡导生态文明就是要求我们人类不要太霸道，待人要友好，待自然界也要友好。人类与自然，双方都是主体，相互要沟通交融，不能搞对立。[6]

舟山群岛新区的海上花园城建设，即按照低碳、生态、智能、宜居理念和“南、中、北”城市空间布局，积极推进功能区块建设和城乡一体化进程；大力发展循环经济，推进节能减排工作；加快“美丽海岛”建设：创建“森林舟山”（国家森林城市、国家园林城市、国家绿色建筑示范区）、国家环保模范城市、国家级生态城市和全国海洋生态文明建设示范区等。到2015年舟山力争率先基本实现城乡一体化，城市化率达到68.5%，形成集交通、观光、生态等综合功能于一体的城市功能综合体，争取三年时间初步建成海上花园城市。

要实现这个目标，就要在全区进行海洋生态文明、海洋生态伦理教育，在做好海洋普法宣传工作的同时，要提倡健康文明的生活方式，使之形成良好的社会风气。让人们了解保护和改善海洋生态环境的重要意义，学习、掌握保护海洋环境和改善海洋环境的必要知识，关心海洋生态环境问题。也就是要求全区公民不断提高自觉呵护海洋生态的意识和逐渐养成改善海洋环境的自觉行动，使之达到生态文明的最高境界。因此，舟山群岛新区在打造海上花园城的行动中推进海洋法治文化建设，将提升城市的品味和人们的文明素养，对舟山城市化建设和海洋社会的全面发展会起到巨大的推动作用。

（五）在改善民生行动中推进海洋法治文化建设

舟山群岛新区把改善民生、构建和谐社会作为三年行动的出发点，大力推进基本公共服务均等化和改善居民生活条件。努力提高民生保障水平：实施食品安全工程、惠民安居工程、全民健康工程、全民健身计划、民政基础设施工程和海洋经济发展气象保障工程，加强海洋气象灾害防御体系建设；着力建设海洋文化名城：整合佛教、民俗、渔业、海岛等多文化的特点，提升舟山海洋文化的特色，完善公共文化服务体系和基层公共文化设施及服务网络，积极创建全国文明城市，推进文化与产业、资本、科技深度融合，大力发展旅游、节庆、会展、创意等文化产业，规划建设国内一流的海洋文化特色公园；加快实现教育现代化：推动发展优质均衡的义务教育，着力提高区域教育国际化水平，加快发展海洋职业教育和国际海员培养基地建设，推进校企深度合作，大力发展海洋高等教育；加强和创新社会管理：深入建设“平安舟山”、“法治舟山”，深化“网格化管理、组团式服务”模式，加强社会管理综合治理，进一步提升流动人口服务管理水平，建立健全食品药品安全监管、安全生产监管和应急管理体制等。

舟山群岛新区的行动计划，从“医食住行”入手推进民生保障工程，要真正实现这个行动目标，需要全社会的共同努力。社会事业的保障、民生的改善、社会建设的推进，是服务型政府建设的需要，也是老百姓最关心的现实利益问题。加强以民生为重点的社会建设，创新优质高效的社会服务管理，把就业、社会保障、住房、医疗卫生等这些问题放在非常重要的位置，这是政府执政中最坚实的群众基础。运用现代化的科技手段，特别是信息技术，减少行政成本，提高社会管理水平，是新区政府应该积极探索的工作目标。同时还要加快新区的法治建设、法律建设，对原有的一些已不能适应新区形势发展的法律法规进行修改，加紧法律空白领域的立法工作。在改善民生行动和社会管理过程中全面推进海洋法治文化建设，形成党委领导、政府负责、社会协同、法律护航、公众参与的社会管理格局，由此，新区的三年行动计划才能得以健康运行。

总之，今后三年是舟山群岛新区行动计划全面实施、新区建设全面推进的三年。在规划之初就要坚持高起点、高标准、高水平，为全面实现“国际物流枢纽岛、对外开放门户岛、海洋产业集聚岛、国际生态休闲岛和海上花园城建设初具成效”的发展目标打下坚实基础。同时，用海洋法治文化指引新区公民的思想理念与文化价值取向，着力于新区公民的海洋法律信仰、海洋法律素质的培育，将海洋法治理念、海洋法治精神和海洋法律价值通过文化特有的方式和功效，渗入到新区建设的各个方面，最终在全社会形成崇尚海洋法律权威、严格依法办事的社会文化基础和推进海洋法治文化建设的舆论氛围，为推进智慧舟山、法治舟山建设提供法律保障和智力支持。

参考文献

[1] 李德顺：《法治文化首要是倡导法治精神》，检察日报，2011年11月10日。

[2] 盛清才，盛楠：《实施海洋法治文化战略 引领广东“海洋强省”建设》，南方论刊，2010年2月。

[3] 钱穆：《文化学大义》，正中书局，1981年，第3页。

[4] 单敏：《浅析我国建设法治文化的重要意义》，市场周刊（理论研究），2011年9月。

[5] 浙江省人民政府办公厅：《浙江舟山群岛新区建设三年（2013—2015年）行动计划》，2013年。

[6] 寿奇光：《让法治文化催生生态文明》，现代企业教育，2012年10月。

舟山海洋法治文化建设问题及研究

俞仙炯　陈晓倩

【摘　要】　海洋法治建设是影响国家、地区治海方式的体现，也是支配和引领人类涉海行为的重要文化因素。当今众多海洋问题频发，海洋生态遭到严重破坏，这在很大程度上源于海洋法治文化建设的缺失。舟山作为“十二五”规划中唯一海洋群岛新区，海洋法治文化建设成为其重要研究课题。本文从舟山海洋法治文化建设现状、海洋法治文化的效益与功能，阐述了海洋法治文化的问题及相应的解决方式，为促进海洋经济可持续发展，为建设浙江“海洋强省”战略，实现中国“海洋强国”梦而探索。

【关键词】　海洋法治文化建设；现状；效益功能

海洋法治文化即一个国家、地区或民族在长期的涉海实践中形成的关于海洋法律制度、法治机构、人们的海洋法治意识及其涉海活动的总称。[1]很多人将“法治”理解为一种社会的管理方式。但实际上，海洋法治文化对人们的思维方式、实践活动具有重要的推动作用。因此，大力弘扬海洋法治文化，构建海洋法治文化氛围，提高人们的海洋法治意识，才能强有力地推动海洋法治文化的发展和进步。

一、海洋法治优于法制建设的战略

目前，多数学者认为我国海洋法治建设须以完善的法制为前提，精简的管理机构为基础，才能保证海洋法治功能的完整性。但笔者认为不然，法制虽是法治的基础，但就目前我国海洋管理情况来看，已与现状不符。

作者简介：俞仙炯，浙江海洋学院行政管理专业 2011 级在读本科生；陈晓倩，浙江海洋学院市场营销专业 2011 级在读本科生。

法治落后于法制建设，便会消耗大量的人力、财力、物力，甚至有可能造成无法挽救的局面。21 世纪是“海洋经济”时代，“海洋战争”正在取代“陆域争霸”的全球格局。而中国在陆域方面的建设和发展较海洋更全面，作为海洋大国，必须抓住机遇，打破陆海不对称发展的格局。因此，我国应选择“法治优于法制”的治海战略，进一步完善海域的治理、管理方法。以海洋法治为主，优化执法为核心，加强宣传教育。在相关制度以及管理方式的建设上，我国需先于法制，合理优化执法机构，加强专业化队伍建设，通过实践，借鉴日本、韩国、美国等海洋管理模式，在法制成长期，逐步建立网状管理机制，实现海域统一领导、统筹分管、信息共享，为将来的法制建设做铺垫。

二、舟山海洋法治文化建设的现状

舟山，作为我国以群岛建立的地级市之一，由 1 390 个岛屿组成，占全国的 1/5。舟山拥有渔业、港口、旅游三大优势，是中国最大的海水产品生产、加工、销售基地，素有“东海鱼仓”和“中国渔都”之美称。2011 年 3 月 14 日，舟山群岛新区正式写入全国“十二五”规划。2011 年 6 月 30 日，国务院正式批准设立浙江舟山群岛新区，舟山成为我国首个以海洋经济为主题的国家级新区。

在我国海洋强国战略建设中，舟山新区扮演着重要的角色。但是我们通过调研发现并不尽如人意，舟山海洋法治文化建设尚有许多不足之处。

1. 海洋普法工作缺乏创新

海洋普法工作较为特殊。长期与海洋接触人群更容易接受海洋普法这一概念。但对于从未接触过海洋工作或已从涉海岗位退休的人群来说，海洋普法对其意义并不大。从调研及相关资料来看，舟山现有的宣传工作较为单一，主要通过一些常规性方式，如进社区、进单位、进公园进行宣讲，分发资料、开展法律咨询等；其次，对普法对象缺乏一定的分类。采访过程中有小朋友提议，可以通过制作动画片等儿童喜爱并易接受的方式来进行海洋法律建设、保护海洋的宣传，让孩子从小有海洋法治的观念。也有市民提议普法工作首先要以技能为支撑，努力贴近实际、贴近生活、贴近群众，发展成面向广大人民，为人民群众所喜闻乐见的社会主义文化。最后，工作信息需跟踪和反馈，不断反思、总结，创新内容、创新形式、创新手段，推动普法工作更好地开展。

2. 忽视海洋意识形态教育

意识形态的教育对人起着至关重要的作用。但调研发现，目前舟山海洋意识形态的教育相对缺乏，“供需”不平衡。政府、相关单位、社区组织的重视程度较低。如图 2 - 1 所示，有 92% 的人意识到，海洋法治文化对生活工作及子女教育能起良性作用。但在调查其所在单位、社区、渔农村的海洋普法宣传活动频率中，如图 2 - 2 所示，只有 9% 的人所处环境宣传频率相对较高，更大一部分人则基本没有或完全没有接触过类似的宣传活动。可见，市民对于海洋意识的教育有极大的需求，但政府、单位、社区、公益组织在宣传教育海洋意识上缺乏一定的“供给能力”。

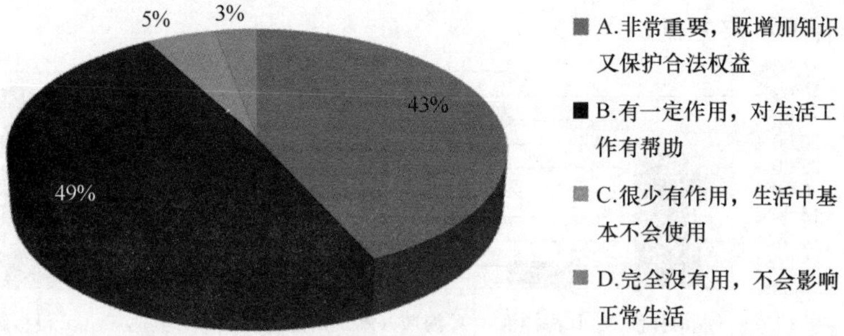

图 2 - 1　对海洋普法宣传活动看法及态度分析图

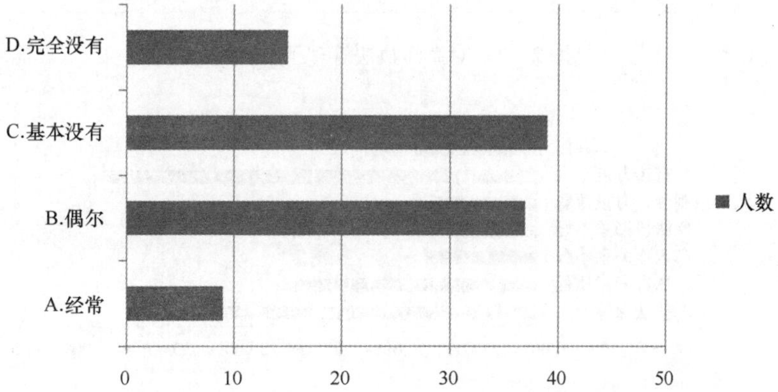

图 2 - 2　所在单位、社区、渔农村海洋普法宣传活动频率对比图

3. 海洋法律服务组织稀缺

普法宣传是一项长期工作，简单依赖政府普法机构，普法成效会大打折扣。法律公益组织、志愿队伍作为普法宣传的长期运作的后备力量，在调查中更多地表现出“饰件型”（为迎合政策需要，没有深入实质宣传普法工作，缺乏长期宣传机制）。通过现有资料查找，舟山在海洋法治公益宣传方面的组织数量少，缺

乏一定的社会协同力量，这使得海洋普法工作缺乏活跃性。

4. 涉海执法工作宣传不足

涉海执法工作的重点在于杜绝违法行为，而不是简单的“违法－处罚”单项直线管理。如图2－3、图2－4所示，多数人并不了解海上执法内容，也不了解涉海类的法律条文。以至于在面临相关事件时，对处罚的依据和处理方法一无所知。这说明涉海类执法工作的内容宣传还不够全面，不够透明，使盲目执法、腐败执法有了可乘之机。

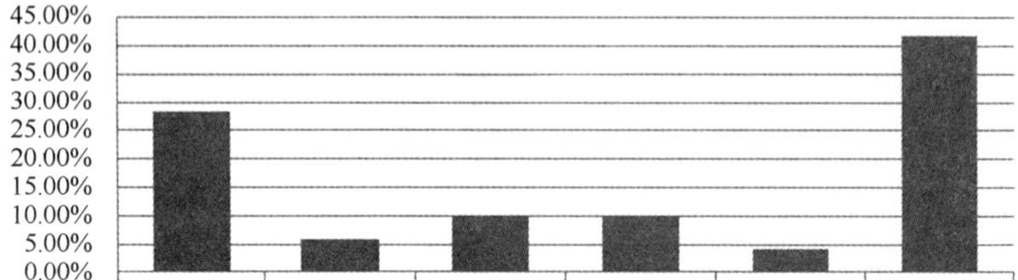

	A.海洋渔业专项执法	B.海洋渔业动态数据库管理	C.海域（滩涂）使用动态监管	D.海岛现代化执法管理	E.其他	F.没接触或不了解
■ 所占比例	28.33%	5.83%	10.00%	10.00%	4.17%	41.67%

图2－3　对海洋执法管理了解程度

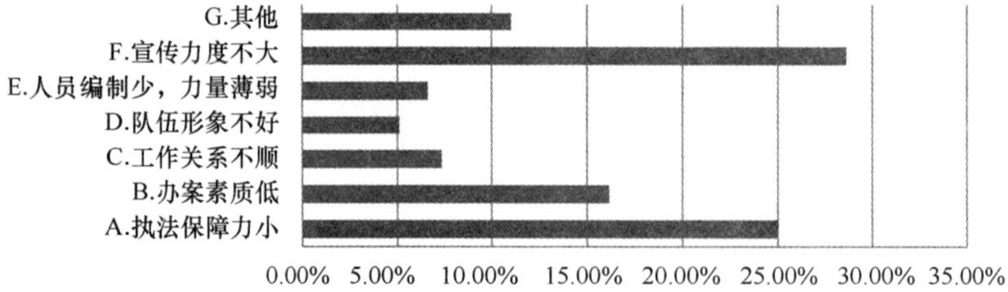

	A.执法保障力小	B.办案素质低	C.工作关系不顺	D.队伍形象不好	E.人员编制少，力量薄弱	F.宣传力度不大	G.其他
■ 所占比例	25.00%	16.18%	7.35%	5.15%	6.62%	28.68%	11.03%

图2－4　市民对海洋执法监察队伍所存问题选择

5. 海洋法治文化研究滞后

成立专门的海洋法治文化研究组织是深入研究海洋法治文化的捷径之一，也是文化宣传的源头。从目前来看，舟山还未成立专门的研究协会或相关组织，只是举办过长三角区域海洋法治论坛。论坛上更多的是理论汇聚，无法形成服务舟山的长效机制。

6. 海洋法治主题活动空缺

“主题文化”是对文化传播最有效、最集约的一种方式。调研分析，如图2－5所示，有56.36%的人对中国海洋文化节有所了解，18.18%则对中国“航海日”知晓，仅有4.55%的人并不了解涉海类节日或主题活动。从数据上看，以“主题文化”方式进行宣传，前景是非常乐观的。但从侧面来看，在涉海类节日或主题活动中，并未体现出海洋法治主题，也就是说，目前舟山市海洋法治文化主题节日或活动仍处于空缺状态。

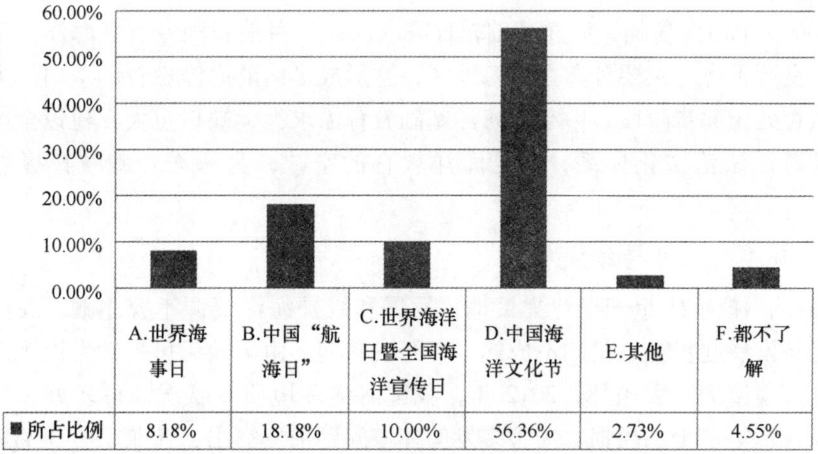

图2－5　市民对涉海节日了解现状分析

7. 渔民缺失法治认同感

普法宣传是一项双向反馈的工作。在现实生活中，渔民对于海洋法治缺乏一定的认同感。大多数渔民认为，迫于生计，较小幅度越过法律界限是可以接受的。同时，他们也为同处于违法行为中，他人违法却逃过处罚，而自身却必须接受处罚而感到不公平。近期，备受媒体关注的“东海无鱼”现象，与渔民的过度捕捞以及擅自改装抓捕工具有很大关系，不仅使多种鱼类濒临灭绝，虾的数量也在锐减。社会各界一片哗然的同时，也对于渔民法治认同感的缺失感到无奈和惋惜。

三、海洋法治文化建设的效益功能

1. 海洋文化发展创机遇

文化作为一种软实力，引领社会的发展。海洋法治文化的实质是传统海洋文化与法律文化的交融。现代海洋法治文化中多数传承了传统的海洋风俗习惯，发展成为海洋法治文化，即对传统海洋文化的挖掘与保护。其为海洋旅游景点、习俗等实质性文化的发展创造了机遇，也利于我国海洋文化的宣传、教育，加快海洋文化产业集聚速度，形成特色文化经济增长点。

2. 海洋基础教育有需求

海洋法治文化包含意识形态、风俗习惯等。我国拥有18 000多千米海岸线及6 500多个沿海岛屿，海洋基础教育需求巨大。目前我国专业性海洋大学的数量少，良莠不齐，主要分布在沿海地区，这形成了内陆海洋教育的空白。大量涉海类教育处于起步阶段，中小学海洋基础教育需求大，缺口也大。建设全国性或区域性海洋法治文化体系，满足海洋教育的空缺，为海洋基础教育提供发展机会。

3. 海洋经济可持续发展

海洋，作为21世纪产业集聚地，发展和维护海洋资源不容小觑。我国现代海洋经济发展起步晚，机制不成熟。在开发初期，由于缺乏可持续发展观念，海洋资源环境遭到巨大破坏，2012年，我国海洋环境质量状况总体较好，但近岸海域水体污染、生态受损、灾害多发等环境问题依然突出，蓬莱19－3油田溢油事故和大连新港“7·16”油污事件对邻近海域生态环境造成的污染损害依然存在，日本福岛核泄漏事故尚未对我国管辖海域造成影响。[2]舟山市海域海水环境质量总体形势依然不容乐观，海水环境质量较上年有所下降，劣于第四类海水水质标准的海域面积12 069平方千米，占全市海域总面积的58.0%；第四类海水水质标准的海域面积5 291平方千米，占25.4%；第三类海水水质标准的海域面积2 901平方千米，占14.0%；第二类海水水质标准的海域面积538平方千米，占2.6%；无第一类海水水质标准的海域。[3]建设海洋法治文化，有助于合理开发海洋资源，强化海洋管理，科学规划海洋经济发展，促进海洋经济的可持续发展。

四、实施与创新海洋法治文化建设

1. 延续传统海洋习俗与现代海洋法的联系

海洋法治离不开传统海洋文化，目前我国尚未出台海洋立法的法律条文，这也是造成我国海洋管理混乱局面的重要原因之一。对此笔者认为，海洋立法相关法律条文的建立是我国开创海洋管理新模式的开端。作为法治国家，有法可依是其核心，舟山作为我国首个以海洋为主题的新区，在探索和建立海洋法中起到了至关重要的作用。舟山要紧紧依靠海岛传统海洋文化，完善海洋现有管理模式，借鉴国内外海洋法制建设和海洋管理机制，充分发挥岛屿治海的新区经验。

2. 开创临时监管向专业化服务管理的转型

加强海洋管理，科学编制执法队伍（包括我国海洋执法储备力量），使之趋于合理。转变原有“树枝化管理”，逐步建设成“树干型管理”。统一、专业、高效是海洋管理的重点。近日，重组后的国家海洋局正式挂牌成立中国海警局，结束了我国“五龙治水”海洋管理局面。笔者认为，舟山新区应充分发挥国家所赋予的权力，加快探索海洋管理转型，使海洋管理专业化、高效化。

3. 加强海洋意识宣传教育与实践有机统一

“理论离不开实践”，海洋法治宣传教育也离不开海洋法治文化的实践。近日，舟山首创渔嫂禁毒宣传队，通过常吹“枕边风”，以贴近渔民生活为切入点的宣传工作，为更好开展禁毒工作打下了坚实的基础。海洋意识宣传教育有多种形式，包括传统海洋文化习俗、海洋法律、海岛历史、海军文化、沿海岛屿资源开发保护等内容，借鉴上述宣传模式，新区可匹配规划，建设海洋性主题教育基地（包括传统海洋文化、海洋法治文化、海洋军事教育、海洋自然教育等），举办海洋性专业文化节，拓展海洋专业文化研究团队，通过专业研究、专业活动、专业节日等不同方式走进百姓生活。

4. 健全和完善海洋法律法规，做到有法可依

海洋法治离不开立法。要尽快出台相关法律，与《联合国海洋法公约》对接。在海域的规划建设和管理上，出台相关规范，指导其发展。此外，还要保证海上执法有法可依，做到海上执法程序的合法性以及执行结果的公平、客观。

一切问题由文化问题产生，也由文化问题解决。我国在海洋建设中面临的诸多问题，要大力弘扬海洋法治文化，形成崇尚海洋法治权威、奉行海洋司法独立、坚持海洋权力制约的氛围。借以海洋法治文化为指导，影响人们在与海洋有

关的建设过程中的行为、实践方式以及思维活动。

参考文献

[1] 盛清才，盛楠：《广东海洋法治文化建设的现在及其障碍性因素分析》，南方刊论，2011 年 3 月。

[2] 国家海洋局：《2012 年中国海洋环境状况公报》，2013 年 3 月。

[3] 浙江省海洋与渔业局：《2012 年舟山海洋环境公报》，2013 年 4 月。

第三部分
新区产业文化

基于海洋文化特色视角的舟山群岛新区企业文化调研报告

华海坤　佘红艳　杨艺璇

【摘　要】　企业文化的发展，一方面和当地的整体和个体企业环境现状紧密联系，尤其是企业个体和整体企业（行业）的发展程度；另一方面，和当地区域文化建设的普遍现状结合在一起。本次调研报告在走访调研的基础上，对舟山群岛新区的整体企业文化进行了现状总结和问题分析，并在海洋文化特色的企业文化进行研究和探讨的基础上，提出相关建议措施。

【关键词】　企业文化；海洋文化；企业精神

企业文化，也叫组织文化，是由一个组织的价值观、信念、仪式、符号、处事方式等组成的特有的文化形象，是在一定的社会历史条件下，在企业生产经营和管理活动中所创造的具有该企业特色的精神财富和物质形态的总和。它包括文化观念、价值观念、企业精神、道德规范、经营哲学、行为准则、历史传统、企业形象、企业使命、企业制度、文化环境、企业产品、企业活动等。良好的企业文化有助于提高企业团队的组织凝聚力，提高管理水平和效率；有助于提升企业人员的文化素养和业务素养，提升工作效率和产品、服务质量；有助于稳固和积淀独特、持久的企业理念与精神，促进企业可持续发展。特雷斯·迪尔和阿伦·肯尼迪认为，企业文化主要是由价值观、英雄人物、习俗仪式、文化网络、企业环境五个要素组成，而其中企业环境则是“形成企业文化唯一的而且又是最大的影响因素”。[1]具体地说，企业的口号、标志、职工培训、文件学习、年终晚会、效绩评比等，都属于不同形式的企业文化的内容。

作者简介：华海坤（1981—），男，浙江绍兴人，浙江海洋学院思政部讲师；佘红艳（1979—），女，湖南娄底人，浙江海洋学院思政部讲师；杨艺璇，浙江海洋学院汉语言文字专业2011级学生。

一、企业文化与舟山群岛新区

之所以要对舟山群岛新区的企业文化进行调研和分析，是基于以下几点原因：第一，根据笔者多年的观察和经验，由于整体的经济产业结构和地域文化发展的局限，舟山地区企业在企业文化建设方面存在着先天不足。第二，随着舟山群岛新区建设的不断推进，优秀的外来企业不断落户舟山。诚然，这些外来优秀企业自身有着较为完善的企业文化，但是，如何在舟山立足，获得长足发展，其企业文化也势必适应当地的整体文化背景，融入和体现海洋文化特色。这是外来企业必须思考并着手进行的。第三，国内外的企业发展历史证明，企业文化是企业的灵魂，是推动企业发展的不竭动力，企业的良性、长足发展离不开良好的企业文化。而本来企业文化就存在先天不足的舟山本地企业在优秀外来企业的冲击下，在这方面更加显得捉襟见肘，成为明显的发展瓶颈。舟山群岛新区的成立对舟山的企业而言，既是发展的机遇，也是一个巨大的挑战。舟山的企业在这一契机面前，不仅要重视加强企业的发展壮大，追求企业结构和经济效益，也不能忽视企业文化这个软实力，使企业变得内外皆强。

为了更好地了解舟山的企业文化现状和建设情况，笔者通过一系列的积累资料以及调查和访问活动，走访了舟山的10余家企业，其中既有国有企业，也有民营企业；既有浙江的本土企业，也有外资企业；既有大型企业，也有小型企业。经过深入的走访，细致的归纳分析，对舟山群岛新区企业的企业文化建设做了大致的轮廓描述。虽取得一定成果，但问题也是显而易见的。

二、舟山群岛新区企业文化建设整体现状与问题分析

笔者对国家电网浙江舟山市电力公司、浙江船舶交易市场有限公司、浙江弘生百家商贸连锁有限公司、舟山市自来水有限公司、扬帆集团股份有限公司、舟山乐购超市等10余家企业进行了走访调研。通过归纳、比较和分析发现，舟山群岛新区的企业文化建设尽管存在种种问题，但已受到重视。对于舟山的企业来说，这既是困难与挑战，也是希望与未来。

（一）企业文化地位日益彰显，但建设程度参差不齐

随着时代和社会的发展，尤其是在连岛跨海大桥通车和舟山群岛新区批复成立之后，舟山将成为一个更加开放的滨海城市。再加上外来企业的不断落户舟山，更带来了良好的企业文化意识，舟山的本土企业日益重视企业文化的建设。例如，浙江船舶交易市场有限公司、浙江弘生百家商贸连锁有限公司、舟山市自

来水有限公司等本土企业都在企业文化建设方面加大了投入。在本次调研的10余家企业当中，70%左右的企业在企业文化建设方面都有较大的投入和不俗的成果。以浙江船舶交易市场有限公司为例，这是一家成立于1998年6月，由舟山港股份有限公司独资组建的国有航运服务企业。2000年以来，该公司在企业文化建设上加大了投入，到目前为止，从CIS企业形象识别系统到制度文化、团队文化和精神文化，已经形成了较为系统的企业文化体系，并取得了一定的成效。其企业文化建设成就在舟山地区乃至全国同行业企业当中，都具有一定的地位和特色。2012年，该公司还专门聘请专家为其在原有的基础上进行企业文化的改革与创新，计划分年度层层推进，争取在未来5~10年时间内，使公司企业文化建设更上一个台阶。但是，在采访过程中，我们也发现，仍有不少企业对于企业文化建设的意识比较淡薄，一味追求经济效益，或者只注重企业物质文化建设，而忽略了企业文化建设中非常重要的精神文化的提升。

（二）企业文化建设逐步推进，但概念和意识狭隘化

如前所述，随着舟山群岛新区大部分企业的企业文化建设意识的提高，个体企业文化建设逐步营造，企业文化建设环境和氛围逐步显现，很多企业都在寻求以不同的方式和内容在推进、完善企业文化，企业文化建设开展轰轰烈烈。舟山市总工会也把加强企业先进文化建设作为提高职工队伍整体素质的重要抓手，动员基层工会带领职工唱响企业精神的主旋律，有针对性地开展文明建设活动，营造良好的企业发展环境。[2] 例如，在2008年的迎奥运活动中，舟山市总工会成功举办了全市首届职工运动会和首届职工文化艺术节，近千名职工积极报名参加，通过比赛，涌现了一批人才，同时也增强了企业工会组织的凝聚力和吸引力。然而，不少企业对于企业文化的概念仍旧存在着误区，最明显的，就是将其狭隘化。例如，不少企业将企业文化简单地理解为开展文娱活动，把企业文化看成是唱歌、跳舞、打球。于是纷纷建立舞厅，成立音乐队、球队，并规定每月活动的次数，作为企业文化建设的硬性指标来完成。客观地说，这些活动对企业来说是必要的，它能增进友谊、沟通感情，但这些可能是部分文体爱好者的事情，不能靠此去挖掘人才、发现人才和留住人才，因为企业毕竟不是专业文体组织，这是对企业文化的浅化。有的企业过于强调政治和道德教化。例如，经常性开展的政治学习、道德讲堂、领导讲话，都走向一个脸谱化、僵硬化的过程。在走访过程中，我们发现一些企业存在这样的问题。例如，浙江弘生百家商贸连锁有限公司，其在企业文化建设中偏重于企业文化培训，然而，公司因近几年才起步，正处于员工企业文化学习空缺的状态，就像是一个头大尾巴小的不和谐体。笔者调查得知，弘生百家虽有职工培训，却未在培训过程中贯穿本企业文化知识的灌

输，容易导致员工在观念认识上与企业文化脱节；此外，公司虽有年终绩评这一举措，令人遗憾的是，这却成为弘生百家唯一的文化项目活动，如此单一的文化活动恐怕不能更好地让员工找到归属感。由此可见，弘生百家并没有重视建设企业文化，规模与文化投资的不成比例，也导致了其发展前景堪忧。至于像国家电网浙江舟山市电力公司等国有企业，则存在着偏重于政治和道德教化的问题。

（三）企业文化体系建章立制，但流于形式化和表象化

在企业文化体系建章立制方面，国家电网浙江舟山市电力公司、浙江船舶交易市场有限公司和舟山市自来水有限公司等企业都是很典型的代表。国家电网浙江舟山市电力公司是依照国家电网的整体部署和要求，在企业文化建设方面统一步调，体系完善。浙江船舶交易市场有限公司则如前所述，从CIS企业形象识别系统到制度文化、团队文化和精神文化，已经形成了较为系统的企业文化体系。通过对舟山市自来水有限公司的调查得知，公司自2012年成立了编辑部，组织公司企业文化建设并且有专门的企业文化建设经费，属于企业党建、创建工作的公司宣传费，企业文化建设已纳入行业规范与考核体系。但是，在采访过程中，我们也发现，有的企业，走进大门，就会发现从走廊、办公室到各车间的墙上四处可见形形色色、措词铿锵的标语口号，如“团结”、“求实”、“拼搏”、“奉献”等。这本无可非议，但它是否能真实地反映本企业的价值取向、经营哲学、行为方式、管理风格；能否在全体员工中产生共鸣；能否真正地起到强烈的凝聚力和向心力的作用；是否有本企业的特色，恐怕连企业的决策者自己都说不清楚。有人张口就讲“以人为本”，但怎么叫以人为本呢？这是把企业文化空泛化、形式化、口号化的典型现象。例如，国家电网浙江舟山市电力公司“你用电我用心”的口号，诚信、责任、创新、奉献的核心价值观。这些口号和价值观内容不明确，而且高标准，责任不明显，含糊。以至于有的企业理念是以人为本、忠诚企业、奉献社会，完全没有具体的内容可以依循。强调企业文化的共性，不推荐个性的发展。由此必然使企业文化趋于单一和脸谱化，单调无趣，从而影响员工参与文化建设的积极性。

（四）企业文化局面逐步规范，但缺乏特色和闪亮点

依旧以浙江船舶交易市场有限公司为例，2012年，该公司专门聘请专家为其在原有的基础上进行企业文化的改革与创新，进一步规范和完善了企业文化的体系建设，从精神文化、制度文化、团队文化、学习文化和物质文化等方面，进行了更为细致全面的设计和改革。相对来说，国家电网浙江舟山市电力公司对于企业文化的要求更加规范和谨慎。但是，纵观所调研走访的企业，我们还发现，

除了国家电网浙江舟山市电力公司的海洋输电工程着重于地域特色的创新之外，其他大部分企业的企业文化都存在着大同小异的情况。无论是形式还是内容，都缺乏鲜明的地域特色、行业特色和企业自身特色。固然，能够做到规范和完善，已经是在企业文化建设上的长足进步，但是，在如今创新型社会里，特色与创新乃是企业提升竞争力的重要资本。笔者倒是觉得，无论是本土企业还是外来企业，既然是在舟山沿海地区，倒不妨更多考虑在企业文化建设上融入和体现海洋文化特色。这将在第三部分的建议和措施当中详细展开。

总之，到目前为止，舟山群岛新区企业的企业文化建设虽然取得了一定的成就，形成了一定的共识，也营造出相应的氛围，但是，问题也是显而易见的，尤其是和内陆地区的企业相比较，加强企业文化建设显得尤为紧迫。

三、舟山群岛新区企业文化建设发展建议及措施

"企业要想在激烈的市场竞争中取胜，把企业做大做强，实现跨越式发展，就必须树立'用文化管企业'、'以文化兴企业'的理念，对原有文化进行整合和创新，营造培育先进的企业文化。"在群岛新区的建设大潮之下，舟山的企业更需要完善各种企业文化制度，在各种文化活动中做大做强，创设良好的企业文化环境，让企业文化生根发芽，并形成自己的特色，让员工有所获，有所归，最终提升企业的核心竞争力。

(一) 避开"形式主义"道路，提升企业文化凝聚力

企业文化建设是一个系统工程，从企业家、管理者到全体员工都应积极参与，如果只是管理者单打独斗，企业文化就只能沦为"两张皮"，变成虚假的企业文化。"形式主义"危害大，甚至会导致企业和人员之间脱节。

具体来讲，一方面管理者应将制定的一系列企业规章制度落实到实处，在初期招聘人才、进行管理培训时便应让员工熟知本企业管理理念。这些规章制度绝不是悬挂在橱窗上供人"阅读"的读物，所以管理者在日常管理中还要注重规则实施的力度，加强企业相关部门的监督，使企业上下所有人都能将理念进行到实践上；另一方面，管理者应力求为员工构建一个"家"的概念，使员工有"根"可寻，有"家"可依。当企业构建出一个"家"的概念，使不同"身份"的员工都依附于同一个"家庭成员"的"身份"中，这就意味着员工群体具有了共同的归属感和认同感，使之成为一个和谐的整体，使员工面对的不再是冰冷的机器和孤立的流水线，而是"家庭"的文化。员工有了归属感之后，其凝聚力自然而然就萌出新芽。如何构建这样的"家"呢？企业可以定时开展一些固

定的文化活动项目，如年终晚会、部门间联谊等集体活动。

（二）积极改革，打造企业品牌文化，提升核心竞争力

改革是促进企业发展的法宝，创新是提升企业核心竞争力的灵魂。浙江宝晟建设有限公司总经理陈国成说过："企业要想在激烈的市场竞争中取胜，把企业做大做强，实现跨越式发展，就必须树立'用文化管企业'、'以文化兴企业'的理念，对原有文化进行整合和创新，营造培育先进的企业文化。"

2013 年，国务院国函 15 号文件正式批复了《浙江舟山群岛新区发展规划》，这是我国颁布的第一个以海洋经济为主题的国家战略规划，在这一规划中，舟山群岛新区被赋予正省级经济社会管理权限。

结合这一发展契机，舟山企业可大力构建以海洋新兴产业为主的可持续发展产业体系，加快转变企业经济增长方式，促进产业结构调整。积极发掘富有海洋特色的资源，扬长避短，努力克制制约因素和薄弱环节，在科技、资金、人才等方面作出符合实际的战略和策略选择，进一步加大工作力度。在此基础上，舟山企业应不忘引进新兴海洋文化观念，与国家大力发展海洋文化的战略思想接轨。众所周知，企业发展必须遵循两个效益，一是经济效益，二是社会效益。企业文化对企业自身的发展与建设，起到不可磨灭的作用，自上而下形成企业核心价值观，能够促进企业的发展。通过人性化服务、文化建设等提升服务水平，进而促进经济效益。因此，在新区建设大环境下，舟山企业可充分发挥海洋的自由、广阔发展的氛围特点，将这一理念渗透到管理中，按照"质量为本、创新创优、满意顾客、清洁生产、节能降耗、保障健康、持续改进"等管理方针，建立和实施质量、环境和职业健康安全管理体系，以满足顾客和相关方要求及适用的法律法规和其他要求，并通过有效运行和持续改进其有效性，不断增强客户和相关方的满意度。中国扬帆公司的发展便是成功的例子。

（三）以人为本，加大企业文化宣传力度

笔者走访舟山相关企业后发现，一些企业在经济建设上不乏资金投入，但发展前景依然不景气。究其原因，企业在宣传上出现了问题。要改善这一状况，得从对内对外两方面入手。

对内，如前面所说，避开"形式主义"管理方式，企业文化的宣传不再是管理者单方面的事，企业应加大对员工的文化渗透，如定期召集员工开会，学习企业文件，发放企业内部刊物杂志等，让每个员工了解本企业文化知识。此外，企业加强对员工的精神口号宣传也非常重要。形成富有本企业特色的"精神"，并随着时代的发展，不断增添新的富有生命力的内容。对外，大力借助现代文明

的成果，通过微博等新兴媒体手段向大众传播本企业文化；注重细节发展，企业可在门窗、超市推车等大众常接触的地方植入本企业宣传广告，进一步加大宣传力度。

（四）发展和创新具有海洋文化特色的企业文化

作为人类文化的一个重要的构成部分和体系，海洋文化就是人类认识、把握、开发、利用海洋，调整人与海洋的关系，在开发利用海洋的社会实践过程中形成的精神成果和物质成果的总和，具体表现为人类对海洋的认识、观念、思想、意识、心态以及由此而生成的生活方式，包括经济结构、法规制度、衣食住行习俗和语言文学艺术等形态。海洋文化总体上包括物质文化和精神文化两个方面，而在涉及具体的文化构成时，又大致可以分为海洋物质文化、海洋行为文化、海洋意识文化和海洋制度文化四个层面。

海洋文化的生成背景和空间是海洋，这就构成了海洋文化大气、机智、强悍、浪漫、热情、生机勃勃、充满想象力与创造性的基本特征，也养成了海边人民旷达、灵活、豪爽、容易接受新事物与新观念的心理素质。也使得海洋文化成为一种具有商业性、创造性、包容性、凝聚性、开拓性、灵动性的文化。因此，如果在企业文化建设中融入和体现海洋文化元素和特点，必将使舟山群岛新区的企业竞争力提升。

（1）高度重视企业 CIS 设计。在广大员工中征集企业形象识别系统设计，增强员工的积极性和参与度，集众人之智慧择优选择合成，一旦设计完成，在公司内部加大 CIS 宣传解释力度，达到宣传公司标志性理念之功效，以形成强烈的企业文化精神。舟山群岛新区的企业无论是涉海企业还是普通企业，都可以在企业 CIS 设计中体现海洋文化元素，使其具有明显的地域特色或行业特色。

（2）进行企业员工培训和进修。除了培训员工的海洋能力之外，更要注重海洋意识和海洋精神的培养。所谓海洋精神，是海洋事业成败的重要因素，是海洋群体的内在品质和积极的价值取向，是海洋群体对崇高信仰和信念的不懈追求，是海洋事业发展的内在动力和发展源泉。海洋精神体现一个群体未来实现自己崇高理想和奋斗目标所表现出的势不可挡的气势与意志爆发力。[3]它包括，舍家离乡的忘我情操，吃苦耐劳的禀性品德，俭朴谦恭的品行操守，海纳百川的广阔胸襟，以苦为乐的奉献情怀，放眼四海的广博胸怀，勇立潮头的冒险精神，战风斗浪的拼搏精神，放手一搏的神勇气概，永不放弃的顽强意志，[3]浪漫闲适的乐观精神，易于接受新事物的创新精神，等等。这种海洋精神不仅对于投身于海洋事业的专业人才是必备的，而且对于普通人来说也是一种积极的精神品质，有助于培养专业能力突出、人格健全、抱负远大的人才。海洋精神教育是通过对员工海洋精神的熏陶教育，来形成员工的品德、意志、审美情趣等内在海洋精神人格。

（3）创设海洋文化环境。海洋文化环境包括物质环境和精神环境，物质环境自不必过多解释，精神环境则可以从完善文化制度和组织文化活动两大方面入手。文化寓于制度。企业需要建立、完善各项制度，形成常规的管理、培训、奖惩、绩效考核等规章制度，形成基本的管理文化和制度文化；鼓励员工自主成立企业文化推动小组，集思广益，创新企业文化建设措施，从上至下形成员工对企业的高度认同感与归属感，自觉成为企业文化的传播者和受教者。文化寓于活动，可以开展诸多海洋文化相关的活动，让员工参与其中，从活动中感受海洋气息，让员工产生归属感和认同感。

（五）开展海洋特色的团队活动

团队活动是团队文化的一个重要方面，包括团队管理、团队组合、团队协作、团队凝聚和团队创新等几个方面。包容性、凝聚性是海洋文化的两大特点，通过海洋文化特色的团队活动，无论是实践活动还是理论学习，都能够更好地促进企业团队建设。

舟山群岛新区的企业，如果能够在海洋文化方面做足、做透文章，则能够体现地域特色、时代特色，提升企业和产品的竞争力。而且，海洋文化中的海洋精神是一种更为开放和开拓的精神，这是对员工精神面貌的极大提升。

企业文化具有强大的凝聚力。不同的企业势必会造就内容不一，程度不同的企业文化。同时，企业文化建设亦是需要资金投入的，相当于企业内部的软投资。由此，就引发了一个矛盾体：究竟企业文化建设到什么样的程度，才能在保证投资收回的同时，享受企业文化投资带来的文化软效益。针对问题，寻找解决问题的方案。21 世纪，文化也成为一种生产力；21 世纪，是蓝色的海洋的时代。21 世纪的舟山群岛新区，体现海洋文化特色的企业文化建设必定将对企业产生巨大的促进作用。

参考文献

[1] 【美】雷斯·迪尔，艾伦·肯尼迪：《企业文化——企业生活的礼节和仪式》，中国人民大学出版社，2008 年。

[2] 《舟山大力促进企业文化建设》，[EB/ON]．(2009 - 01 - 02) [2013 - 08 - 04]．http：//www. zhoushan. cn/sy/mtkzs/200901/t20090102_ 348711. htm.

[3] 刘明金：《论海洋精神》，南方论刊，2011 年 12 月。

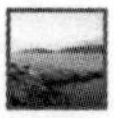

舟山台湾远洋渔业合作调查报告

章其真　丁以德

【摘　要】　20世纪末期以来，舟山渔业面临资源衰退、产业转型等问题，远洋渔业成为舟山渔业的发展方向。为此，我们对舟山远洋渔业发展情况进行调查，发现舟山远洋渔业发展面临不少制约因素。与舟山一水之隔的我国台湾是世界上远洋渔业发达的地区。我们认为，尝试与台湾远洋渔业交流合作，改进舟山远洋渔业存在的技术、管理、服务和市场等问题，对做大做强舟山远洋渔业是一个可行的选择。

【关键词】　舟山台湾；远洋渔业；合作

20世纪末期以来，舟山渔业面临着资源衰退、产业转型等一系列问题。远洋渔业成为舟山渔业的发展方向。

舟山是我国最早发展远洋渔业的地区。1985年，舟渔公司4艘8101型渔轮组成我国第一支远洋渔业船队远赴西非生产，揭开了舟山市远洋渔业发展的序幕。历经近30年艰辛探索，舟山远洋渔业从无到有、从弱到强，初步形成了以鱿鱼钓为主体，金枪鱼钓、秋刀鱼舷提网为补充的发展格局，已经成为舟山市渔业的特色产业、优势产业和品牌产业。舟山已经成为我国最为重要的远洋渔业基地。

舟山远洋渔业取得长足进步的同时，也对远洋渔业组织化生产、专业化服务和产业化经营提出了更高的要求，现有的政策环境和配套服务难以满足产业快速发展的需要。在舟山远洋渔业转型升级的关键时期，远洋渔业发展面临不少制约因素。与舟山一水之隔的我国台湾是世界上远洋渔业较为发达的地区。尝试与台湾远洋渔业交流合作，改进舟山远洋渔业存在的技术、管理和服务等问题，做大

作者简介：章其真（1963—），男，浙江宁海人，浙江海洋学院思政部教授，近现代史教研室主任；丁以德（1971—），男，安徽无为人，浙江海洋学院思政部讲师，历史学博士。

做强舟山远洋渔业是可行的选择。

一、沿海各地与台湾远洋渔业交流与合作方兴未艾

远洋渔业一般指远离本国渔港或渔业基地，在别国沿岸海域或深海从事捕捞活动的水产生产事业。远洋渔业由具有冷冻、冷藏、水产品加工、综合利用等设备加工母船和若干捕捞子船、加油船、运输船组成的捕捞船队组成。它的发展和本国的经济实力、工业化程度和海洋科学技术水平以及国内外市场、消费水平等因素密切相关。台湾渔业的支柱产业是远洋渔业，年产量98万吨，产值480亿元新台币，分别占到台湾渔业的65%和50%。目前，台湾共有1 600多艘远洋渔船，其中超低温延绳钓船达600艘，大型金枪鱼围网渔船34艘，鱿鱼钓船120艘，大洋性秋刀鱼舷提网渔船50艘。台湾远洋渔业的主要捕捞品种有金枪鱼、鱿鱼、秋刀鱼，金枪鱼产量位居世界第二，鱿鱼产量为世界第三；远洋捕捞产品年出口量达到60万吨，占台湾总水产品出口值的70%。

近年来，大陆沿海各省纷纷开展与台湾远洋渔业的交流合作。2004年2月24日至3月4日，山东省海洋与渔业厅宋修武厅长带领蓬莱海洋与渔业局局长、省船检局局长等5人组成的“山东水产学会考察团”对台湾地区进行了为期9天的海洋渔业考察交流活动。考察团先后考察了水产养殖、水产品加工、捕捞等渔业企业和渔港，拜访了台湾农委会副主任李健全等各界新老朋友60多人。① 2009年9月，福州举办海峡渔业周，洽谈闽台远洋渔业在引进先进渔船、建立远洋渔业基地、成立合资企业和渔工劳务四个方面的深度合作。② 2012年5月，江苏省海洋与渔业局局长唐庆宁率团赴台湾考察远洋渔业发展和石斑鱼的养殖状况。唐庆宁认为，台湾无论在人才、装备以及捕捞技术方面，都值得江苏借鉴。稳发渔业是台湾远洋渔业中的佼佼者，希望江苏远洋渔业企业通过与稳发集团的成功对接，借势给力，助推江苏远洋渔业的快速发展。③ 2012年9月15日，海峡两岸在福州举行第七届海峡渔博会，远洋渔业合作成为会议主题，双方举行了远洋渔业合作圆桌会议。会议认为，发展远洋渔业是争取国际海洋渔业权益、参与国际渔业资源分配和密切与沿岸国家经济联系的需要，两岸渔业界联手应对当下复杂国际经济形势甚为必要。④ 除东南沿海各省外，广西也在积极发展与台湾渔业企

---

① 《山东水产学会：台湾地区海洋渔业考察报告》，“中国国际招标网”2004年6月4日发布。

② 《海峡四方面深度合作发展远洋渔业》，“中国新闻网”网站2009年9月21日发布。

③ 《（江苏）省海洋与渔业局局长唐庆宁参访台湾渔业企业》，江苏海洋与渔业网站2012年5月31日发布。

④ 《海峡渔博会关注两岸远洋渔业合作》，“你好台湾”网站2012年9月16日发布。

业的联系。2011 年 4 月，台湾高雄市举行桂台远洋捕捞及造船产业合作恳谈会，桂台两地渔业界的专家、业者 60 多人探讨海洋捕捞及造船产业等相关领域的经验和做法。广西水产学会与高雄市梓官区渔会签订了《关于促进桂台远洋渔业及造船产业交流合作备忘录》。2013 年 4 月 25 日，广西壮族自治区委员会书记彭清华到高雄渔会参访。7 月，台湾渔会理事长黄一成到广西考察，希望双方进行远洋渔业合作。

20 世纪 80 年代以来，舟山远洋渔业伴随着中国远洋渔业的发展而发展，并取得了显著成效。目前，舟山的渔船作业分布于世界三大洋和十几个国家的专属区。舟山参与实施了北太平洋鱿钓、西南大西洋鱿钓、印尼拖网、贝劳、马绍尔金枪鱼延绳钓和缅甸拖虾等大批远洋渔业项目，初步形成油轮、冷藏船组成的远洋运输船队、现代通讯网络、水产品加工销售网络和远洋船舶制造维修等远洋渔业配套服务体系。2012 年，舟山远洋渔船发展到 402 艘，占全省 80%，全国 22%，其中远洋鱿钓 344 艘，金枪鱼 29 艘，秋刀鱼 4 艘，配套运输船 15 艘，印尼拖网 11 艘，形成了以民营企业为主导，挂靠代理为主体的生产经营格局。远洋捕捞总产量 25.05 万吨，占全省 78%，全国 21%；实现产值 21.6 亿元，占全省 82%，全国 17%。[①] 2013 年，舟山市制定《浙江舟山群岛新区建设三年行动计划》，提出舟山市要以建设国家远洋渔业基地为载体，力争建设“一港、四基地、四中心”，即远洋渔业保税渔港、国内最大的远洋渔业生产基地、国内最大的鱿鱼加工基地、国内最大的金枪鱼供应基地、国内最大的远洋渔船修造基地、一流的水产品交易中心、一流的远洋渔业服务中心、一流的远洋渔业科研中心、一流的国际渔业会议中心。

舟山远洋渔业虽在国内居于领先地位，但由于起步较晚，在技术、管理与服务方面与世界其他先进地区还有明显差距。台湾远洋渔业走在舟山前面，舟山台湾远洋渔业有较大的合作和互补互利空间。2009 年 11 月 28 日至 12 月 5 日，舟山市海洋与渔业局局长沈承宏率领由舟山市远洋渔业行业协会和舟山市主要远洋渔业企业组成的台湾渔业考察团，赴台湾进行了交流访问，寻求合作。

二、舟山台湾远洋渔业具有广阔的合作空间

舟山与台湾渔业具有一定互补性，有合作发展的可能和空间。在寻求与台湾远洋渔业合作时，舟山的视野可以从渔业技术和推动舟山渔业的现代化转型两个层面考察。从渔业技术的合作来看，台湾远洋渔业在远洋渔船科技装备水平以及

① 舟山市海洋与渔业局：《舟山市远洋渔业发展情况汇报》，第 2 页。

产品加工等方面优于舟山，通过寻求合适的合作模式可以提高舟山远洋渔业装备、捕捞、产品加工等方面的科技水平；从推动舟山渔业的现代化转型角度来看，舟山应该研究台湾生产经营和管理模式，理清国际渔业、政府、渔业行会和渔民之间关系，提升舟山渔业层次，完成从传统渔业向现代渔业的转型。

（一）开展劳务合作可以互补互利

舟山和台湾远洋渔业方面劳务人员往来合作可以互补互利。21 世纪以来，台湾渔业呈现明显的衰退迹象，台湾沿海和近海渔业资源日渐枯竭，渔业劳动力不足，渔业发展空间日益缩小。特别是远洋渔业非常辛苦，台湾年轻人不愿从事这个行业，目前台湾有船员手册的船员 13.4 万人，但实际从事渔捞作业船员的人数远远低于这个数字。为了吸引年轻人投身远洋渔业，2010 年，台湾“渔业署”实行“百万”奖励金补助计划，每年 6 个名额，考核通过登船服务的人才，服务满 1 年，就发给 100 万元奖励金，以鼓励水产院校渔业相关科系毕业生到远洋船队服务。① 劳务输出是舟山渔业传统项目。针对台湾渔业船员不足的状况，开展渔业人员培训交流与输出对双方有利。对台湾来说，缓解远洋渔业后继乏人的不足；对舟山而言，可以提高船员的相关技术水准。当合同期满回归时，可以带回技术和经营、管理方面的技术与经验。因而寻求合适形式的劳务人员交流与合作是舟山与台湾之间远洋渔业合作可行之路，对双方会形成一定的互补和互利。

（二）提升渔船技术水平

舟山远洋渔业起步较晚，一些远洋船来自韩日的二手船只，船队规模小，船上的技术设备落后。据 2006 年一份普查材料反映，全市当时有 246 艘远洋渔船中，20 年以上船龄的渔船占到 40%，渔船老龄化严重。大批即将淘汰的渔船难以得到补充，经济型专业鱿钓船难以建造。② 经过几年的改造，渔船落后状况并未得到根本改变。舟山市海洋与渔业局 2012 年向市人大汇报材料中透露，全市 168 艘北太鱿钓海船中，20 年以上船龄的老旧渔船数量超过 60%，不少属于国外购置的二手渔船，远洋捕捞渔船老旧化的现状还未彻底改变。③ 这些问题带来了抵抗风险能力差、安全隐患多等问题，也越来越不适应远洋渔船全天候化、先进捕捞设备的发展要求。而台湾远洋船队吨位马力大、续航能力强、基地分布广，远洋渔船设施先进，大都配备有声纳、水平温度仪以及卫星遥感和地理信息系统

① 《台湾渔业部门祭百万年薪 鼓励青年投身远洋渔业》，中国新闻网。

② 黄德明：《舟山渔业》，2007 年第 3 期。

③ 舟山市海洋与渔业局：《舟山市远洋渔业发展情况汇报》，第 14 页。

等，大型围网、拖网等渔船还配有直升飞机，在渔具生产方面也处于世界领先水平，使台湾远洋渔业成为一个高科技产业。台湾远洋渔业捕捞技术水平值得我们学习。

（三）借鉴台湾远洋渔业经营和管理方法

1985—1992年，舟山远洋渔业起步时实行捕捞渔船股份合作制，之后渔业经营管理体制经历了较大变化。1993年实行专业合作社和公司制渔业有限公司。现基本形成了以渔船股份合作制为主体，渔业新型合作组织、渔业行业协会、公司制和合伙制并存发展的多种渔业经营制度。在政府引导下，目前全市已组建各种类型渔业专业合作社53家、国内民营渔业公司11家、远洋渔业民营公司20余家。[①] 目前，舟山远洋渔船大多实行船东制（股份合作）而非公司制，企业数量不少，运作时间也不短，但还没有全面形成现代企业生产经营管理等制度，普遍存在"散、小、弱"的先天不足。企业内部权责不够明确。一些渔船挂靠在远洋企业下面，组织化、产业化程度低，缺乏统一的指导和有效的协调管理，项目重复，存在无序竞争现象。2003年，由于不少单位和部门互不通气，集中涌向印度尼西亚和北太平洋，从事拖网和鱿钓的渔船多达127艘，造成自身激烈竞争。[②] 这种状况影响了生产经营的进一步发展。随着舟山渔业体制的转化，政府对远洋渔业管理也在变化。但管理和服务方面角色颠倒：管理和收费方面较重，服务偏少。根据调查，涉及北太鱿钓渔民负担的主要收费项目有7类19项。[③] 大量的收费增加了渔民的负担，也影响了渔业的发展。总体上，舟山远洋渔业存在组织化程度差、产业化水平低、行业管理薄弱，结构布局单一，尚未形成规模效应。舟山在与台湾远洋渔业的交流合作中应吸取台湾渔业的生产经营理念和方法，改进自身的经营管理水平。

20世纪60年代初期，台湾远洋渔业开始发展，至今不仅有拖、围、钓等多种作业方式和远洋生产规模，渔业的经营管理体制已经相当成熟。台湾之所以能跻身于世界远洋渔业先进地区行列，龙头企业起到了十分重要的推动作用。丰群水产就是其中的典型代表。1972年，台湾基于内外实际经济环境需要，正式创立丰群水产股份有限公司，从事冷冻鲔鱼国际贸易，继而扩展海外渔业基地收购鱼货及经营补给业务，现已成为集远洋水产品国际贸易、海外远洋渔业基地、远洋渔业海上补给等为一体的综合性渔业企业，为台湾第一大渔业贸易商，成为台

---

① 周国辉：《舟山现代渔业发展研究》，选自《市重点调研课题文集2009》。
② 胡建平：《普陀外向型渔业经济及其发展的探讨》，《舟山渔业》2004年第3期。
③ 《北太钓鱿渔民相关规费负担情况调查》，《舟山渔业》2007年第2期。

湾服务业百强企业的第36位。大陆的许多远洋渔业企业特别是金枪鱼生产企业，在国外入渔手续办理、海上物资补给、捕捞渔获转载销售等方面都依赖于丰群水产。

舟山借鉴台湾渔业的龙头企业——丰群水产股份的模式，2011年5月，舟山昌远投资有限公司、中国水产舟山海洋渔业公司、大新华物流（舟山）有限公司、舟山港海兴装卸有限责任公司及地方远洋渔业企业等共19个股东单位共同组建了舟山惠群远洋渔业发展有限公司。惠群公司对整合原有渔业企业、渔业的合理布局、提高改进渔业装备能力、公司管理方面都有推动作用。舟山市海洋与渔业局副局长刘舜斌认为，惠群公司是舟山远洋渔业发展中出现的第一个龙头企业，也可以说是标志着舟山市远洋渔业发展进入一个新的时代。① 2012年4月，惠群远洋渔业有限公司设立了秘鲁办事处并开展业务。在舟山和台湾渔业的交流中，不仅可以模仿公司运作和规模化经营，还可以对台湾远洋渔业的运行规则进一步研究，了解其“政府”、渔业公会、渔民之间的相互关系，对舟山市远洋渔业有所裨益。

（四）共同探讨远洋渔业规则

当今世界，各国对海洋渔业资源的争夺日益激烈，在加强本国海洋渔业资源的保护的同时，积极研发新技术装备对公海渔业资源进行开发和利用。在渔业资源的争夺过程中，世界各国的200海里专属经济区制度、世界渔业份额、海洋产品的定价等规则对远洋渔业有重要影响。中国远洋渔业由于历史原因没有参与游戏规则的制定，因而处于劣势，远洋渔业遭受一些损失。两岸可以共同探讨远洋渔业发展过程中对现有相关渔业规则的了解与遵守以及对未来远洋渔业规则的制定进行合作，争夺更多话语权。

台湾开始远洋渔业较早，经历各种渔业纠纷。据台湾渔业部门统计，最近10年台湾地区共有22艘渔船“连船带人”被菲律宾扣押，原因多数为进入“重叠经济海域。”② 2013年5月，台湾渔民遭到菲律宾公务船枪击身亡。除此之外，台湾远洋渔业在2005年受日本指控遭受重大损失。2005年11月14—20日，大西洋鲔鱼保育委员会（ICCAT）第十九届年会在西班牙举行。日本指控台湾渔船违规，提案禁止台湾鲔鱼出口、取消台湾的“合作、非会员”资格，并将台湾大目鲔、黑鲔、剑旗鱼渔获配额删减为零，全面排除台湾渔船在大西洋的作业。“明年台湾在大西洋的大目鲔渔获配额被大减超过三分之二，从14 900吨，减为

① 《远洋渔业企业新航母》，http：//www. 56on. com/Information/InforDetails_ 3542. html.

② 《最近10年菲律宾共扣押台湾地区渔船22艘》，新华网2013年5月21日发布。

4 600 吨”、“另通过严苛的附带决议，要求台湾需大减延绳钓船 160 艘（目前有 614 艘）”。台湾地区鲔鱼公会理事长王顺隆认为，“台湾大西洋大目鲔配额遭大幅缩减，估计 60 多艘渔船的成本直接损失 20 多亿元新台币，产值损失 30 多亿元新台币。”①

舟山远洋渔业 20 多年来也经历不少周折。1997 年舟山有 300 多名渔民、16 艘渔船被印度尼西亚军方扣押达一年之久，饱受折磨，损失惨重。② 近年来，随着 200 海里专属经济区制度在沿海国家的普遍施行，公海渔业的国际化、区域化管理加强，对舟山远洋渔业发展都有所影响。例如中韩、中日渔业协定生效后，舟山市远洋渔业中占主要份额的北太鱿钓作业渔场受到了限制，生产时间被迫缩短，捕捞效益明显下降，近两年大部分单位处于保本或亏损状态。③ 舟山渔业是中国渔业的一部分，近年来中国积极参与国际渔业规则的制定，力求更多的话语权和渔业份额。至 2012 年，我国已经与有关国家签署了 14 个双边政府间渔业合作协定、6 个部门间渔业合作协议，加入了 8 个政府间国际渔业组织，与 12 个多边国际组织就渔业问题建立了合作关系。④ 2013 年，中国台湾也与菲律宾、日本进行渔业谈判。在争取远洋渔业资源的过程中，舟山、台湾从事远洋渔业的企事业单位和渔业社会团体和学术团体，在研究世界远洋渔业资源利用基础、国际渔业政策法规基础、世界渔业资源分布和分配状况、远洋渔业企业文化、远洋渔业政策法规等方面进行合作，争取有利于两岸远洋渔业发展的权益，为两岸远洋渔业的发展争取有利的发展环境。

三、舟台合作发展远洋渔业展望

进一步发展和壮大舟山远洋渔业的整体思路应该是：以科学发展观为指导，努力实现远洋渔业产业的持续、健康、较快发展，尽快缩小与发达渔业地区的差距。为此，舟山远洋渔业必须利用台湾的技术、管理经验，实现渔业捕捞和产品的升级换代以适应国际竞争。目前，舟山与台湾远洋渔业合作尚处于起步阶段，有必要借鉴台湾经验，通过进一步的交流加强合作，提高自身水平。

（一）打造龙头企业

台湾很多远洋渔业企业都是捕捞、加工、贸易一体化配套生产。借鉴台湾经

① 《台湾大目鲔捕鱼配额被大幅削减 远洋渔业遭重创》，新浪网 2005 年 11 月 21 日发布。
② （舟山）市咨询委渔农组：《关于建设舟山现代化远洋基地的建议》，《舟山渔业》2003 年第 2 期。
③ 蔡宏舟：《我市渔业结构战略性调整情况调查》，《舟山渔业》2002 年第 6 期。
④ 《实现远洋渔业“十二五”良好开局》，中国渔业政务网 2012 年 1 月 31 日发布。

验，舟山远洋渔业必须着力提高远洋渔业组织化程度，培育打造三到四家龙头企业。这就要求我们必须进一步完善群众远洋渔业经营体制，推进现代企业制度建设，建立和完善企业积累和投入机制，促进企业发展壮大；加快建立舟山远洋渔业联合发展机制，引导远洋企业建立产业联盟，培育远洋渔业龙头企业；发挥舟山远洋渔业协会的功能和作用，支持打造舟山远洋渔业物流商务型大企业。舟山惠群远洋尽管不断加快远洋渔船通关口岸设施建设，积极推进鱼货仓储、市场交易、仓单质押等金融配套等服务，但因为资金、人才和项目审批等方面制约，市场交易、海上运输和冷藏存储等尚缺乏有机整合平台，有些项目不能及时推进，难以充分发挥既定功能，不能满足远洋渔业快速发展的现实需求。因此，大力推进远洋渔业流通、加工体系建设，不断提升市场开拓和竞争能力，引导、支持远洋渔业企业创新经营模式，建立集捕捞、加工、运输、贸易于一体的产业化经营体系，发展加工、物流及现代服务业合作经营是舟山远洋渔业发展壮大的必由之路。

（二）定期交流讨论

舟山和台湾远洋渔业交流时间较晚、规模较小。2009 年，舟山派出赴台渔业考察团，此后具体活动不多，合作落后于其他沿海省区。福州从 2009 年举办海峡渔业周到最近每年渔业博览会都邀请台湾方面参加，各种交流活动十分频繁。相比邻近省份，舟台应该增加各种形式的交流活动，交换意见，寻求合作共识。通过舟山远洋渔业协会、沿海各地的海洋渔业部门等组织，舟台应建立和完善远洋渔业科技研究与推广应用的交流机制，与台湾相关部门定期召开远洋渔业科技论坛、两岸远洋渔业合作机制建设的研讨会、远洋渔业技术交流会、展览会、推荐会等，组织企业和团体参加国际性的渔业会议以及双方的远洋渔业会议，加强两岸远洋渔业方面的学术研究交流活动。

（三）加强产业合作

台湾的远洋产品主要有三种——金枪鱼、鱿鱼、秋刀鱼。金枪鱼和秋刀鱼出口日本、美国、韩国等海外市场，对大陆市场影响不大，但是台湾鱿鱼产品却不尽然。台湾鱿钓生产以阿根廷鱿鱼为主，年产量高达 17 万吨，名列全球第三，且品质上乘，深受内地加工企业的青睐。当前，鱿钓作业是舟山市大部分远洋渔业企业生产的主体项目，全市鱿鱼年产量达到 13 万吨，占远洋渔业总产量的 85% 以上，现主要作为原料被水产加工企业所收购。由于销售渠道狭窄，市场受人为因素操纵明显，价格波动起伏较大，渔民反映强烈。今后如果获准台湾鱿鱼零关税进入，或者允许台湾远洋渔业企业涉足国内的鱿钓产业，大量的鱿鱼以自捕鱼的形式运回大陆，势必会造成大陆鱿鱼价格大幅下跌，也将严重损害舟山远洋渔业企业的利益，并将直接影响到广大远洋渔民的生计。[①] 因此，引进台湾水产品加工企业对水产品进行精深加工，加强市场营销，大力引进台湾营销网络，支持台湾专业合作社参与市场开发；在开发国际市场的同时，着力开发国内市场，立足长三角，提高国内市场舟山产品占有率显得尤为必要。只要我们做出舟山品牌，开拓国内外市场，实现与台湾远洋渔业整体产业合作，舟山远洋渔业将会迎来美好的明天。

① 陈斌：《舟山与台湾开展远洋渔业合作的可行性探讨》。

关于舟山构建新型农业经营体系的调研报告

胡初蕾　李彬锋　王建友

【摘　要】　在舟山海岛型现代农业不断发展的过程中，以种养专业大户、农民专业合作社和家庭农场为发展趋势的新型农业经营主体不断壮大。在农业集约化经营、专业化生产、社会化服务体系建设等方面，舟山的农村土地流转加快、集约化水平提高，已经初步实现了明显的社会分工，组织化程度不断提高，农业社会化服务逐步完善。与此同时，舟山农业经营体系的发展也面临着要素供给和自然条件约束、农业社会化服务体系有待进一步完善、落实扶农优惠政策存在障碍等一系列问题。因此，突破资源约束，走差异化、园艺设施型农业发展路子，大力培育现代农业经营主体，进一步提高农业专业化、组织化程度，以社会化服务为保障，构建全方位的农业服务体系，是舟山群岛新区未来农业经营体系构建的方向。

【关键词】　新型农业经营体系；构建；调研报告

党的十八大指出，坚持和完善农村基本经营制度，构建集约化、专业化、组织化、社会化相结合的新型农业经营体系。这是对新形势下农村改革发展做出的重大部署，指明了改造传统农业、转变农业经营方式、发展现代农业的方向，尤其是2013年的“一号文件”涉及更深层次的农业经营制度变革方面，而经营体制的改革创新可以说触及到了“三农”问题的根本。为了深入调查了解舟山市新型农业经营体系的发展现状、存在问题和困难，探讨其发展的对策，从2013年4月开始，作者与舟山市农林局合作，联合有关部门，从外部经营环境变化入手，对舟山农业经营服务主体如普通农户、种养大户、农业专业合作社、农业加

作者简介：胡初蕾、李彬锋，浙江海洋学院级行政管理专业2010级学生；王建友（1970—），男，山东莒南人，浙江海洋学院思政部副教授。

工企业、农资市场的经营状况展开调查。通过问卷调查、开座谈会、访谈、个别考察及随机抽样调查方式，并结合农林部门统计资料分析，重点对农业经营服务主体的生产状况、营销方式、市场连接等产供销环节进行调研，较深入地了解了舟山市农业经营体系发展现状及存在的问题。

一、舟山市新型农业经营体系建设现状

舟山市按照“统筹城乡发展，推进社会主义新农村建设，走中国特色农业现代化道路”要求，以促进农民增收为目标，以发展现代农业为方向，农业经营体系建设取得了积极进展。

（一）在农业集约化经营方面，农村土地流转加快，集约化水平提高

1. 农地在朝集中、集约化经营方向发展

农村土地流转的加快，改变了农业经营者的土地经营规模结构。随机发放的82份问卷调查中，在68个种植业、养殖业经营主体中，经营面积在50亩以下的占29%，面积在50~100亩之间的占28%，面积在100~500亩之间的占25%，面积在500~1 000亩之间的占1.5%，面积在1 000亩以上的占3%。可见在人均耕地只有0.3亩左右的舟山市，土地的集约化经营在不断提高。另据统计，全市土地规模经营面积在10亩以上的共计4.1万亩。

2. 农地流转速度加快

对土地流转实行政策扶持。2009年市政府出台《舟山市关于加快农村土地承包经营权流转促进农业适度规模经营的若干意见》，市财政专门安排土地流转专项资金，对土地集中连片流转给予资金补助、对组织开展土地流转的村集体经济组织给予经济奖励，并落实配套设施用地，促进抛荒耕地流转。2009年至2012年，市本级安排落实土地流转、整治耕地抛荒资金791万元。

建立健全土地承包流转长效机制。首先，建立土地流转服务机制。县（区）农林部门和乡镇（街道）建立土地流转服务中心，负责土地承包和流转、信息收集、价格协调、流转合同签订等指导服务及处理纠纷等具体工作。社区（村）协助乡镇（街道）做好土地流转基础性工作。其次，做好土地流转指导工作。规范统一文本格式的书面流转合同，开展土地承包纠纷调解仲裁。目前，有3个县（区）、25个乡镇（街道）建立服务中心，230个村（社区）配备兼职信息员。

采取多种形式流转土地。按照“依法、自愿、有偿”原则，通过出租、转包、反租倒包、委托流转等多种形式，积极引导农户向农业经营主体流转土地。

2009—2012 年全市共流转土地 3.5 万亩，占总流转面积的 53.8%。

3. 设施农业建设和农业园区建设稳步推进

舟山市按照农业产业布局区域化、规模化的发展思路，充分利用国家和省市鼓励发展高效设施农业、现代农业园区的各种扶持政策，加快设施农业和农业园区建设，2012 年两区建设共投入资金 2 425 万元，已基本建成 2 个主导产业示范区和 3 个特色农业精品区。截至 2012 年底，累计建成设施农业面积为 2.5 万亩，比上年增长 15 %。农业综合园区 2 个，累计建成 2.98 万亩，比上年增加 18%。

（二）在农业专业化生产方面，已经初步实现了明显的社会分工

1. 种植业结构向服务本地市场的结构优化方向转型

种植业是舟山农业中最重要的部门，而种植业的播种面积的变化体现了种植业结构变化，也反映在农业专业化生产的变化情况。从表 3 - 1 可以看出，舟山的种植业结构发生较大变化，专业化生产进一步显现。第一，粮食作物面积大幅度下降。这意味着大量的粮田被改种其他作物；第二，蔬菜种植面积在大幅度上升，无公害蔬菜基地大幅度增加而且蔬菜种植成为种植业的主要部门。这反映了舟山种植业产业结构已经从粮食安全制约向面向市场导向转变，使得舟山的农业生产结构向服务本地市场的专业化方向发展。

表 3 - 1　2008—2011 年舟山种植业种植面积及产量情况

项目	2008 年	2009 年	2010 年	2011 年
	面积（万亩）	面积（万亩）	面积（万亩）	面积（万亩）
粮食作物	16.25	18.78	16.61	5.96
水稻	5.89	5.4	4.13	2.43
经济作物	20.15	17.48	19.1	
蔬菜	12.49	13.25	12.3	17.28
市级无公害蔬菜基地	1.05（48 个）	1.05（58 个）	148（个）	

注：数据来源于《舟山年鉴》（2008—2011 年）。

2. 农业生产机械化程度不断提高

根据调查资料显示，舟山目前拥有 6 313 名农机作业大户。农业机械设备在不断增长。2008—2011 年间，耕种机械由 1 340 台，增加到了 1 588 台；蔬菜整耕机，从 341 台增加到了 1 025 台；植保机械从 507 台增加到了 1 268 台；开沟机、水稻直播机、插秧机和烘干机都实现了从无到有。全市水稻耕种收综合机械

化率为74.7%。具体见表3-2。

表3-2 2008—2011年舟山市农业机械数量变动情况

项目	2008年 数量（台）	2009年 数量（台）	2010年 数量（台）	2011年 数量（台）
耕种机械	1 340	1 019	1 264	1 588
茶叶机械			369	423
运输机械			5 442	4 583
联合收割机			183	180
开沟机			6	13
水稻直播机			4	8
插秧机			6	11
蔬菜耕整机	341	470	743	1 025
烘干机			2	7
植保机械	507	584	847	1 268
节水喷灌机械	1 512套	1 609套		
工厂化育秧流水线			1套	1套
冷藏保鲜库	4 480立方米	5 910立方米	1.06万立方米	6 904立方米

注：数据来源于《舟山年鉴》（2008—2011）。

（三）农业经营主体发展迅速，组织化程度不断提高

1. 专业大户快速发展

专业种植与养殖户，被称为专业大户，是指以农业某一产业的专业化生产为主，初步实现规模经营的农户。全市现有各类专业大户2 056户，种植养殖面积5.64万亩，其中种植大户621户、养殖大户1 387户、种养结合48户，和2007年相比，新增专业大户470户，增幅为30%；新增种植养殖面积近万亩。

2. 农民专业合作社发展较快，合作社带动、辐射作用在加强

农民专业合作社是在家庭承包经营基础上，同类农产品生产经营者或同类生产经营服务的提供者、利用者，它是建立在依法、自愿、自我管理基础上的互助经济组织。目前，全市在蔬菜、畜禽、果木、水产养殖、渔业捕捞等产业中已发展农民专业合作社330家，其中蔬菜75家、畜禽35家、果木37家、水产养殖67家、渔业捕捞65家，其他类51家，总量与2007年相比增长2.2倍；入社社员1万余户，同比增长1倍；带动农户52 000户，同比增长2.7倍；合作社联结

基地面积7.5万亩。2012年合作社总收入167 310万元，户均收入14.2万元。

3. 以龙头企业为中心形成比较紧密的农业产业链

农业企业通过“公司+农户”或“公司+基地+农户”等纵向、横向联结方式，延伸产业链，既稳定了原料供应、降低了市场风险，还带动了周边农户。尤其是在龙头企业引领、带领下，能够充分整合农业经营过程中的各个环节，发挥产供销的综合拓展功能。调查数据反映，舟山市现有市级以上龙头农业企业67家，带动农户数的平均水平为3 333户，最多的有12 500户农户，创造了十分可观的经济效益和社会效益。

（四）农业社会化服务体系逐步完善

1. 产前、产中、产后服务体系初步形成

各类农民专业合作社、涉农企业从原来的单一的技术服务或销售服务发展到产前、产中、产后的一条龙服务。目前舟山拥有涉农企业163家，为农业生产提供优良品种、肥料、农药、代耕、代种、加工、储存、运输等农业经营服务。农民专业合作社产、加、销一体化经营，利益紧密的198家，占总数的60%；2012年合作社统一组织销售农产品总值20 707万元，统一组织购买农业投入品总值7 759万元。

在营销方面，初步形成了以本地消费市场为主体的营销体系。第一，建立了以本地市场为主的立体销售渠道。舟山市主要农产品重点保障供应本岛、本地市场，销售渠道以生产场地就地批发为主，自销为辅，比如一些具有竞争优势的农产品如叶类蔬菜批发70%、自销30%。第二，合作社的商标品牌意识不断强化。目前合作社有统一注册商标的51家，其中市级以上著名商标的16家，普陀展茅林地鸡专业合作社的展茅双岗岭商标被认定为2011年浙江省著名商标。

2. 农业专业技术指导与服务相对完善

舟山市现有416名农技人员，其中拥有中级以上职称的比例达41%，能够提供相对完善的农业技术的技术指导服务，如技术推广、动植物疫病防治防控、农产品质量监管。这些农技人员定期接受上级有关部门举行的培训，帮助农户进行新品种引进、新技术推广，开展科技示范和技术培训。在座谈走访调查中大部分农户反映，舟山市的农业技术服务以技术信息为主，农技服务人员能够送技术到田间地头，每个合作社、示范基地及种养大户都有农技人员与之对接，提供一站式服务。

3. 公益性社会化服务体系初步建立

大部分农业经营主体受自身规模和实力的限制，迫切需要政府、社会、企业为其提供信息、技术、人才、金融等服务。在舟山市已经初步形成了政府、社会及企业三方服务的良好格局。

第一，在农业公共服务方面，乡镇都建立了农技推广服务中心，配备了专门工作人员，推行“3 + X + 1”的一站式服务。中心除了提供农业技术服务外，还提供农村土地承包经营权流转等法规政策宣传、流转事项协调和管理等服务，提供“政银保”合作贷款服务。社区凭借类政府作用，帮助农户统一购买种子、农药，代耕、代种，社区还统一配备会计、出纳专职人员，代管小型合作社的财务。同时组织技术培训、技术服务。

第二，在农产品营销服务方面，专门成立农产品营销管理服务中心，负责全市农产品进市场工作的综合协调、管理与指导，指导农业企业、农民合作社等农产品市场主体拓展市外与国内市场。近年来，全市多次组织开展农产品展示展销活动，并陆续在上海、杭州、宁波等地开设销售渠道。

第三，在农业金融服务方面，创新渔农村金融产品，推出渔农村“政银保”合作贷款服务项目，为农业企业、合作社、村级股份经济组织、渔农业经营大户及从事第二、第三产业创业的个体渔农民提供金融服务，最高贷款限额可达500万元，有效解决了渔农业企业、渔农民贷款难问题。

二、舟山市构建新型农业生产经营体系存在的问题

虽然舟山市农业经营体系已经初具规模，但是抽样调查、访谈调查也表明，在现阶段舟山构建新型农业经营体系面临不少发展瓶颈与难题。主要有以下几个方面。

（一）要素供给和自然条件约束了农业经营体系的发展

1. 土地要素约束

多种复合因素导致土地经营权流转不充分，影响农业的集约化经营，舟山农业集约化经营面临以下问题。

第一，农业生产经营扩大规模所需的土地难以流转。很多农业种植类专业户如草莓、叶类蔬菜专业大户希望扩大生产规模，水果种植专业户需要土地轮转，但是在可用耕地存量一定情况下，无法通过土地使用权流转来满足要求。第二，连片流转困难。为了扩大生产规模，一些经营主体自己直接与农户谈判，或者在村委会、地方基层政府帮助下，进行农地流转谈判，但是较好的结果是只能流转小片土地，无法连成可以发挥规模效应的大地块。第三，土地流转的成本在提升。过去一般土地使用权流转的成本在每年500元/亩，但是现在一般增长到每

年800元/亩。第四，户籍农民的主要收入源于打工，不介意土地经营权流转收益，出现土地流转的逆向选择。由于舟山海岛地区特殊地域环境，土地资源更加稀缺。舟山全市农用地构成中以林地所占比重最大，占农用地面积的57.9%，其次是耕地，占30%，且人均耕地只有0.38亩，园地和其他农用地相对较少。所以，从总量上看，农户家庭拥有的可流转土地存量不过1.28亩，在海岛地区人工成本200元/天的背景下，户籍农民因怕麻烦不在意800元/亩土地流转的收益，这点收益不如在城区打几天工，所以就出现土地流转的逆向选择：不种地的人不愿意流转，种地的人希望流转。

2. 农业劳动力要素约束

目前在舟山地区有10.75万农业从业人口，但90%以上的农业从业劳动力是60~70岁的农民，这部分农民思想保守，对土地的依赖程度高，对农业新的经营方式、新技术应用不敏感。许多存在“小富即安”思想。调查发现，很多农业专业大户希望扩大生产规模，但是苦于土地流转困难，在本地农产品市场供求基本平衡的背景下，加上海岛区域农产品市场价格较高，更愿保证能够获得稳定收入，所以存在小富即安的思想。

3. 资金要素约束

由于农民人均纯收入基数低，存在生产发展和自主创业资金不足、贷款困难的问题。第一，因农业产业投入较大、资金周转慢、风险高，商业银行惜贷。舟山区域大部分农业经营主体由于规模小、资金实力有限，资金管理能力较差。因此，商业银行在放贷中“偏大轻小”的现象仍然比较明显，特别是央行几次上调存款准备金率，用于固定资产的长期资金贷款更是难上加难。第二，在资金获取方面，农业经营主体面临资金短缺约束。在82份调查样本中，分别有33%的经营主体认为资金运转困难、18.2%的经营主体认为信贷手续繁复、14.6%的经营主体认为授信担保困难及36.5%的经营主体认为贷款利息高。在实地访谈中，很多农户也反映银行信贷存在授信额度低、手续繁杂、条款苛刻、还贷期限太短、隐性交易成本高等问题，银行贷款算下来年利率要7厘左右，而且信贷需要提供担保、抵押，而农业经营者本身没有抵押品，尤其管理用房不能抵押，土地使用权也不能抵押。

4. 海岛自然条件推高了农业经营成本

海岛地区是一个相对封闭的市场，且市场小、经营成本高。舟山是海岛地区，和大陆地区相比：一是水电费高于全省平均水平，尤其是舟山淡水资源缺乏，水价比大陆高出一倍，这给许多畜禽养殖行业带来较大的成本压力；二是运输过程成本相对较高。在海岛特殊的交通运输条件下，有轮渡费和跨海大桥收费，本地的农产品要开拓外地市场，无形之中增加了额外成本。三是用工成本在上升。一方面随着物价上涨，农业工人工资呈现自然上涨的趋势，大约上涨10% ~20%。另一方面，由于农业生产劳动相对艰苦和乏味，加上海岛区域生活成本比较高，农业经营者很难雇佣到工人。

（二）农业社会化服务体系有待于进一步完善

目前舟山农业社会化服务体系建设存在服务供需衔接不紧密、服务机制不健全等问题。表现为以下几方面。

1. 农民专业合作社数目少，服务带动能力差，组织化水平不高

基于舟山群岛农业自然禀赋条件，农业专业合作社发展还处于初级阶段，参加合作社组织的农户仅占全部农户总数的10%左右。社会化服务水平不高，且仅限于经济领域，提供的服务有限，仅提供生产资料购买、技术培训以及部分市场信息等。部分合作社组织内部运行机制不健全，可持续性差，小、弱、散的格局没有发生根本性变化。

2. 农业经营服务主体服务项目少，服务内容单一

经营社会服务组织发育不充分，经济实力弱。注册资本反映经济组织的规模，而舟山大部分农业社会服务组织是一些注册资本不超过50万元的个体工商户，而且从业人员只有2~3人，不能提供专业化的社会服务，如资金、信用、担保、全方位信息、销售网络等。

3. 农产品营销方式单一，没有形成社会化分工营销体系

舟山本地农产品的销售方式有：零散销售、批发销售、朋友口碑、单位定点、自己联系单位销售等，但是主要靠随机批发为主，如一般叶类蔬菜没有统一市场、时间，没有固定销售对象，没有固定的销售合同，营销渠道单一，没有网站推广、团购等形式。

4. 农业科技推广服务组织体系不够健全

基层农技推广体系形式上齐全，实质还不健全，尤其是在人员编制、专业结构、业务技能、服务领域等方面，也还存在人员不足、业务兼职、技术不精、服务跟不上的问题，不能有效适应现代农业发展的需求。

（三）落实扶农优惠政策存在障碍

虽然国家和省市出台一系列扶持惠农的优惠政策措施，但在调研中有不少生产经营主体表示，既不了解政策措施，也感受不到帮扶优惠。同时在政策实施上

缺乏横向协调、统筹，一些涉农政府部门制定的优惠政策门槛高，致使农户不能享受。

1. 存在缺少稳定的销售场所和农业设施用地难的问题

蔬菜水果种植、畜牧业养殖及水产品养殖经营者缺少自产自销的摊位，在农贸市场没有固定摊位，靠自发而形成马路市场。种养业为了扩大规模，需要一部分农业设施用地，如化粪池、水池、存放农机具等设施，但是限于用地指标，难以满足。

2. 政府财政补贴存在缺位、错位

虽然都是民生行业，但是菜篮子工程有补贴，养殖、畜牧业、养殖渔业汽油没有补贴，也没有海岛补贴。政府对蔬菜流通环节进行补贴，导致流通商获取较多的利润，而种植农户没有得到应有的利益，而海岛的消费者又承担高菜价的代价。

3. 农业政策性保险面窄、效率低

一方面，设施农业没有保险，水果种植没有保险。另一方面，农业保险的效率低。问卷调查过程中，当问到舟山农业经营主体在保险方面面临的困难时，41.4%被访者认为提供农业保险服务企业少、选择余地少，26.8%的被访者认为赔偿金额偏低，18.2%的被访者认为保险理赔困难，10.9%的被访者认为政府对农业保险补贴不到位。

三、构建舟山市新型农业经营体系的对策建议

（一）突破资源约束，走差异化、园艺设施型农业发展路子

1. 因地制宜，发展海岛特色农业

第一，突出海岛特色。在市场经济条件下，针对舟山陆域面积狭小，难以以生产规模取胜的现实，农业生产经营体系要实现“因地制宜”的转型，以服务“小众”为目标，即向“人无我有、人有我优、人优我特、包装→精包装”演进，满足海岛居民对本地特色农产品的需求。第二，组织差异化种植和营销。以销定产，市场需要什么就生产什么，打时间差。抓好无公害农产品、绿色食品和有机农产品的产地认定和产品认证，培育品牌，做优产品，扩大海岛特色农产品的知名度。第三，走精致农业路子。海岛特色农业要逐步转型为服务群岛新区建设的园艺设施型旅游农业、景观农业和服务城市发展的精致农业，建设有机蔬菜基地、城市农园等，利用采摘、耕作体验等形式传承农业文化，体现休闲、生态

功能。

2. 创新土地流转机制，推进土地集约利用

规模性土地流转要倾向于专业大户、家庭农场、农民合作社。发挥农村集体经济组织的带动作用，鼓励有文化、懂技术、会经营的种植能手和农民合作社、家庭农场、专业大户，通过转让、转包、出租或委托村集体经济组织等形式，承包更多的流转土地。规模性土地流转要重点探索建立“权属档案化、土地在集体、耕者向村租、收益归农民、经营规模化”的土地流转、经营、分配制度，推进整村整组土地流转，破解土地集中连片成规模经营难题，实现规模化生产、集约化经营。

（二）大力培育现代农业经营主体，进一步提高农业专业化、组织化程度

1. 培育发展家庭农场

家庭农场是以家庭成员为主要劳动力，从事农业规模化、集约化、商品化生产经营，并以农业收入为家庭主要收入来源的新型农业经营主体，类似于传统农业中的自耕农。虽然国内对家庭农场的概念和标准不统一，但是家庭农场是农业集约化的载体、专业化的基础，是农业发展的社会化形式。要按照科学定位、加强指导、重点扶持的原则，加大扶持力度。一是设立专项扶持基金，帮助具备条件的专业大户升格为家庭农场。二是首先开展示范性家庭农场建设。先认定一部分有规模、有品牌、有场地、有设施配套、有完备管理制度的家庭农场，制定规范家庭农场的标准及总结评选标准。三是强化工作指导。利用工商管理办法，鼓励家庭农场采取个人独资、股份合作、合伙或公司模式等经营方式，使之形成既节约交易成本又能形成规模化、组织化的经营主体。

2. 培育渔农村农民经纪人

农民经纪人上联市场、下联农户，有丰富的信息源，能及时了解市场行情和农产品需求，特别是在生产、销售环节能够帮助农户安排生产计划、组织收购货源，为农户提供良好服务。因此，培育发展农民经纪人既可满足分散农户的专业化、个性化需求，又能发挥能人经济的作用。要重视对现有农民经纪人的职业培训，吸收培养新的农民经纪人，提升农民经纪人队伍的整体素质。要指导建立农民经纪人行业协会，通过行业自律机制来规范农民经纪人行为，促进农民经纪人队伍的健康发展。要从政策层面加大扶持力度，为农民经纪人的发展创造更加宽松的环境。

3. 提升发展农民合作社

当前和今后一个时期，农民合作社建设的重点是提质增效。要围绕海岛特色

产业，重点抓好存量农民合作社“示范社”的创建工作，推动农民合作社从数量优势向质量优势提升转变。要围绕做大产业、做优产品、做强合作社，积极引导同一区域内生产同类产品或有生产关联的合作社组建联合社，实现资源整合、优势互补、品牌共享，改变同业间无序竞争，合力提升市场竞争力。要围绕诚实守信，切实抓好农民合作社信用体系建设，建立健全农民合作社信用信息档案，提高信用等级。另外，各级政府要鼓励支持农民合作社作为经营主体，参与农业综合开发、农田水利、农技推广等涉农项目的建设。

4. 培育新型职业农民

培育新型职业农民，一方面是解决未来“谁来种地”、如何科学种地的问题，也是提升生产经营水平的需要；另一方面可以解决大学生就业问题、是改变和提升农业从业人员素质结构的具体举措。因此，一要抓培训。制定计划、落实经费，采取走出去、请进来等办法，抓好对从事农业的中、青年人员的职业技能的培训，掌握新知识，学会新技术，引进新品种，提高其生产技能。二要引人才。建立健全大学毕业生从事现代农业的工作机制，贯彻落实好省政府关于扶持大学毕业生从事农业创业的政策，从政府补贴、社会保障、项目扶持、金融服务、土地流转等方面给予支持和倾斜，鼓励引导大学毕业生和高素质人才务农创业，促进农业的可持续发展。

（三）以社会化服务为保障，构建全方位的农业服务体系

1. 加快制定相关政策，积极鼓励和引导农业社会化服务组织发展

一要加大扶持力度。在土地流转、登记注册、税费减免、融资贷款、产权转让上给予优惠，鼓励农业社会化服务组织通过租赁、拍卖、入股经营等方式连片开发土地，建立规模化、专业化的商品生产基地。二是加大管理力度。加强对农业社会化服务组织制度建设和治理结构的指导和管理，使其走上规范化、民主化和有序化的轨道。

2. 继续加大财政资金投入

利用群岛新区建设的大环境、大投入等有利条件，建立“三农”投入稳定增长机制，不断提高财政支农资金投入的总量和比重。加大涉农资金项目的整合力度，倾斜投入农业基础设施建设、现代农业产业升级和新农村示范村建设，在项目安排上向种养大户、家庭农场、农民合作社倾斜，向农村土地流转工作做得好的乡镇和重点农产品加工企业倾斜。

3. 进一步完善服务“三农”的金融机制

农村金融机构要在县域及乡镇增设服务网点，创新农村金融产品，增加农产

品的投保品种，扩大金融服务覆盖面，以满足“三农”金融服务需求。要深化完善渔农村“政银保”合作贷款机制，培育和发展村镇银行、涉农小额贷款担保公司等新型农村金融机构，积极落实涉农信贷利率优惠政策，为农村农业经济可持续发展提供金融支持。

4. 进一步加强基层农技推广体系建设

一是加强乡镇农业技术推广服务中心建设。健全乡镇或区域性农业技术推广、动植物疫病防控等基层农技推广机构，充实人员编制，配备技术装备，充分发挥乡镇农技推广服务功能，提高服务能力。二是加强与院、校、科研机构合作。联合开展关键技术攻关和高新技术研究，力争在生物技术、培育良种、农业信息技术、农产品深度加工等方面取得新的突破。

创新　诚信
——从炳洪饭店看特色农家乐发展

周淑琴　翁志军　陈菲菲

【摘　要】　农家乐的发展要走特色经营之路。本文从炳洪饭店发展史看农家乐如何经营，对舟山服务业特别是渔家乐发展具有一定的借鉴意义。
【关键词】　炳洪饭店；特色经营；创新

大千世界，无奇不有。有人和树打一辈子的交道，有人和水打一辈子交道。炳洪老板说如果可以，我愿和鱼打一辈子交道。你能想象几十年前，一勺一锅一平房再加一桌几椅的白手起家创业青年吗？你能想象就是这一青年，把鱼味烧进了五湖四海兄弟姐妹之口，也把鱼味融进了大家的心；而你又能否想象一个普通农民凭着兴趣与热情钻研烹饪创新鱼味近20年的艰辛路。也许这些有些久，有点空。那么具体的，你能想象，一条鱼最多能有几种吃法呢？又或者说一条十几斤的胖头鱼在极短的时间内入口下肚，且余味还在嘴边甚至不过瘾的画面吗？

炳洪饭店在炳洪老板的带领下，已走过了近21年的岁月，生意做得风生水起，声名四方，新老顾客源源不断。那么，炳洪饭店是如何成长发展的呢？炳洪饭店的成长又给我们特色农家乐经营带来什么启示呢？

一、创新推动发展——炳洪饭店发展史

（一）1992年炳洪饭店：一张小方桌起家

炳洪饭店老板说，不怕笑话，当年因为家境贫寒，起家时可以说就是靠一张小方桌。私下里还说，在当时，村里的男人学厨做小吃，开饭店，仿佛是一种潮

作者简介：周淑琴，浙江海洋学院市场营销专业2011级学生；翁志军（1963—），男，浙江舟山人，浙江海洋学院思政部副教授，马克思主义中国化教研室主任；陈菲菲，舟山市定海区经信局干部。

流。而其实，在正式开饭店前，他在家门口架了两个煤球炉，做过油炸面小吃。但是，开饭店是他的梦想，或许受时代的影响，开饭店暗含着一个男子汉的志气。所以，在经营一段时间油炸面后，同时也受到一位爱吃油炸面的食客的鼓励，炳洪老板果断向他的梦想迈进。虽然当初只有一张小方桌，但是他想他不怕苦不怕累，有着农村青年的热血与韧劲，又有勤劳的双手总不至于饿死。于是，他和老婆两个人，一个掌厨，一个当服务员，在1992年正式开始了炳洪饭店创业之路。

创业初期，炳洪依着乐平的青山绿水这一宝地，炳洪饭店主要烧清水鱼。那时候，乐平大桥下的天目溪清澈见底，水源丰富，鱼食充分，温度适中，鱼虾富饶。很多当地居民都以打鱼为生，鱼是当地丰富的资源，炳洪老板又是土生土长的乐平人，于是开始烧石斑鱼、老虎鱼等，并称他们为清水鱼。

（二）1998年炳洪鲑鱼煲，一鸣惊人

7年左右的时光，炳洪老板勤勤恳恳，像当地一般饭店一样，烧着清水鱼，做点土菜。想当初，炳洪老板还特意找过有名的师傅学过厨，烧的菜味道也不赖。然而，生意却没有想象中那么好，尤其对于一个有梦想的年轻人来说，是何等的不甘心。凭借过路散客和当地企业消费，客源毕竟有限，有的时候甚至一个客人也没有。对于当年的炳洪老板来说，确实遇到了创业中的瓶颈。饭店如果没客人，就等于说是负利润，而资金有限的他，当时也想过要放弃。可他总也不甘心，总觉得没有到绝路，还想要拼一拼。于是，在老婆的支持下，他毅然坚持了下来。

其实，现在回过头来想想在20世纪90年代的农村乡镇，饭店客源少也是很正常的。当时的交通不便，通讯不发达，媒体宣传也不像现在那么丰富多样，无法吸引更多的顾客。而当地主要以农耕为主，农民生活水平较低，好不容易攒几个钱，怎么舍得去饭店呢。况且，饭店里做的那几个菜，大家都可以做，也有人怀着说不定还没自己做的好吃之想法。这一切，对炳洪饭店来说确实是极大的困难。

但是，困难困境有的时候对于一个强者来说是机遇。他勇敢面对困难，正视困境，从当地老百姓生活需求特点出发，又研究外来客人的特点。最后，他认定，要做特色菜，就要做属于自己饭店的一个招牌菜。

于是，平常有客人来，他就主要做一些拿手的清水鱼，如红烧石斑鱼、胖头鱼火锅等。而一有时间，他便研究特色菜。

皇天不负有心人，在当时的一位常客的提示和建议下，终于，在1998年，他烧出了炳洪鲑鱼煲。吃过的人赞不绝口，回味不绝，不但吃过一次还想吃，而且他们还主动帮忙宣传。炳洪老板后来也说，口碑真是个神奇的东西。这样炳洪老板一不靠广告，二不靠送礼拉客，仅凭食客们的口碑。到2000年，炳洪饭店已小有名气。更多的人开着私家车，慕名前来，一尝炳洪鲑鱼煲。那会儿，门口常常停满了来自杭州或上海的别克和尼桑车。不知道的人，看着这排场，又闻着似传说中“泛三番”的鱼香也总要咋舌一番。炳洪饭店的名气可不一般了，当时甚至有外地客特意赶三四小时车程来，谨慎严肃地问，这里是不是炳洪饭店，是不是吃正宗的鲑鱼煲的，因为他们是奔着“炳洪鲑鱼煲”来的。仿佛是不到长城非好汉，到临安不吃炳洪鲑鱼煲是遗憾的感觉。

（三）2005年，一鱼六吃，再创佳绩

要说，炳洪鲑鱼煲已经是做得非常出色了，可是人总是这样，一旦对某事物投入真心，倾入真情就会有更多的热情与兴趣，再钻研，再提升，仿佛这才是人生的乐趣，这才是成就，这才是最幸福的事。

炳洪鲑鱼煲的出名，为炳洪饭店带来了非常多的食客，在吃鲑鱼煲的同时，客人们也喜欢尝试新菜。当时有城里人看到十几斤的胖头鱼，总觉得霸气，想要烧一整条来吃。可是，想想，这么大一条，去腥都是件难事，烧出一个火锅，需要多大一个火锅盆装，这些也是其次的。问题是，十几斤重的一条鱼，一个味道一直吃一直吃，哪有不吃腻的，最后总是浪费多。看到浪费，炳洪老板也心疼，暗自也觉得是自己的手艺不够好。在炳洪老板看来，只有一个炳洪鲑鱼煲也不够，而实际上，野生的鲑鱼越来越少，价钱也越来越贵，在顾客们的需求中，他也感觉到价廉物美总是很重要的。饭店里的鱼都是他亲自挑买的，胖头鱼也是当地的一种特色鱼，大的甚至有二十几斤，不过怕客人吃不了，总不敢买。

炳洪老板没读过什么书，大字也不识几个，但是通人情，讲实际，又一次有了当年研究鲑鱼煲的勇气与气势。他从饭桌上吃不完的胖头鱼出发，询问顾客为什么没吃完，请他们说原因提建议。原因有以下几方面：一是当时觉得鱼大霸气，但真的做好成菜了，又觉得有压迫感。二是就一种味道，一直吃，也腻了，鲑鱼煲因为鱼小，留有余味，不腻的时候吃完，所以总还想吃。三是这么大一条鱼，要想入味也有一定困难，所以，口感相比鲑鱼稍有逊色。

做大事者就是喜欢直面困难，炳洪老板对客人反映的问题很感激，接着便又是琢磨、研究的阶段了。他说，创新，说说是简单，做起来真不易。在这期间，他想做红烧的，想做清蒸的等，能想到的各种鱼的做法，都尝试了，不过都失败了。当他心灰意冷的时候，忽然有顾客提议说，一条鱼一个味道，一直吃一直吃要吃腻，不妨一条鱼想办法做成几种口味。对啊，可以把一条鱼烧成多种吃法啊。谁说一条鱼一定要在一个盆里一个盘子里的呢。似乎来了灵感一样，炳洪老板一下子来了精神，心情也一下子兴奋起来。

刚开始，他先尝试着把鱼做成两种吃法，当听到顾客的好评时，他又做成三种吃法。又过了近七年时间，2005 年炳洪饭店一鱼六吃做法成熟，被成功地推上餐桌。根据客人的需求，根据鱼的大小，炳洪老板又总是想着最佳的做法，有时二吃，有时三吃，但更多是六吃。

一鱼六吃，又一次成为了炳洪饭店的另一个传奇。现在，一鱼六吃已成了饭店里的必点菜，尤其是大圆桌的亲朋聚会，大团队的请客吃饭。点一条鱼就六个菜，口味各有千秋，既感觉大气，又经济实惠，怎么会不畅销。现在，平均每天要烧大约十五条的一鱼六吃，周末节假日总要备个二三十条。

2005 年至今，炳洪饭店凭借炳洪鲑鱼煲和一鱼六吃，生意越来越好，每天各路食客挤满这一临安小饭店。这是奇迹，也体现着炳洪老板的个人精神。

二、诚信经营理念——炳洪饭店成功的原因分析

一是位置佳，环境好。炳洪饭店的鱼为不争的特色，不过还有几大特色，首先，此地的优越地理位置为炳洪饭店增色不少。炳洪饭店在当时的临安市於潜区乐平乡乐平村开业。乐平村又位于整个乐平乡的中心，并且连接着分水与於潜两大繁荣地带，对吸引更多来客有优势。位于农村，在白云山下，分水江边，附近还有一条涓涓不断的天目溪。青山绿水，空气清新，水好，土好。现代人，越来越喜欢环境优美的养生之地，喜欢绿色生态，喜欢农家。炳洪饭店拥有这一天然的资本。而且炳洪饭店的鱼汤熬制也需要当地的山水，怪不得可以叫“秘制”。一个鲑鱼煲，或者一份一鱼六吃，再配农村里的几个绿色菜，不仅味道好，还健康，怎不叫人流连忘返！

二是富有创造力的老板。一家饭店和一个公司一样都需要一个富有创造力的老板。尤其在当今这么一个千变万化的世界，创新、出奇越来越被看重。炳洪老板是适应时代发展步伐的，他紧跟时代潮流，努力满足人们需求，近二十年的烧鱼生涯，不断进步，不断开发。也因为这样，才有我们百吃不厌的鱼味。

三是为人真诚，亲自掌勺。炳洪老板多次提到，鱼是有灵性的。烧了这么多年的鱼，烧鱼已不仅仅是一份事业了，甚至都已融进了生活，融进了整颗心。从前，他总是根据客人，亲自为他们挑选适合的鱼，要鲜活，要不大不小，要刚刚适合这些客人。现在，由于客人越来越多，再来亲自挑鱼已不现实，所以就把这活交给了他老婆。亲自掌勺应该说是最大的特色了，虽然也带徒弟，虽然每天食客那么多，有的时候翻台都要翻三次，但是这鲑鱼煲和一鱼六吃的两个特色菜还是坚持自己做。他说，客人远道而来也总想吃正宗的鱼味，徒弟也在培养但还有

欠缺，所以还不到推出来的时候。为了顾客，只有亲自掌勺。这是对人的一种真诚态度。没见过的人不知道，这么一个有成就的老板，亲自下厨，暑假天热，忙的时候，一餐饭，背心都要换三四件。他还说，现在对鱼越来越有感觉了，一条鱼拿到手，好像就知道怎么剖，怎么切，怎么烧了。客人的利益与意见，他总是放在第一位，十分谦虚，对烧鱼做鱼更是一丝不苟。他说，农村人，真诚是本质，真诚地对待每一位客人，用心做每一道鱼。也许正是因为这样，就连杭州外婆家老总吴国平，百忙之中也要抽时间来看看这个小饭店，品尝品尝用心做的鱼。

三、现代营销模式——炳洪饭店之未来

在问及对炳洪饭店的未来有什么想法时，炳洪老板很谦虚也很真诚。他说我没读过什么书，大字也不识几个，不懂现代的什么经营管理方法，有的只是凭良心做事烧鱼。要问未来还真不好说，只是，真的希望越来越多的人能品尝到这些鱼味，把更多的幸福，把更多的真心传递。如果，下一代有兴趣，当然也支持他们发展这个产业。

现在炳洪饭店，主要靠口碑宣传，一传十，十传百，虽然广告、媒体丰富多样，但他毕竟不怎么懂。他觉得现在最主要的就是巩固客源，以诚待人，让每一位客人吃得放心，吃得高兴。因为金杯银杯不如人们的口碑。他说："如果可以，我将一辈子与鱼打交道!"

虽然，炳洪老板的想法很朴实，很真挚，然而，根据当今社会的发展趋势，炳洪饭店鱼味结合现代营销仍有极大发展可能。

俗话说，商场如战场。兵家讲攻，也重守。只有攻与守都处理得当，发挥极致，才有胜的机会。那么，炳洪饭店也讲守与攻。

（一）守

首先，守！炳洪饭店，作为已有二十年左右历史的饭店，无形中已有了自己的品牌与文化。更或者说，有属于自己忠实的粉丝！所以，"守"对炳洪饭店再重要不过了。那么，第一，他需要对其已有的产品、菜色进行维护，并且要越做越好，争取在鱼味上不让食客失望。第二，炳洪饭店从文化品牌角度考虑，注册属于自己的品牌，使自己更加名正言顺。这样，长久来看，对产业而言，也是一种保护。第三，对老顾客的维护。其实经过调查了解，炳洪饭店更多的是靠回头客增长营业额，也靠回头客进行口碑宣传。那么，也就说明了老顾客资源对炳洪饭店的重要性。如何维护老顾客，留住老顾客，也是"守"的重要一步。

（二）攻

再者，攻！社会在变，需求在变，一点一滴地天天在变。对于“攻”，第一，根据目前以及未来可能有的潮流变化，当然，炳洪饭店应根据食客们的口味变化、喜好趋势进行菜色的改动，当然此改动并非建立在破坏原有菜色上，而是根据客人的口味在不变本的基础上，增加新的特色，极力迎合顾客口味的变化。第二，创新。根据需求和资源，研究新菜色，争取又有惊人之举，创立新名牌。第三，通过新一代媒体，如微信、微博等，当然还有报刊、电视等以及口碑等宣传，争取吸引更多新食客。

（三）星期制营销

根据调查，一个星期，炳洪饭店几乎60%的客人都集中在周末。当然这其中有工作日的不方便等原因。如何在工作日吸引更多食客是关键。第一，打折原理。如在周一到周五来的顾客将给予一定的打折优惠。第二，优惠券。如根据实际消费而送一张消费券，刺激消费。第三，推送特色菜。当然，炳洪饭店几种必点菜必须保证，再推出送特色菜或者农家酒等。力争在工作日也能迎来更多客人。

（四）农村特色，开展相应活动

虽然机械化、电子化、技术化正慢慢地改变着世界，并且，从生产发展来看，与普通劳动力相比进步是非常可观的。然而，在技术化的今天，却让我们意识到了健康、生态、养生、返朴。这便是当今最大的需求。应结合农村旅游风景特色，打造生态、自然饮食，或者结合当地风俗特色，如百家饭等吸引食客。

（五）品牌、同行带动

中国人相信权威，相信品牌，有极强的“明星意识”。利用大酒店、大品牌为依托，相对辐射带动，对炳洪饭店的发展也不失为一种方向。这样能在极大程度上宣传炳洪饭店，也能节约成本。

四、对舟山服务业的启示

纵观炳洪饭店的成功之路，有三点经验值得推广——创新、诚信、坚持。首先是创新。舟山市近几年来也非常重视发展特色旅游渔家乐。有的厨师烧海鲜也烧了几年甚至十几年，但如果只是满足于已有的水平，不去钻研各种菜谱，不去领会感悟顾客的建议，那海鲜的味道永远停留在原来状态中，要想招来回头客是非常难的。其次是诚信。舟山由于得天独厚的气候条件，夏天是避暑胜地，来海边旅游避暑的人络绎不绝，但是如果住在渔家乐，被老板宰了一刀，要么价格虚高，要么以不新鲜海鲜冒充新鲜的海鲜，那谈何口碑，谈何回头客，不被投诉算运气了。服务行业是新区的窗口行业，要树立新区的良好形象，必须从服务行业抓起，因为这个形象影响很大，它代表着新区人的素质，代表着新区的投资环境。舟山的服务行业能从炳洪饭店的成功之道感悟出点什么吗?

第四部分
新区社会与民生

舟山市民生活负担调查报告

方志华　骆小平

【摘　要】　人们对生活质量的主观感受和对生活的全面评价与城市的和谐度、吸引力紧密相关。生活负担是衡量生活质量的重要指标之一，包括衣、食、住、行物质层面的开支和闲暇时旅游与阅读书籍等精神层面的开支。围绕这一系列问题，我们利用暑假时间在舟山本岛范围内展开了调查。经过调查发现，存在着舟山市民普遍感觉生活负担较重，收入增长幅度滞后于生活负担上升程度，各个年龄段、收入不同的市民生活负担感受程度不同，物质层面上一日三餐的支出占较大的比重，恩格尔系数仍然较高，精神消费支出不多等共同点，这是舟山城市竞争力的形成与提升的瓶颈所在。本研究在分析、评价调查结果的基础上，提出了降低市民生活负担的对策建议。

【关键词】　生活负担；生活质量；精神消费

一、引言

人们对生活质量的主观感受和对生活的全面评价与城市的和谐度、吸引力紧密相关。生活负担是衡量生活质量的重要指标之一，包括衣、食、住、行等物质层面的支出和闲暇时旅游与阅读书籍等精神层面的支出。居民对城市生活负担的感受是衡量城市生活质量的指标之一，也是城市是否具备较强吸引力和竞争力的标准之一。舟山群岛新区被批准设立后，城市竞争力的提升有了政策的保障。然而，舟山市民普遍感觉消费水平仍然较高，生活负担较重。

“知屋漏者在宇下，知政失者在草野”。经常听到有人抱怨在舟山生活压力

作者简介：方志华（1969—），男，浙江开化人，浙江海洋学院思政部主任，副教授；骆小平（1980—），女，湖北黄冈人，法学博士，浙江海洋学院思政部讲师。

大，生活负担重，报怨者中既有普通工薪阶层又有个体工商业者、私营企业主，更多的是底层无固定职业的社会群体。不过，我们还得用数据说话，通过实地调查获得的数据才是最有说服力的。必须真正深入生活，深入了解舟山市民的生活负担问题。社会调查能够帮助我们了解民情，了解居民对生活的诉求，了解到底有多少比例的人觉得在舟山生活负担重？生活负担重主要体现在哪些方面？原因又有哪些？针对这些问题又该如何解决？用数据来回答这些问题具有重要的意义和价值。一座城市的市民生活负担反映了这座城市的生活质量，决定了这座城市对高端人才的吸引力，直接影响了这座城市的竞争力，也对地方政府政策措施的出台和推行等具有重要意义。

二、问卷设计及调查对象的确定

从2013年7月上旬开始，该调查陆续开展起来，先后共进行了约10天左右，调查范围主要在定海和普陀两个城区。共发放调查问卷945份，回收问卷912份，其中有效问卷899份，回收率达96.51%。

调查对象的工作性质，处于前六位的人数如下表所列：

单位性质	事业单位员工	私企员工	国企员工	公务员	自由职业者	其他
调查对象（人）	353	210	122	96	42	31
所占比例（%）	39.26	23.36	13.57	10.68	4.67	3.45

问卷共分两个部分，第一部分是调查对象的基本信息，共设计了6个问题。第二部分是有关生活负担的各种感受及评价等，共设计了20道选择题。

（一）问卷设计

在第一部分有关调查对象的基本信息中包括了年龄、工作性质、家庭每月的可支配收入、在舟山生活的年限及学历等重要信息。从这些信息中可以分析出哪一个年龄段的人对生活负担特别敏感，学历层次与生活负担的关系，家庭收入水平与生活负担及学历层次的关系。因为同一个学历层次可能有完全不同的家庭收入，对生活负担的感受也完全可能不一样。同样，在舟山生活时间长短与收入、生活负担的关系中也可以判断出来，舟山是否是一个对外来人口、人才有较大吸引力的城市。

在第二部分有关生活负担的各种感受及评价指标的设计中，有主观的定性描述，也有客观的定量评价。但多数指标还是主观的定性描述，因为生活负担重与轻，与人的主观感受是联系在一起的，同样的收入，同样的工作性质，不同的人可能会得出不同的结论。在定量分析中，主要根据一日三餐的支出可以判断出生活的质量与层次。为此，还专门设计了几个衡量被调查对象的文化品位及精神生活需求的指标，如是否会主动购票观赏高雅音乐会，用于购买书籍的支出等，因为一个城市的市民对精神文化的追求决定了一个城市的品位和层次。

（二）调查对象的确定

第一，政府工作人员。在确定调查对象时，我们首先想到的是市、区（县）、乡（镇）三级政府的机关工作人员。一是主要考虑到对物价高低最敏感的是靠工资吃饭的机关工作人员；其次，机关工作人员总体素质不错，也比较愿意配合做这方面的调查；第三，从人数上来说，市、区（县）、乡（镇）机关工作人员也是市民中比例较大的一个群体，具有较强的代表性。所以在开始调查的第一天，我们就选择在市政府大楼发放了一百多份问卷，包括市政府、市委、市人大及市委市政府所属的个别部门。之后，我们还调查了普陀区政府，发放了四十多份问卷。本想再选一个乡镇机关，但乡镇机关差别比较大，不仅机关规模、经济总量、发展条件等方面都不同，收入差别可能也比较大，很难确定选择对象，最后只好放弃。政府工作人员中既有公务员，也有相当一部分是事业编制人员。

第二，事业单位工作人员。在确定事业单位工作人员时，主要选择了舟山医院的医生和教育单位的中学教师。一开始计划先在浙江海洋学院和国际海运职业技术学院的教师中开展调查，但舟山目前只有两所高校，高校教师占整个教师群体的比例还不高，所以目标就锁定了中学教师。但因学校已经放暑假，无法去各学校开展调查，碰巧市教育局与浙江海洋学院合作，正在开展暑期教师继续教育培训。来自各中学的教师代表都有，分科目分别开展继续教育培训。于是在医生和教师这两个大的群体中发放了两百多份问卷，但没想到，最后统计结果显示，事业单位员工居然成了本次调查的最大群体。究其原因，一方面除了医生和教师两个大的群体外，机关单位里除了一部分属于公务员外，还有不少是属于事业编制的。另一方面少数国企员工根本不清楚自己的身份。比如在调查中，有家银行的员工就根本不清楚自己是属于国企还是事业单位，于是就稀里糊涂地给自己选了个事业单位员工的身份。

第三，企业员工。统计结果显示企业员工是本次调查的第二大群体，包括国有企业和私营企业，因为国企数量较少，但员工总数比例不低，光三大电信运营商的员工就达上千名，还有各大国有银行，员工估计也有数千名，所以我们选择了一家银行、一家电信企业。另外考虑国有企业中，水电企业员工数量也不少，所以又选了一家电力企业。国有企业员工共调查了一百二十余名，约占被调查总数的1/8。

私营企业数量较多，但就单一企业来说，规模不大，我们把私营企业的调查重点放在新城的中昌大厦，调查了二十多家私营企业。另外，考虑到舟山目前是中国最大的船舶工业基地，所以又选择了一家船舶企业，这家企业原来属国企，后来改制为私企。但无论效益还是规模，在舟山还是名列前茅的，具有较强的代表性。

服务行业就业人员也是比较大的群体。我们选择了新城的银泰百货和东港的凯虹广场两家大型商场。商场里工作的员工，有的属于私营企业员工，有的属无固定职业者，只要该员工没有和私营企业主签订劳动合同，其本人也不想签订劳动合同的，均可属于无固定职业者。有一些调查对象在混合所有制企业里工作，其中有国有股，也有个人股，并且国有股份占有很大的比重，调查对象往往无法确定自己的企业性质，有的选了国企，也有的选了私企。

三、统计结果分析

本次获得的899份有效调查问卷分别来源于不同的调查对象，而对调查对象的分布和确定对于全市来说具有较高的代表性，调查的结果基本上能准确地反映当前舟山市居民对于生活负担的主观感受。根据整理与分析，结果如下。

（一）不同年龄段对生活负担的感受程度不同，呈现出橄榄型结构，即“两头轻，中间重”

此次调查对象的年龄结构分布为：在20～30岁之间的人数达307人，占34.15%；30～45岁之间的比例最高，达460人，占51.17%；年龄在45～60岁的调查对象人数居第三位，达123人，占13.68%。

通过年龄与生活负担感受进行对比，我们做了相关性分析。分析发现：不同年龄阶段的人对生活负担的感受程度不同。20～30岁这个年龄段的青年人基本上是大学毕业参加工作不久及刚刚成家立业的，经济上开始独立，开始靠自己的薪水过日子了，对生活负担的感受比较感性，同时为了使将来的日子能过得更舒适、更有幸福感，又要理性地计划各方面的生活支出。但这个群体由于许多人还没成家，没有为买房、买车、孩子教育等问题而四处奔波或负债累累，所以不会觉得生活负担很重。30～45岁这个年龄段的人正是各行各业的业务骨干，同时在家庭组成上，上有老下有小，来自工作和家庭的压力都比较大，对生活负担具有最真切、最紧迫的感受，这一群体感觉生活负担最重。45～60岁这一群体一般是单位里的中坚分子，无论是经济地位还是政治地位都处于较稳定的中上层，这一群体对生活负担的敏感度会相对降低。

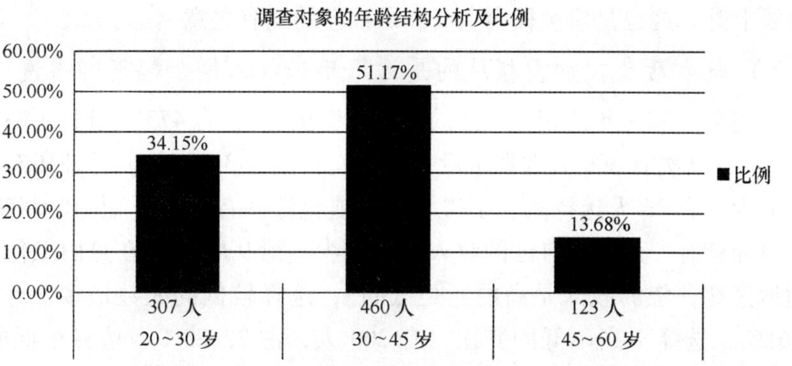

图 4－1　调查对象的年龄结构及所占比例

（二）市民普遍感受生活负担较重，而且有日益加重的趋势

问卷第 1 至第 12 题基本上是衡量对舟山生活负担的主观感受。第 1 题，“您觉得在舟山生活，生活负担重不重?”选择“有点重”的人最多，达 438 人，占 48.72%；选择“很重”的其次，达 302 人，占 33.59%；也有 135 人选择“不重不轻”，占 15.02%；选择“有点轻”和“很轻”的各有 3 人；选择“不好说”的有 22 人，占 2.45%。

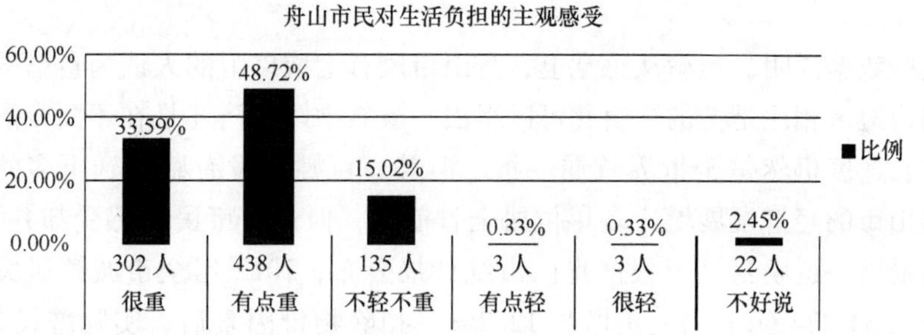

图 4－2　舟山市民对生活负担的主观感受

选择“很重”和“有点重”的人数合计达 740 人，占 82.31%。这是一个比较沉重的话题，有八成以上的调查对象认为在舟山生活负担有点重或很重，这绝对会影响舟山市民的幸福感。我们认为新区各级政府应该认真地反思这个问题。解决民生问题关键是要联系老百姓的日常生活，把工作落到实处。民生问题有许多方面的体现，如教育、医疗、住房、养老、婚育、食品、出行（或交通）等，生活负担是民生问题的总体反映或集中体现。因此，如果生活负担降低了，八成以上的居民对生活负担的评价是不重不轻或有点轻的话，这个城市市民的幸福指

数会直线上升。这也是建设社会主义和谐社会的应有之意。

（三）与生活负担加重相反的是近三年来收入增加幅度却很慢

第6题是“和三年前相比，您的收入有变化吗”，有473人选择了略有增加，占52.61%；其次有309人选择了没有什么变化，占34.37%。另外还有70人选择略有减少，有23人选择减少了很多，两项合计共有93人，占10.34%。说明十个人里面就有一人认为自己的收入是在减少。第9题是“在舟山工作或打工，与周边地区比，您的收入是高的还是低的”，选择较低的人数最多，有473人，占52.61%；选择不高不低的其次，有200人，占22.25%；选择很低的有157人，占17.46%；选择较低和很低的总数达630人，占70.08%。

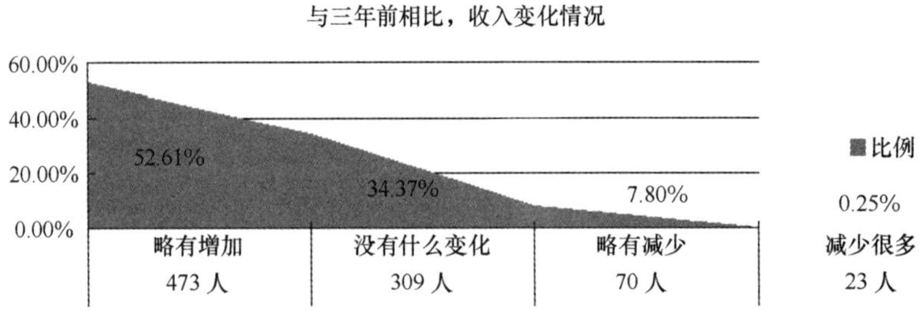

图4-3　与3年前相比收入变化情况

这些数据说明，至少从感觉上，舟山市民有七成以上的人认为自己的工资水平与周边地区相比是低的。由此可以得出，虽然中国经济还是在不断发展，经济总量增长速度仍然是全世界首屈一指，但普通百姓并没有感受到更多的发展实惠。舟山市的经济发展增速多年位居全省前列，但舟山市民的感受却并不明显。问卷的最后一道题目是“根据舟山市统计局公布，2012年全市城镇居民人均可支配收入34 224元，比上年增长12.2%，扣除物价因素后，实际增长10.3%，比上年提高了3个百分点，对此，您的评价是什么”，有456人选择了“没感觉，有点被增长的味道”，占50.72%。只有19人（占2.11%）选择感觉很明显，收入确实在增长。

（四）家庭可支配收入与生活负担主观感受呈负相关性

根据调查数据，家庭可支配收入额度分布如下表：

3 000元以下	3 000~6 000元	6 000~1万元	1万~1.5万元	1.5万~3万元	3万元以上	不固定
195人	413人	188人	42人	15人	11人	35人
21.69%	45.94%	20.91%	4.67%	1.67%	1.22%	3.89%

从上表可以看出，工薪阶层家庭每月可支配收入大体上在1万元以内，其中有四成五的人每月可支配收入在3 000元至6 000元之间，这个收入的确是不高的。以一个家庭每月可支配收入6 000元为例，两个月的家庭收入不吃不喝才能勉强买1平方米的商品房，一年的收入只能买6平方米的商品房，一套120平方米的商品房按现有工资收入需要挣20年。

从上表还可以看出，单就工薪阶层而言，家庭每月可支配收入在6 000元以下的占了67.63%，而家庭每月可支配收入在1.5万元以上的仅占到约3%，高收入的群体所占比例还是比较低，贫富差距还比较大，说明我们这个社会还是一个典型的金字塔型社会，离社会学家所倡导的建设橄榄型社会还有很远的距离。

另外，此次调查结果再次证明了，家庭可支配收入的多少与生活负担感受程度的轻重呈现出负相关性。家庭可支配收入多，生活负担较轻；反之，则较重。

当然，这与我们选择的调查群体的职业有关，私营企业的商场，国有企业的电信、银行，事业单位的中学教师等女性的比例一般都大大超过男性。而在海运、港口、船舶修造、交通运输、资源开发等行业就业人员中男性要比女性多得多。女性对生活负担的敏感度要比男性高，因为生活负担的感受主要来自日常生活中的"衣"、"食"、"住"、"行"、"育"等几个方面的消费，而这些方面的支出大多数家庭都是女性掌控的。不过以职业女性为主要调查对象也有它有利的一面，因为在第4个问题中，涉及调查对象的家庭可支配收入，仍然有近4%的人回答不清楚或不固定，其中主要为男性。同时，由于生活支出多，每个月的储蓄减少，可支配的收入便随之减少。第7题问"您每月收入的多少存起来"，选择最多的是"不一定，花剩下的就存上"（329人，占36.60%），其次是"存一小部分"（229人，占25.47%），还有196人选"月光族"（占21.80%）。可见，储蓄不高也是可支配收入不多的原因之一。

（五）生活支出主要还是在住房和食品等基本物质层面，恩格尔系数较高

恩格尔系数是国际上通用的衡量居民生活水平高低的一项重要指标，一般随居民家庭收入和生活水平的提高而下降。根据恩格尔系数定义，在总支出金额不变的条件下，恩格尔系数越大，说明用于食物支出的所占金额越多；恩格尔系数越小，说明用于食物支出所占的金额越少，二者成正比。对于此次调查，我们发现，舟山市居民的可支配收入在日常基本衣食住行等方面占据较大比例。这说明舟山市恩格尔系数还是比较高。

第3题是调查、了解市民近三年在哪些方面花销最大，为多选题。根据选择人数的多少，前五项依次是买房、租房（554人，占61.62%），一日三餐（338人，占37.60%），孩子上学（328人，占36.48%），日常生活支出（276人，占

30.70%），买车用车（197人，占21.91%）。紧随之后的是社交、人情、医疗保健、服饰、化妆等。买房、租房是一个家庭的最大开支，在房价虚高的今天似乎是毫无悬念的。但是一日三餐的支出居然排在了第二位，这有点令人始料不及。

同样第18题也许验证了这个结果，这是个定量调查题，问“您每个月在一日三餐的费用支出大概是多少?”，结果，有420人（占46.72%）选择了每月支出1 000元以上，可见一日三餐的费用的确不低。2009年我负责组织的调研课题“舟山市民的菜篮子为何越拎越重”还是有一定的社会意义的，即使过了四年，在今天来看也不失其社会价值。一日三餐说到底是菜篮子和米袋子的问题。虽说我们国家早就解决了老百姓的温饱问题，这是一项了不起的成就，但是改革开放三十多年后的今天，我们不仅要吃饱，还要讲究吃得营养、卫生、安全、健康。可是一个家庭如果把一日三餐的开支作为一笔很大的生活开支的话，说明生活质量并不高。

一个类似的问题是“近三年，您感觉哪些方面涨价最快”，排在前五位的分别是买房、租房（733人，占81.54%），一日三餐（500人，占55.62%），日常生活支出（253人，占28.14%），孩子上学（156人，占17.35%），服饰、化妆品（153人，占17.02%）。与上面的问题对照来看，前两项没变，也就是买房、租房和一日三餐既是家庭支出最大的两项，又是近三年来涨价涨得最快的两项支出。第三项和第四项对调了，孩子上学的涨价速度比日常生活支出慢，日常生活支出涨价速度更快。支出方面排第五位的是买车用车，而涨价快的第五位却是服饰、化妆。尤其是服饰价格上涨幅度大，这一点很明显。现在到商场去转一圈，有品牌的服饰动辄就数千元，上万元一套的服饰也已经很平常了。至于孩子上学，义务教育阶段是不用缴费的，大学里的学费最近十多年好像都没涨过。调查结果与笔者的主观感受是非常吻合的。

另外，对于“和三年前相比，您现在的生活负担是重了还是轻了”，这个题目，有623人选择更重了，约占七成。后面两个问题的回答正好可以与本问题的回答相互印证。第4题是“与周边地区相比，您觉得舟山的物价如何”，有520人选择很高，有362人选择较高，两项合计达882人，占调查总数的98.11%。也就是说九成以上的人认为舟山的物价水平是高的。

（六）生活负担较重的感受主要来自于高物价和高房价，而形成高物价和高房价的原因也很复杂

“如果一个家庭有储蓄的习惯，那么储蓄的目的是什么呢?”排在前五位的分别是防备急用（495人，占55.06%）、给孩子攒上学费用（394人，占

43.83%)、买房(393 人,占 43.71%)、养老(324 人,占 36.04%)、买车(166 人,占 18.46%)。由此可以看出,多数人储蓄的目的除了防备急用外,首当其冲的是为了一个孩子和一套房子(两项占比基本相等),养老还是第三位的。

第 10 题是"如果您觉得舟山的物价较高,那么可能的原因有哪些",选择"物流成本较高"的人最多,其次是认为"销售商追求高利润",有一部分人认为是各种税费太高(选择的人数列第四),也有相当一部分人说不清楚(选择的人数列第三)。选择其他原因有 28 人,占 3.11%。其他原因包括:房价高,仓储费用高或超市租金高等。

第 11 题为"您认为舟山的房价怎么样",有 717 人(占 79.76%)认为"与收入相比,太高了"。有 156 人(占 17.35%)认为"较高",两项相加共有 873 人(占 97.11%)认为舟山的房价太高或较高。第 12 题是分析房价高的原因。持有"买房或炒房的人太多"这一观点的人最多,达 412 人,约占 45.83%;其次是认为"地价太高",有 356 人,约占 39.60%。有 91 人(占 10.12%)认为"说不清楚"是什么原因。

(七)市民精神生活消费有待提高

随着社会经济的发展,人们用于必要生活活动和家务劳动的时间逐渐减少,这方面的生活支出也提高了在可支配收入中所占的比例。闲暇时间增多,对闲暇活动的追求也逐步提高。精神生活已成为衡量居民生活质量的一个重要指标。本次问卷调查发现,舟山市民的精神生活消费比例较低,精神生活消费的社会性程度和活动层次也较低。

关于精神生活方面的消费,我们专门设计了四个问题(分别是第 13、15、16、17 题)。第 13 题是"您每年是否有外出旅游计划",选择最多的是"没有计划,且近一年来从未安排外出旅游",有 386 人,占 42.94%;其次是选择"没有计划,但小长假基本上会安排短途旅游",有 246 人,占 27.36%;选择"有计划,每年至少一次外出旅游"的 236 人,占 26.25%。

第 15 题是"近一年来,您去电影院看电影的频率是多少",选择"偶尔会去"的最多,有 538 人,占 59.84%;选择"经常去"的其次,有 218 人,占 24.25%;另有 95 人(占 10.57%)选择"从来不去"。

第 16 题是"假如有一场高雅音乐会在舟山剧院演出,须购票观赏,您会怎样对待",选择最多的是"如果是免费观赏,会考虑去",有 367 人选择该项,占 40.82%。有 222 人选择"会考虑去,但要看票价是否合适",占 26.69%。还有 293 人(占有 32.59%)因为对高雅音乐不感兴趣,无论怎样都不会考虑去。以上的数据可以推断,喜欢或愿意欣赏高雅音乐的人还是大有人在的,只不过,当一日三餐的支出已经成了较大的生活负担时，对高雅音乐的爱好也只能让位了。

第17题，“近一年来，您用于购买书籍的费用大概是多少”，对这个问题设置了四个选项，各选项的选择人数及比例如下表：

500元以下	500~1 000元	1 000元以上	不清楚
469人	203人	66人	161人
52.17%	22.58%	7.34%	17.91%

超过5成的人一年购买书籍的费用不超过500元，这说明我们这个城市阅读的氛围还不够浓厚。现在很多人热衷于看网络小说、网络文学，这虽然也是一种阅读，但这种阅读毕竟是一种快餐式阅读，或是浮光掠影式地阅读，而大量的高雅作品、有珍藏价值的作品，还是以传统的纸质作品传播着，阅读这些世界范围内的精神文化产品，就好像触摸人类的灵魂，与文化大师们交流和对话。阅读必要的纸质作品是网络无法替代的。

精神生活方面的支出情况，反映了一个城市的活力和吸引力。为什么大学毕业生愿意忍受高房价，心甘情愿当“蚁族”，再苦再累也要想方设法挤进大城市生活，除了大城市机会多、跳槽比较容易外，大城市的文化品位高，精神生活方面的消费需求容易得到满足也是一个不能忽视的重要原因。因为人毕竟是社会动物，是要讲精神追求的。

（八）生活负担的高低严重影响着城市吸引力

一个社会，当生产力水平没有显著提高，社会财富总量没有显著增加的情况下，提高工资水平，必然带来物价上涨，乃至通货膨胀。发达国家之所以发达，是因为整个国家生产力水平高，单位时间里整个社会生产出来的物质财富总量大，所以即使工资水平不高，生活也过得很舒适。2008年，笔者随学校考察团赴英国高校考察，发现英国高校里的教授，平均年薪也就在4万~5万（英镑）的水平，看起来似乎并不高。但是英国公民看病不用花钱，义务教育阶段公立学校教育全免费（占学生总数的94%），孩子从出生开始可以享受国家的多项福利，乃至吃的奶粉都是由国家免费提供的。前几年浙江海洋学院外国语学院派出几批教师赴加拿大高校开展短期培训，教师回校后，普遍感受是在加拿大生活，物价真便宜。花一加元，就可以买一大袋土豆，新鲜牛奶更是比国内便宜。生活必需品的支出占加拿大人的工资收入的比重是很低的。

在舟山生活的年限及学历层次，调查对象中，土生土长的舟山人占绝大多数，达467人，占51.95%；在舟山生活了10年以上的人数居其次，达264人，占29.37%。

学历层次上，大学学历（含大专、本科）占比最高，达597人，占66.41%；其次是中学或中专学历，达212人，占23.58%；硕士研究生以上与小学及以下人数接近，分别为44人和46人，占5%左右。调查对象中大学以上学历（含大学、研究生）的人数占调查总数的六成以上，总体上来说调查对象的学历层次是比较高的，而学历层次比较高的群体在舟山生活对生活负担的感受如何，就很能说明舟山这个城市是否有较大的吸引力。

从调查得出的数据中我们可以看出，生活在舟山，不同年龄段的人们都感到生活负担较重，并且近几年伴随着物价显著上涨的同时收入并未明显提高，在住房、食品等方面的支出占据了较大比例，而闲暇时间和精神生活也没有得到扩展和提升，这些主观感受会大大影响舟山城市的吸引力和竞争力的提升。

四、降低市民生活负担的对策及建议

要降低生活负担，从长期来说，必须要提高劳动生产力。从短期来看，要么提高工资性收入，要么物价指数下降或工资性收入的增长快于物价指数的增长。物价和收入之间的关系在不断变化，有如下几种情形：

收入状况	物价提高	物价不变	物价下降
收入提高	可行，不理想	较理想，可行	可行，最理想
收入不变	不可行，不理想	不理想，可行	可行，较理想
收入减少	最不理想，不可行	不理想，不可行	可行，不理想

从以上表格可以看出，最理想的是收入提高，物价下降；其次是物价下降，收入不变，或收入提高，物价不变；最糟糕的是收入减少，物价却在涨。

从当前来看，比较可行的，具有较强操作性的是稳定收入，控制物价或收入能稳步增长（与GDP增速能基本同步），物价保持相对稳定。

降低居民生活负担，提升居民的生活质量，增加城市吸引力和竞争力，各级政府都有不可推卸的责任。地方政府除了宏观上不要盲目追求经济的增速，要科学决策，一定要避免决策失误带来的巨大损失，微观上也要关注民生，真正把减轻当地市民的生活负担作为己任。具体对策上可以考虑以下举措。

第一，适量提高总体工资水平。民营企业在过去的几年之中，工资水平增长是比较快的，虽然这种增长是被动的，是企业主迫不得已做出的让步，但是做出让步之后，企业主会有意外的发现，企业的效率提高了。而事实上，古今中外的经济发展史都表明，一家企业如果实行的是高工资，这家企业的市场竞争力就强，企业员工更有敬业心，对企业就更加忠诚。20 世纪六七十年代，日本的经济腾飞就是一个很好的例证。

但国家机关、事业单位与企业不同，它有体制障碍，不可能像企业主那样，可以根据企业的效益随行就市地提高员工的工资。公务员、事业单位人员要结合一个人的职称、学历、行政级别等。还要与一个地方的财政收入水平，供养人员的规模等各方面影响因子相协调，工资水平的确定是个很复杂的系统。所以公务员、事业单位人员的工资水平总体不高，增速也总是落后于 GDP 增速。因为调查对象最大的群体是事业单位，所以大家对经济发展增速和收入增加的感受是比较弱的。而物价水平的提高，恰恰使那些靠工资吃饭的芸芸众生感到有一种被剥夺感。不少有良知的学者已经指出，过去 30 多年的改革开放，中国经济始终保持了两位数的增速，其中一个重要原因是廉价劳动力，但中国不能永远为世界打工。许多外商到了中国，宁愿放弃已经使用多年的技术，用廉价的劳动力替换了其实已经并不那么先进的机器。“低薪陷阱”导致了“低技术陷阱”。① 这最终会成为经济发展的一大障碍。因此，在地方经济发展的进程中，适量提高居民整体工资收入，能够一定程度上缓解生活负担的压力，从而保持地区发展的前进动力。

第二，要尽可能提高农副产品的自给率。因为通过调查了解到，市民一日三餐的支出已经成了仅次于购房、租房支出的第二大支出。所以要尽可能提高农副产品的自给率。从地理位置上来说，舟山处于消费的末端，如果大量的农副产品从外地批发，在舟山市场的销售价格肯定要高于宁波等周边地区。所以要提高自给率，政府要适当引导，对从事农副产品种植、养殖的大户，给予一定的价格补贴。如何提高农副产品的自给率，由本人主持的 2009 年调研课题“舟山市民的菜篮子为何越拎越重”已经做了较为详尽的论述，在此不再重复。

第三，搞活水产品市场流通，减少中间环节，消除市场垄断行为。一个不可思议的现象不得不令我们反思。舟山市场上从事水产品批发的商贩要舍近求远地跑到宁波市场去批发。菜场里销售的水产品有很大一部分是从宁波绕道而来的，这是一种典型的“出口转内销”现象。这一结果必然导致舟山市场上的水产品既不如宁波的新鲜，又比宁波的贵。笔者曾深入到码头、渔船、菜场做过调查，原因也比较复杂，主要是两方面的原因：一是宁波的市场大、销量就大，渔民心

① 薛涌，低薪是中国的比较优势吗?，《仇富》P48，凤凰出版传媒集团、江苏文艺出版社，2010 年 1 月第一版。

甘情愿地把水产品运到宁波销售；二是舟山的市场有垄断现象，因为市场小就容易被垄断。政府还得重视这一问题的应对，否则市民们会有抱怨，生活在海边，却要吃比内陆城市还要贵的海鲜。通过鼓励渔业合作社自捕自销，或降低各种交易税费的办法，让舟山渔民的海鲜能有很大一部分留在本地市场销售，这样才有可能降低水产品价格。当供大于求时，价格自然就降下来，市场规律谁也不能违背。

第四，尽可能降低各种税费，鼓励发展农超对接，降低本地车辆过连岛大桥的通行费。除了菜市场面向菜贩子的税费要降低外，对那些自产自销的农户，要尽可能免收各项税费。摊位费不能以竞标的方式获取，可以采用摇号的方式或抽签的方式产生。农超对接是个不错的办法，减少了许多中间环节。但许多超市由于是租房经营，房租要平摊到农副产品上，所以农副产品的售价上并没有很大的竞争优势。

减轻市民买车用车负担方面，除了尽可能发展好公共交通外，建议降低停车费。还有为方便市民自驾车外出，减轻负担，建议舟山跨海大桥收费改革，对舟山本地牌照汽车实行半价收费。目前，舟山有不少人的工作在外地，家安在舟山，隔三差五要驾车经过跨海大桥，对大桥收费苦不堪言。按每个周末回舟山一趟，一个月少说过桥费就得花八百元。对于菜篮子工程专用车，大桥费尽可能给予减免。

第五，尽可能集中、统一进货渠道，形成规模效应，降低流通成本。笔者曾致电市物价局，咨询价格监管工作及询问为何舟山的商品价格普遍比外地高时，价格监管处的干部解释说，现在市场上的商品绝大多数是放开的，只有少数有可能形成垄断或者关系到国计民生的重要商品要实行监管。价格监管有严格的监管商品目录，必须严格按规定操作，不能随意干预市场。关于舟山的物价普遍比其他地方高这一问题，物价局的干部解释说，主要原因还是地理位置较偏及进货渠道受限制。地理位置无法改变，那只有从进货渠道上下工夫。舟山各大超市对那些群众生活必需的，销量比较大的，有品牌的商品可以集中、统一进货渠道，如饮料、酒类、奶制品，这样便于降低进价，同时又保证质量，还可以降低流通成本。中国的商品流通成本在全世界来说也是比较高的，商务部长陈德铭说我国的商品流通成本有减半的空间。① 这项工作可以由市工商联或行业协会来牵头。

第六，为年轻的大学毕业生提供特价房或公租房。在这里我无意分析中国房地产市场和政策的是是非非。有太多的领导、专家和企业家做过太多的分析、评价、预测，有的观点甚至截然相反。众说纷纭，众口难调。谁也说不清，谁也道不明。中国的房价逼得无数家庭吵吵闹闹、分分合合，逼得无数百姓焦躁不安、扼腕长叹。有人窃喜，因为他实现了一夜暴富的梦想。有人痛不欲生，因为他失去了一

---

① 商务部长陈德铭：物流成本有减半空间，经济参考报，2012-03-09

次暴富的良机。假如说全中国的人都被房价牵动着神经，那真是国家的悲哀，民族的不幸！是社会上拜金主义盛行，还是顶层设计有问题？没人能说清楚。

大学毕业生刚出校门，没有丰厚的经济收入，要想靠自己的薪水买房可能一辈子都是奢望。现在商品房价格在高位运行，大多数的刚需人群是大学毕业没几年的年轻人，他们要购买商品房首付必须仰仗父母和亲戚朋友，否则只能“望房兴叹”。作为新区政府，要为这批年轻人的住房问题考量，这是引进和留住优质劳动力资源的必要手段。几年前去宁波杭州湾新区考察，了解到杭州湾新区有一个很值得借鉴的做法，他们规定只要与落户杭州湾新区的企业签订正式合同，工作年限达到一定标准之后的大学毕业生就可以购买政府提供的特价商品房，特价商品房比市场价要低 30% 以上。这一做法果然很灵验，不仅大大地吸引了大企业纷纷落户杭州湾新区，也很快地吸引了外地的大学毕业生纷至沓来。因为企业不仅关注投资环境，也很关注用人环境。劳动力资源是第一要素，没有高素质的劳动者其他工作都白搭。此外，为了加快新区的建设步伐，吸引高层次人才来新区就业，对高层次人才要实行特殊的政策，在住房、福利待遇上要给予倾斜，不要让高层次人才在舟山的高房价、高物价面前而怯步。

生活负担的轻重关系到民生，影响着每个城市市民的幸福感，影响着一个城市的吸引力和竞争力。减轻生活负担，提高生活品质，关乎老百姓的切身利益。发展市场经济，政府应该有所为、有所不为，但面对超过八成的市民觉得生活负担沉重的时候，地方政府就不能视而不见了，应该有所为，而且有所大为，这本是政府的责任。党一直主张要问计于民，问需于民，要关注民生，没有什么大道理可讲，就是要关注老百姓的一日三餐，衣食住行。舍掉了这个本，任何亮丽的政绩都是舍本逐末。

后记

2011 年舟山群岛新区被国务院批准设立后，不少外地企业纷纷进驻舟山，总部设在杭州的新通国际留学中介机构也是两年前进驻舟山的企业之一。舟山分公司的总经理姓陈，是从宁波分公司派来的，他第一次来我办公室洽谈合作事宜，我和他聊起了公司经营情况，他毫不隐瞒地告诉我，舟山市场小，生意不好做，同时他说，在宁波他工作了八年，已经非常熟悉、习惯宁波的生活，但来舟山后，感觉很不习惯。那么，宁波和舟山隔海相望，一桥相连，语言也很接近，怎么会不习惯呢？实际上这个“不习惯”是指在舟山生活成本太高、消费支出与收入严重背离。

无独有偶，2013 年 6 月份，浙江海洋学院与舟山市委党校联合举办一个学术研讨会，研讨会期间邀请了一名舟山港综合保税区挂职的干部做了场关于舟山港综合保税区发展前景的报告。这名挂职干部是从宁波梅山保税区派来的，是一名博士干部，他在报告中也毫不讳言地指出：与宁波相比，舟山的生活成本相对较高，不利于吸引高层次人才落户舟山，像他这样拿宁波的工资来舟山生活都觉得生活负担重，更不用说舟山本地人了。并且，他还补充说这是他碰到的许多来舟山挂职干部的普遍感受。

四年前，几名年轻教师承担了一项市工商局委托的调研课题——“舟山市民的菜篮子为何越拎越重?”在课题调研期间，他们跑遍了定海、普陀城区的所有菜市场，市金叶蔬菜批发公司，普陀国际水产城及市菜篮子工程办公室，市场服务局等单位，还到了宁波江北区、江东区、海曙区的五家菜市场，调查了一百多位商户、消费者，深入调查了蔬菜、肉类、豆制品、海鲜等生产、批发、销售渠道及价格形成机制，对舟山市民菜篮子为何越拎越重做出了实事求是地分析，并提出了应对之策。可是四年过去了，市民的菜篮子还是这么重，改观似乎不大。可见要减轻市民的生活负担还真不是件容易的事。

本调查无论在调查问卷的设计还是调查对象的选择上都还有这样那样的问题和不足。如：一是没有包括农民和渔民两大社会群体，外来务工人员中的不少人已经成为舟山的新居民，这一群体基本上没被列为调查对象。这是本次调查的最大不足。因为渔民在舟山的就业人口中的比重是比较高的，根据舟山市2012年统计年鉴，全市渔业人口约20多万人，其中渔业劳动力人口约10万人，从事捕捞业的约5万人。① 没有把这个群体纳入调查对象，是一个很大的缺憾。舟山市民应该是广义上的市民，即所有户籍在舟山的市民均可计算在内，而不仅仅是指城镇里的居民。二是对生活负担比较敏感的60岁以上的老年人没有列入调查对象。根据2010年第六次全国人口普查，舟山市60岁以上的老龄人口已经超过17万人，占常住人口的15%以上，人口老龄化严重。② 据说“舟山市民的菜篮子为何越拎越重”课题，起因是一部分退下来的老干部老领导感觉舟山的菜价太贵，希望市领导引起重视并采取切实可行的措施加以调控。

然而，毕竟是一名高校教师带着几位学生对舟山群岛新区的民生问题做出的一点小小的探索和思考。2013年的暑假很热，两个数据突破了舟山历史上的气象记录。一个是高温天的温度，最高一天曾达到42.3℃；一个是持续高温的天数。开始本想白天在路边、广场上随机找一些人填写调查问卷，但由于天气太

---

① 参见舟山群岛新区统计信息网2012统计年鉴，http：//www.zstj.net/tjnjData/ShowArtilce.aspx?Year=2012&No=047.

② 同上。

热，没人会理睬你。到晚上稍微凉爽了一点，但视线太差，也没人会帮你在路灯底下填写问卷。最后，只好选择一些单位，利用上班时间到单位去找人填写。

在银行发放调查问卷时，曾碰到两位本校的同事，她们问我干什么，我说带学生一起搞社会调查。她见我和学生一起在发问卷、收问卷，还一个劲地不停地谢谢那些帮助认真填写问卷的人。同事半开玩笑地对我说："干嘛这么认真，回办公室编几个数据不就可以了。"听她这么一说，我有点愕然。我说没有调查就没有发言权。虽然比较辛苦，但通过实地调查，仔细认真地统计数据，最后形成的报告心里就踏实。

前后参与调查的学生有胡学威、郑佩雯、胡妙妙、傅王正、丁星慧、陈婷。潘丽君参与了后期的统计工作。调查问卷设计和调查时曾得到管理学院蒋逸民博士的帮助，在调查过程中得到了市委副秘书长徐全昌、市政府综合九处处长许平、市委宣传部宣传处处长徐玲芬、副处长邱伟、市人大办公室副主任邵姜群、普陀区政府办公室副主任陈明雷、普陀区新闻中心主任王跃平、扬帆集团船舶设计院副院长夏晓浩、建设银行舟山分行人力资源部经理王增誉、人事干部郑枫、中国电信舟山分公司政企部经理洪斌、销售经理林莹等人的大力支持，还有许多热心帮助、热心参与的单位负责人、办公室同志，在此不一一列出名单，向他们表示由衷的感谢！

调查过程中碰到了不少酸甜苦辣，也吃了很多闭门羹，但为了完成任务，我们也只好硬着头皮，壮着胆子，敲开一个个单位的大门。

在凯虹广场向商场营业员发放调查问卷，其中有一位中年妇女一听说我们是在调查市民生活负担问题的，非常积极，还一个劲地说这个调查好，是应该把他们这些生活在社会底层的市民状况好好反映反映。在认真填写好一张问卷后，她又意犹未尽地问还有没有问卷需要填写。这一幕深深地刻在我们的脑海里，这也是促使我和我的学生们冒着酷暑，认真地完成调查任务并撰写出报告的根本动力。

参考文献

1. 罗栋：《城乡统筹视角下的中国居民生活质量研究》，《经济问题探索》2011 年 2 期。
2. 刘煜：《试论我国物价形势及对策分析》，《神州》2011 年 11 期。
3. 冷淑莲等：《价格上涨对城镇低收入居民生活的影响与对策》，《价格月刊》2008 年 2 期。
4. 陈英凤：《如何消除中等收入者群体性焦虑》，《办公室业务》2012 年 6 期。
5. 宁波市社科院课题组：《建立保障蔬菜供应价格的长效机制》，《宁波经济》2011 年 11 期。
6. 张居正，孔德立：《老百姓负担加重》，《云南政协报》2010 年 10 月 25 日，第 6 版。
7. 黄丽嫦：《都市白领受生活重压 亚健康状态催生零帕文化》，《信息时报》2010 年 7 月 1 日。

给生活注入轻松活力

——基于舟山市民生活负担的调查

胡妙妙
指导老师　方志华

【摘　要】　市民的生活负担这一问题，由来已久，在每一个城市以不同的姿态存在着。对于以旅游和渔业为特色的舟山而言，其鲜明特色不言而喻。虽然“市民生活负担”在舟山群岛新区发展诸问题中并非很深层的问题，但却可能是最敏感、最实际和最受关注的问题，也是一个最能带动市民参与新区建设积极性的直接手段！通过实践了解舟山市民生活负担的现状，提出建设性建议，给舟山市民的生活注入些许轻松活力是我们本次社会实践的目的和意义所在。

【关键词】　舟山；生活负担；轻松活力

一、调查背景

舟山自然环境优美，风光旖旎，由于南部生活区企业数量较少，空气清新，整体上富有一种安静又不乏生命力的感观，是一个集养老与度假休闲的好去处。随着舟山群岛新区的不断建设，城市发生着日新月异的变化，百货商厦拔地而起，道路公路加宽匀平，外地企业不断加盟。舟山人民的生活看似正朝着美好的前方快步前进，但有一条伤疤却一直存在着，隐隐作痛。这就是舟山市民的生活负担。这是社会发展最基层的条块，也是群岛新区建设的一个重要版块。所以我想就如何减轻市民生活负担，提高市民生活的轻松度，展开我们的调查。

本次调查主要采取了问卷调查法和访谈法。对公务员、事业单位员工、国企

作者简介：胡妙妙，浙江海洋学院行政管理专业 2011 级在读本科学生。

员工、私企员工以及其他面对问卷没有压力的职业工作者采取问卷调查的方式。对渔民，主要采取访谈的方式进行。我们主要走访了舟山市人民政府、新舟山医院、乐购商场和朱家尖各个经济合作社、社区、村委会等单位。调查对象的年龄主要集中在20~50岁之间正值工作期的男女，他们有些是土生土长的舟山人，有些是外地人。

二、舟山市民生活负担现状

在调查中，市民们纷纷反映自己的生活负担沉重，在问卷中体现亦如此。如图4-4所示，近乎80%的舟山市民认为他们的生活负担重，其中一半的市民觉得他们在舟山的生活负担很重，有些许的超负荷。调查中发现，一些中高收入的市民，比如公务员、事业单位员工、国企员工，也认为他们在舟山生活存在一定的负担，更不用说一些私企的基层员工。撇开他们负担的轻重程度不讲，至少我们可以发现在舟山生活的负担涉及工作性质宽泛，被困扰的市民数量多。另外，15%的市民则认为他们的生活负担不轻不重，虽不敢太过于奢华，但还过得轻松自在，没有负担。这是一种理想的生活状态，但所占的比例不高。剩余近乎2%的市民认为他们的生活负担较轻，也许这部分的人正是舟山的富人们吧。可以说，生活负担的有无好比是盈余与赤字的关系，继而直接影响了参与丰富多彩的社会娱乐生活的活跃度，而其中真正作为活动因子的是物价和收入。

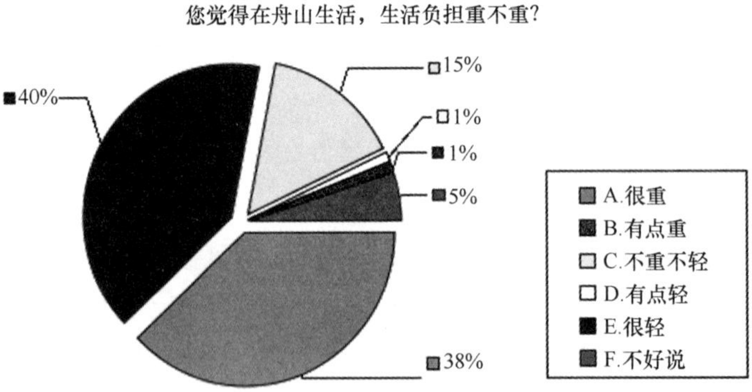

图4-4 “您觉得在舟山生活，生活负担重不重”的统计结果

1. 一路上涨的物价促人窒息

近几年来，物价上涨一直是大家谈论、抱怨和愤恨的焦点话题，事实上物价的确是处于不断上升的变化之中，而且生活品最具代表性。随着城市的不断发

展，群岛新区的不断建设，纵使市民的消费意愿有所上升，也会被这重重的物价瞬间压得化为乌有。具体数据如图 4-5 所示，近乎 90% 的市民将支出最多投给了一日三餐和买房、租房这两个生活最基本的方面。就物价上涨最快一项，市民依然认为是一日三餐和买房、租房两方面。原本吃、住就已经占据市民可支配收入的大部分，可如今生活的必需品仍在一路上涨，市民生活的其他需求正不断被磨灭、挤压，这种被动消失同时也会导致市民生活的心理负担，压得有些窒息。

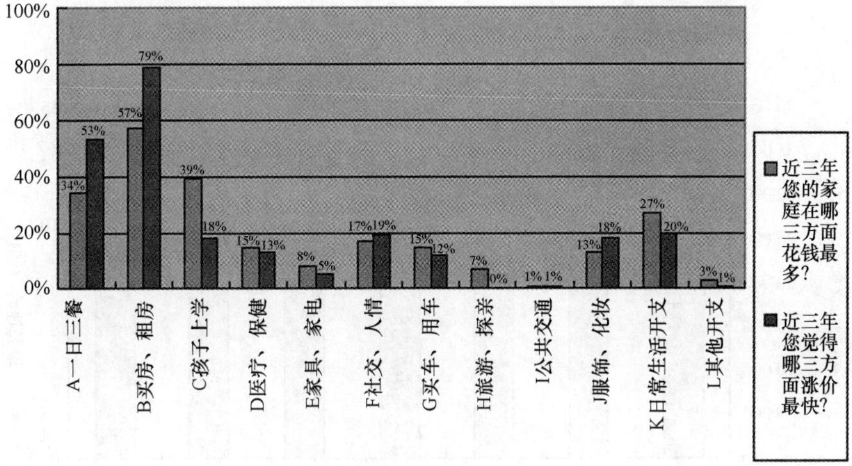

图 4-5 市民花钱方面与物价上涨方面对比图

注：根据“近三年您的家庭在哪三方面花钱最多（可选三项）”和“近三年您感觉哪三方面涨价最快（可选三项）”两道题调查结果的整合编制。

2. 略微增加的收入使人无奈

如今绝大多数市民的收入主要还是工资，只有些许市民的收入中包括投资。如图 4-6 所示，近乎 90% 的市民觉得他们的收入基本没有变化或者略有增加。这与舟山市统计局统计的“2006—2012 年，市民人均可支配收入及其增长速度”结果相呼应，有着异曲同工之妙。具体数据如图 4-7 所示。虽然 2009—2012 年之间，市民的人均收入的确有所增加，但增长速度缓缓渐升，另外“人均”概念必须客观看待。又因为 2011—2012 年间，收入增长速度猛地下滑，似乎市民的收入增长得更加缓慢了，略微增加的收入与一路上涨的物价相较，不禁让市民深感无奈。

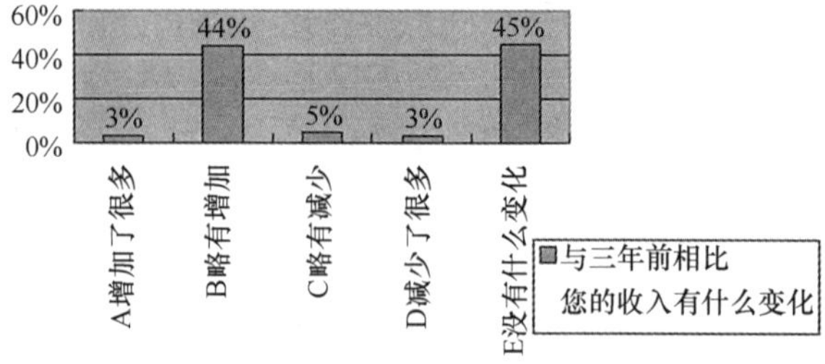

图4－6　“与三年前相比，市民收入的变化”的统计结果

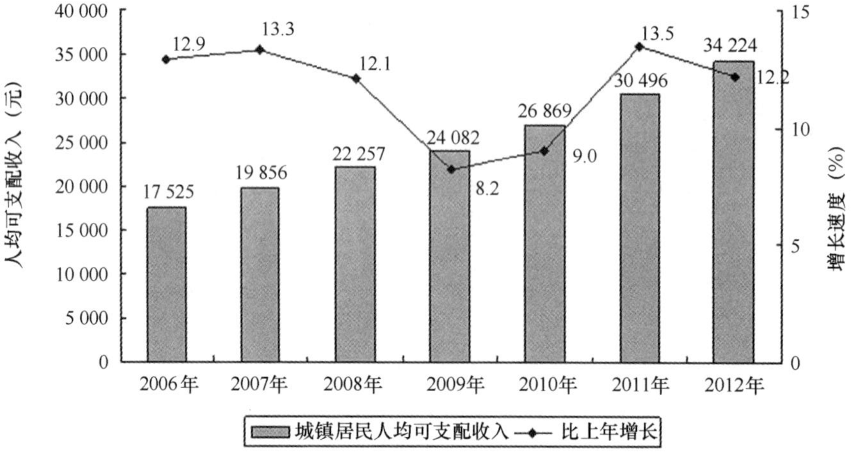

图4－7　2006—2012年城镇居民人均可支配收入及其增长速度①

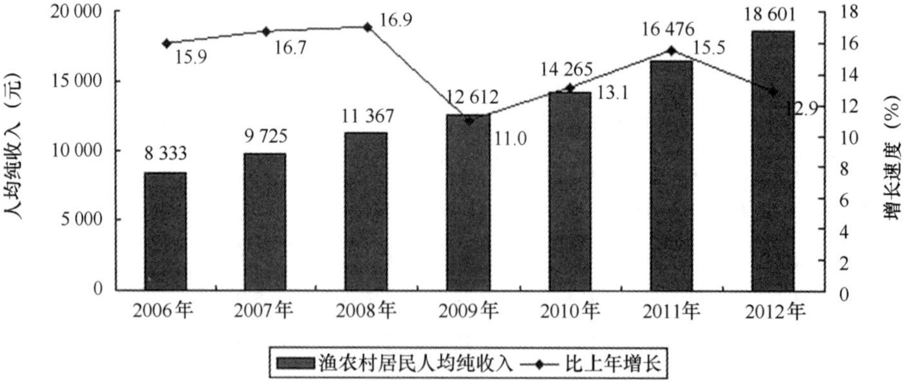

图4－8　2006—2012年渔农村居民人均纯收入及其增长速度①

① 数据来源：《舟山市2012年国民经济和社会发展统计公报》。

3. 丰富多彩的娱乐生活令人兴叹

娱乐生活，其实是指在非工作期间所做的欢娱行乐的事，可理解为休闲。现今，社会娱乐生活缤纷多彩，愈来愈多。看电影、溜旱冰、登高山、赏歌剧……市民本应随着选择的增多而开心，但事实正相反。具体如表 4－1 所示。我们主要从 4 个具有代表性的方面来了解舟山市民社会娱乐生活现状。发现 43% 的市民在近一年来并没有安排外出旅游，只有 27% 的市民在小长假时安排短途旅游。69% 的市民在自己接待重要的客人时，偶尔会去饭店或餐馆吃饭。11% 的市民在近一年来都没有外出吃饭。至于看电影的频率，46% 的市民也只是偶尔会去看电影，50% 的市民近一年来都没有去看电影，其中甚至有些市民从没去过电影院。市民的购书情况也不容乐观，50% 的市民在近一年来购买书籍所花的费用低于 500 元，其中很多市民没有买过书，26% 的市民购书花费 500～1 000 元。据市民反映，社会娱乐生活消费价格高得令自己消费不起，有着一种可望不可及的悲凉和无奈。

表 4－1　舟山市民娱乐活动情况统计

您每年是否有外出旅游的计划				近一年来，您去饭店或快餐店吃饭的频率			
A. 没有，但小长假基本会安排短途旅游	B. 没有，近一年来没有安排外出旅游	C. 有，每年至少一次外出旅游	D. 有，每年起码两次以上外出旅游	A. 如有重要的客人，偶尔会去	B. 经常去，不管有无客人	C. 几乎天天去	D. 从来不去（近一年来一次都没有去过）
27%	43%	28%	2%	69%	17%	3%	11%
近一年来，您去电影院看电影的频率				近一年来，您用于购买书籍的大概费用			
A. 偶尔会去	B. 经常去，不管有没有客人	C. 几乎天天去（每周在 4 次以上）	D. 从来不去（近一年来都没有去）	A. 500 元以下	B. 500～1 000 元	C. 1 000 元以上	D. 不大清楚
46%	4%	0%	50%	50%	26%	6%	18%

注：表 4－1 根据“您每年是否有外出旅游计划”，“近一年来，您去饭店或快餐店吃饭的频率（公务应酬不算）”，“近一年来，您去电影院的频率”和“近一年来，您用于购买书籍（含杂志、工具书、音像制品等）的大概费用”四道题统计汇编的结果。

三、解析舟山市民生活负担偏重原因

针对市民生活负担偏重的现状，我们有必要对其形成的原因进行探索和分析，从而提出有针对性的建议和意见。又因为每个城市市民生活负担的原因会因各个城市的地理环境、城市发展进度和经济收入支柱等其他不同的原因而有所差异。就舟山而言，一个以海洋为主导的群岛城市，单一的交通方式，闻名的旅游胜地以及其中的富人效应是导致市民生活负担偏重的主要原因。

1. 单一的交通方式

由于城市地理特性，舟山的进出入交通只是长途汽车、港口船舶和一个小型的普陀山机场。汽车和飞机的运行成本往往高于地铁、火车等其他交通方式，随着油价不断上涨，直接导致物流成本升高，物价也随之水涨船高。

2. 闻名的旅游胜地

舟山知名的景区有普陀山、桃花岛、朱家尖、嵊泗和东极等地，加上沈家门的海鲜排档使舟山的旅游更具海洋特色。以旅游为主打收入的地区，物价往往偏高，而整个舟山就是一个旅游城市。不知可幸与否，来舟山旅游的游客一直络绎不绝，尤其是普陀山，这使得舟山的物价一直居高不下。一个与旅游密不可分的城市，物价一直都会是市民生活负担的一个不可避免的挑战。

3. 必然的富人效应

舟山其实是个民间资本非常活跃的地方，舟山人做生意的头脑也是数一数二的。“藏富于民”，在舟山有很好的体现。舟山的航运业发达，又由于舟山人亲戚观念非常强烈，只要是“三姑六婆”，“兄弟朋友”只要有人做海运业的，风险不高、收入稳定，其他人都会去合股（干股）。海运业的高速发展带来的另一个结果是，船上职务人员的高收入。与其他城市渔民作为弱势群体截然不同的是，海岛渔民的收入非常可观。根据朱家尖乌石塘樟州村经济合作社王沛国书记描述，由于渔船减少和柴油补贴，渔民的收入每年都有几十万元。渔民们纷纷在城镇购买了房子，或在渔村兴建新房子。又由于旅游胜地的关系，各户家庭开始自办渔家乐，收入可观。所以舟山因航海和旅游造就了很多富人。而富人的高消费必将带动物价的提升。

4. 不多的人口数量

根据舟山市统计局发布的有关舟山人口情况来看，2012 年末全市家庭总户数 36. 72 万户，户籍人口 97. 18 万人，全年出生人数 7 630 人，死亡人数 7 750

人，人口自然增长率 -0.12‰。如图 4-9 所示，本来舟山的本地人口就少，舟山近几年的人口又一直处于负的自然增长状态，另外，来舟山的外地流动人口相较其他城市也算少。所以总的来说，舟山的实际生活人口偏少。相应地，舟山的消费市场相应偏小，根据市场规律，消费市场越大越活跃的地方物价相对低一点，所以舟山的人口数量在一定程度上也促使了物价的畸高。

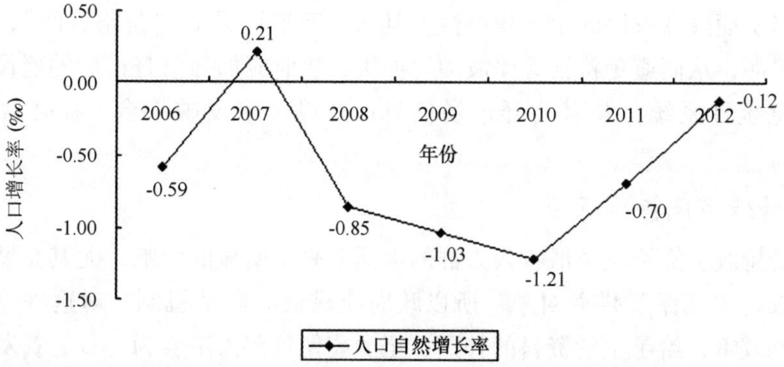

图 4-9　2006—2012 年人口自然增长情况[①]

四、给生活注入轻松活力

生活负担其实就是一种被迫的生活压力，它一直客观存在着，能靠主观摆脱的人毕竟是少数的那么几个！生活在重重负担中的市民，心中郁闷无处释放，脾气变得暴躁，家庭生活会不愉快，与人相处会产生各种矛盾，某些个人甚至因产生各种社会心理问题而会采取极端行为，当众多市民对社会的抱怨积聚到一定程度，容易引发群体性事件等严重后果。所以减轻市民生活的倦累感，给市民的生活注入轻松活力是城市建设中一个重要人文指标，尤其在群岛新区建设的大好时期。而减轻市民生活负担最有效的方式就是合理控制物价，我认为我们可以从引入企业加盟，稳定畸高物价，照顾低收入人群的方向去把握。

1. 引入企业的入驻加盟

舟山已经具备了作为海岛城市所应建设的空中、陆地、海上多元的交通方式，开辟其他交通方式已不现实，而降低交通运输费用的解决方案是将企业引入舟山发展。同时也应在保证舟山原有的交通工具基础上，更加完善海上交通来为企业的运输提供保障作为引商入驻的筹码。当企业的生产地驻扎在舟山本地时，

① 数据来源：《舟山市 2012 年国民经济和社会发展统计公报》。

物流运输费明显降低，从而有利于控制物价的增长。

2. 稳定物价的畸形增长

物价的过快增长，其实也是市场失灵的表现，所以政府应该在控制物价飞涨的宏观调控上做出更多的努力。首先，应从增加供应入手，重点发展农业生产。当然政府应在降低居民生活压力和增加农民收入之间统筹兼顾，不能强行压低农产品价格从而降低农民的生产积极性。其次，政府应设立“价格区间”，特别是生活必需品，从而避免价格无序波动。再次，政府应加强监督机制的建设；建立健全信息统计系统，及时公开市场信息；开设民意反映平台，加强双方信息沟通。

3. 特殊市民特殊照顾

物价持续上涨给城乡低收入人群的生活带来了明显的影响，尤其是城市低保对象和农村“五保”供养对象。所以政府应该设立联动机制，对这些特殊群体采用特殊政策，给予生活资料的补贴，至少能使这些人不会为一日三餐发愁。

（说明：本人的统计数据是仅仅从本人调查并回收统计的问卷中得出的，本人回收的问卷只是所有问卷中的一小部分，所以与方志华老师得出的数据有一定的出入。）

舟山居家养老服务模式新探

马忠杰

【摘　要】　随着老年人口的不断增加，社会养老模式已成为各级政府必须考虑的问题。居家养老是我国传统的养老方式，居家养老服务正是本着以人为本的原则应运而生。笔者就舟山城市和农村的部分社区的调查所发现的问题进行分析，认为政府一方面应调整资金扶持比例，另一方面应鼓励个体家庭式居家养老服务的开展，其可以作为居家养老服务中心的有益替补。这样不仅可以解决个体家庭剩余劳动力的就业问题，也为老人提供更方便的就近服务。

【关键词】　舟山；居家养老服务；个体家庭养老；老年人口

所谓居家养老（服务），是指以家庭为核心、以社区为依托、以专业化服务为依靠，为居住在家的老年人提供以解决日常生活困难为主要内容的社会化服务。居家养老服务中心建设目前已在省内全面展开，2013 年 3 月 27 日浙江省民政厅印发的《浙江省农村居家养老服务设施建设三年推进计划》(浙民福［2013］68 号)，明确提出到 2015 年，全省需建设 6 000 个以上的农村社区居家养老服务照料中心，全省 1/3 以上农村社区建有居家养老服务站，农村居家养老服务基本覆盖。舟山市居家养老服务在城市社区已全面覆盖的基础上，农村居家养老服务也有所发展。这在一定程度上反映了政府对居家养老服务模式的认同度以及民众对于养老服务的需求皆有所提高。居家养老服务以其快捷方便、高质量、人性化的服务优势，弥补了机构养老不足，值得推广。然而，从笔者调查的结果来看，居家养老服务模式需要进一步完善，有些问题需要重视。比如：享受免费或低偿服务的对象面相对狭窄，服务人员招聘难，服务成本高等问题，制约着居家养老

作者简介：马忠杰（1979—），男，河北唐县人，浙江海洋学院思政部讲师。

服务中心的进一步发展。为了更好地建设居家养老服务中心，使其更好地为更多老人提供优质服务，笔者试图在此基础上探索更加完美的居家养老服务模式。

一、舟山居家养老服务现状以及存在的问题

据统计，到2012年底，全市共有60周岁以上老年人19.86万人，占户籍人口的20.36%，列全省第三位。[1]这对于只有百万人口的舟山来说，养老压力相对严峻。从"六普"数据来看，舟山家庭的平均人口为2.39人，比2000年第五次全国人口普查的2.73人减少0.34人。[2]由此可见，单位家庭人口数量在逐渐减少，而舟山市的老年人口却年年增加，这就使得居家养老的家庭负担日益加重。因此，居家养老服务中心的出现，在缓解家庭养老的负担方面有着重要的意义。

舟山目前城市社区居家养老服务中心全面覆盖，有的社区已经在居家养老配餐服务方面迈出可喜的一步。但其中也存在一些问题，让我们不容忽视。

（1）居家养老有偿服务开展难。由于政府的资金支持力度有限，能免费或低偿享受的主要是零收入老人、三无老人、低保老人、抗美援朝及老红军、市级以上劳模、高龄老人等。其他老人可享受有偿（略高于低偿价格）的服务，此时，老年人就愿意消费了。比如：在配餐服务方面，定海解放街道在配餐服务摸底过程中了解到，老年人大都比较欢迎，但当标准配餐的价格定在8元一份时，基本就无人问津了。而且由于实行差别化补贴，也在一定程度上导致某些老年人心理不平衡，不患寡而患不均。因此，实行比较公平化的补贴政策，让每个老年人都有足够的养老金养老，应是我们养老事业探索的方向。

（2）机构养老服务普及难，居家养老服务压力相对增大。在是否愿意选择机构养老的调查中，有意愿接受机构养老服务的少之又少。2011年6月定海区老龄办展开定海区60周岁以上老人的养老服务需求评估，59 910人参与调查，其中愿意入住养老机构的仅有3.7%，[3]在农村社区——临城街道翁洲新村的养老服务需求评估中，201名老人中有意愿入住养老机构的仅有1人，其余200人选择居家养老。可见，机构养老在解决养老问题上已成为最末位的选择。据了解，入住养老院的老人大多是生活不能自理的孤寡老人不得已的选择。这在无形中为居家养老服务模式的发展提出更高的要求。

（3）居家养老服务中心建设成本高，且多处于亏本经营状态。目前，由于居家养老服务中心的公益福利性质，其出资人多属于政府投资或民间捐助。但前期的场地建设、人员招聘以及培训等投入相对过大。据了解，有的社区居家服务中心前期投入已超过30万元，而有的农村社区则因资金和场地缺乏，居家养老

服务中心建设举步维艰，且此种经营方式如果不能赢利，有可能造成长期的财务亏空，这将直接影响到社区的其他老年福利支出，长期下去对社区的养老事业发展不利。

（4）居家养老服务中心工作人员的定性尚不明确。目前，居家养老服务中心的工作人员多属于合同制或临时性质，工作人员虽然工作于政府民政部门的下属单位，但却不属于政府正式在编工作人员，这将在一定程度上影响工作人员的积极性和创造性，也势必会影响到服务中心工作人员的招聘工作，导致服务中心虽然建成了，但工作人员却寥寥无几的现象时有发生。由于工作性质不明确，其工资多由社区或街道负担，这也是目前一些资金困难的农村社区居家服务中心建设难以展开的原因之一。

二、居家养老服务模式存在问题的进一步思考

居家养老服务模式作为老年人比较喜欢的养老方式，越来越受到政府和社会的重视。《舟山市养老事业发展“十二五”规划》明确指出：到2015年，全市32家敬老院全部升级为区域性养老服务中心。可见，居家养老服务模式将成为社会养老的主流模式。因此，居家养老服务模式需要进一步进行完善化的思考。

（1）政府资金支持力度相对有限，成为制约居家养老服务对象覆盖面的主要因素。十二五期间，全市计划投入城市居家养老服务站建设资金2 075万元，到2015年，全市计划建成100个渔农村居家养老服务站，投入资金1 500万元[4]。而投入到仅拥有2 850张床位的各福利院的资金却达到31 250万元[4]，投资比例严重倾斜于大型福利机构建设。虽然福利院的建设也具有紧迫性，但其存在工期长，服务对象数量有限，投资过大等不利因素。因此，在福利资金总体有限，老年人口不断增加的前提下，加大对服务对象相对广的居家养老服务站的投资力度显得尤为重要。

（2）老年人精神需求上的满足已成为其愿意选择居家养老的主要原因。根据美国心理学家亚伯拉罕·马斯洛（Abraham Maslow）提出的需求层次理论分析，人类的需求分为五个层次。一般而言，人只有先满足了生理需求，进而才会产生安全、社交、尊重及更高的自我实现的需求。随着物质生活和医疗水平的不断提高，老年人在家基本上能得到生理需求和安全需求的满足，而且由于长期稳定的邻居关系，也能满足老年人的社交和尊重的需求。因此，老年人不愿意离开自己熟悉的环境去集中住在养老院里，这一点在农村社区更为明显。除非有些老人不能满足生理需求和安全需求时，不得已而求其次，选择入住养老院，接受生理和安全上的照料。入住养老院的老人，即使能为其有偿提供生理和安全的服

务，他也宁愿选择居家养老。因为中国自古有“穷家难舍”的习俗，家的概念在老年人心中根深蒂固，周围熟悉的环境和人际关系更能为老年人在心理上提供安全的感觉。

（3）物价上涨等不利因素推高居家养老服务中心的建设和运营成本。笔者从临城街道翁洲新村了解到，村居家养老中心的新建至少需要上百万的资金投入。由于政府支持力度有限，退而求其次，占用以前的商铺店面来改造成居家养老服务中心，至少需要十多万元的装修费用。相对于村委来说，已是一笔不小的开支，而且没有商铺店面的租金支持，村里的收入又减少了一个稳定的资金来源，这对于改善村内老年人的福利是不利的。同样，在定海解放街道老龄办了解到，解放街道的配餐中心目前基本上处于亏损状态经营，而亏损面基本上是政府买单。主要原因是前期投入相对过大，配餐中心属于以前租赁房改建而成，一减（租金）一增（改造资金投入），无形中形成资金面上的亏损。又因属于福利性质，配餐的价格明显低于市面价格，且因老年人多属行动不便，故多采用送餐服务，这在无形中又增加一层成本。但即便这样，光顾的老年人少之又少。主要原因是对于某些老年人来说，自己做的饭菜是最实惠的。

（4）居家服务中心人员的工作定性不明确将直接影响到服务中心的进一步扩大。目前，社会上的富余劳动力多属于 80 后、90 后的青年。他们对工作性质的要求更加明确，工资稳定、福利好的事业编制，无疑对他们具有更强的吸引力。随着居家服务中心的不断成立，老年人口的不断增加，需要越来越多的人参与进来。因此，为服务中心工作人员进行明确的工作定性对于解决招聘难的问题有着积极的作用。

此外，部分老人家庭内部矛盾紧张，官司纠纷不断，这对服务中心的工作人员的调节家庭纠纷能力提出了更高要求。

三、居家养老服务模式新探索

居家养老模式适应了我国大多数老人的传统养老习惯，这对于生活上尚能自理的老人来说是最理想的选择。随着老年人口的不断增加，老年群体的生活需求将具有极强的市场开发潜力，对于缓解当前繁重的就业压力，解决下岗或无业人员的工作问题有着重要的意义。2012 年 6 月 12 日颁发的《浙江省舟山市人民政府关于深化完善社会养老服务体系建设的意见》［舟政发（2012）31 号］提出了新的工作目标：到 2015 年，全市城乡社区居家养老服务实现全覆盖。实现“9642”养老服务目标，即 96% 的老人享受居家养老服务，不低于 4% 的老人到养老机构接受服务，不低于 2% 的老人享受政府购买的养老服务。此目标的实现不仅需要政府的支持，更需要个体家庭居家养老服务点作为辅助以提高居家养老服务的质量和覆盖面。

（1）调整政府公益福利设施投资比例，加大居家养老服务站的投资力度。居家养老服务将因老年人口不断增长而成为养老的主要模式，老年人也因“4－2”家庭子女的赡养负担过重，而主动选择居家养老服务以缓解子女的赡养压力。因此，居家养老服务的前期投资力度，需要政府在资金有限的前提下，调整扶持比例，使居家养老服务在质量和数量上有所提高和增长。此外，政府可通过以免费享有居家养老服务等优惠政策来吸引民间资金和闲散劳动力参与居家养老服务中心的建设。

（2）加强居家养老服务中心的家庭矛盾纠纷调节职能，增强老年人居家养老的幸福感。家庭财产分配不公、兄弟姐妹不和等矛盾纠纷成为很多老年人的心病。定期开展家庭伦理教育培训，以增强家庭子女的伦理道德素养。建立老年人心灵沟通机制，引导老年人树立正确的老年人生观和价值观，给予精神上痛苦的老年人以心灵上的慰藉。越来越多的经验证明，老年人的生活幸福与否直接影响着下一代的生活幸福。家庭伦理教育的加强，将有助于老年人身心和谐、家庭和谐与社会和谐。

（3）降低居家养老服务中心的运营成本，鼓励个体家庭参与居家养老服务中心的建设和运作。对于居家养老服务中心建设有困难的社区，可以化整为零，以多个个体家庭居家服务点为辅助，形成一个较稳定的居家养老服务网，便于老年人就近享受居家养老服务，逐步形成居家养老网格化连锁式服务。个体家庭居家服务人员多以家中剩余劳动力为主，对其进行正规化的培训，争取做到持证上岗。凡参与居家养老服务建设的家庭，可享有居家服务中心的多种优惠政策，以提高其创办个体居家服务点的积极性和创造性。同时，政府有关部门也要加强对个体家庭服务中心的监管，以保证老年人的基本权益。

（4）尽快解决居家养老服务人员的工作定性问题，为吸引更多优秀服务性人才打下基础。从理论上讲，居家养老服务作为社会福利事业的一个分支，其工作人员应享受国家事业编制待遇。老年人曾是社会的建设者，服务老年人是一项崇高的事业。居家养老服务人员应是具有高素质高能力的人才，为解决社会老龄化问题作出不懈的努力。老年问题不解决，将直接影响到现有建设者的工作积极性和创造性，不利于社会主义和谐事业的建设和发展。

四、居家养老模式发展展望

居家养老服务最终本着以老人为本的原则，为老人提供人性化服务，以期达到老年人身心幸福的目标。60 周岁以上的老年人，可持有自己存有养老金的老年卡，就近享受居家养老服务中心提供的优质低廉的服务。比如，就近用餐、就近住宿、就近就医等居家养老式服务。老年人无论走到哪里都可以享有居家养老中心的连锁式服务，真正实现“老有所养”的和谐社会化目标。老年人如果喜欢参与劳动的，个体家庭参与建养老服务点也可以为其提供力所能及的劳动锻炼，以保持老年人的体力，防止快速退化。老年人喜欢住在哪里，喜欢吃在哪里都可以自主选择，逐渐将家庭养老变为社会大家庭养老，让老年人无论走到哪里都能享受家的温暖。

参考文献

[1] 於豪杰：《推进渔农村居家养老工作》，舟山日报，2013 年 5 月 22 日。
[2] 人普办：《舟山市 2010 第六次人口普查主要数据》，[EB/OL]．(2011－05－13)．http：//www. zstj. net：8080/ShowArticle. aspx? ArticleID＝1310.
[3] 定海区老龄办：《定海完成城乡养老服务需求评估》，中国社会工作，2012 年第 5 期，第 44 页。
[4] 舟山市民政局，舟山市老龄办：《养老服务体系建设政策汇编——舟山养老事业发展十二五规划》，2011 年，第 79－84 页。

舟山群岛新区新式养老模式探析

潘丽君　干吉霞　周斌超　杨鹏
指导老师：马忠杰

【摘　要】　养老是现今社会面临的一个不得不解决的问题。2011 年国务院正式批准舟山成立新区，而舟山发展的道路绕不开养老问题。因为解决养老问题是传播中华传统美德之求，是老龄化社会之需，是发展新区之要。本文在通过实地走访，认清舟山目前养老现状的基础上，通过完善现有的可行的居家养老模式，提出新式养老模式，为解决舟山养老难题建言献策。
【关键词】　舟山；养老模式；完善；以人养人

国际上通常把 60 周岁以上的人口占总人口比例达到 10%，或者 65 周岁以上人口占总人口的比重达到 7% 作为国家或地区进入老龄化社会（Aging society）的标准。[1]根据 2010 年底的全国第六次人口普查数据显示，舟山 60 周岁及以上老年人口占舟山全市常住人口的比例高达 18.87%，远远超过了 10% 的国际老龄化社会标准界限，而且其中 65 周岁以上的老年人口占舟山常住人口的 10.50%，也是大大超越了 7% 的老龄化社会分界线。舟山已然成为老龄化地区，而且老龄化形势严峻。这一方面是由于人们生活水平提高以及医疗设施逐步完善，人均寿命延长；而另一方面则因为随着计划生育政策的落实，独生子女家庭增多，呈现“四二一”家庭模式（即两对老人，一对夫妻，一个孩子）。换言之即被养老人口增多，而养老人口减少，养老问题亟待解决。

2013 年 3 月 27 日，浙江省民政厅印发《浙江省农村居家养老服务设施建设三年推进计划》（2013—2015 年）中明确，到 2015 年，全省 1/3 以上的农村社区建有居家养老服务照料中心，其他地方建有居家养老服务站，农村居家养老服务基本覆盖。[2]在养老问题的严峻形势下，舟山必须响应省民政厅关于农村居家

作者简介：作者均为浙江海洋学院行政管理专业 2011 级在读本科学生。

养老服务设施建设的三年推进计划，这也是舟山群岛新区建设的必然要求。

一、认清舟山养老现状

舟山因其独特的地理区位条件，境内大小岛屿众多。2011 年国务院正式批准舟山成立群岛新区。然而舟山的养老却面临着严峻的挑战，老年人口数量大且增长快，养老设施跟不上；养老条件差别较大，尤其是农村，因为经济等问题，老年人颐养天年还是一个较远的目标；虽然看起来有很多的养老模式可供选择，实际上因为个人的条件限制，使得多元化的养老模式呈现被单一化的状态，而且这种被单一化的养老模式还有待完善。

古人云：知己知彼，方能百战不殆。要解决舟山的养老问题，首先必须了解舟山的养老现状，这是解决养老问题必不可少的一个步骤，这包括舟山老年人口数量，舟山现有的养老模式，舟山在这些现有的养老模式下的养老状况等。而了解现状最好的途径莫过于社会实践调查，正所谓“实践出真知”，也唯有“实践才是检验真理的唯一标准”。笔者将通过实际走访与数据分析所得的两方面结果来阐述舟山的养老现状。

（一）舟山养老形势严峻

伴随着舟山群岛新区的建设，舟山养老问题也逐步凸显，且养老问题有日益严峻的趋势。舟山老年人口数量大且老年人口增长快是产生养老问题的主要原因。老年人口不断增加，又面临着护理人员少，“四二一”家庭时代的到来等次生问题，这就造成了舟山养老的严峻形势，加剧了舟山的养老问题。

1. 数量大 + 增长快，产生养老问题

老年人口数量是研究养老问题的基础，舟山老年人口呈现出老年人口基数大且老年人口数量增长快的特点，这也是产生养老问题的原因之一。根据 2010 年底的全国第六次人口普查数据显示，舟山 60 周岁及以上老年人口有 18.35 万人，在舟山全市常住的 112.13 万人口中所占比例高达 18.87%，而且其中 65 周岁以上的老年人口数达到 11.87 万人，占舟山常住人口的 10.50%。[3] 这些数据显示舟山已经步入人口老龄化的社会，且由舟山老年人口在常住人口中所占的比例可知，舟山老年人口基数大。

据测算，到 2012 年底，舟山 60 周岁以上人口达到 19.75 万人。且 2012 年同 2000 年相比，60 周岁及以上的人口比重上升 2.87 个百分点，其中 65 周岁及以上老年人口比重上升了 1.17 个百分点。[4] 而与 2010 年底的人口普查数据相比，仅仅两年时间，舟山市的总人口增加了 1.87 万人，而在这增长的 1.87 万人口

中，竟然有1.40万人口的增长来自于60周岁及以上的老年人口，可见舟山老年人口数量增长快（具体数据可见表4－2）。

表4－2　舟山六普及五普各年龄段人口数据

年龄构成	“六普”人口（万人）	占总人口比例（%）	“五普”人口（万人）	占总人口比例（%）	增长情况（百分点）
0～14周岁	11.43	10.19	15.52	15.50	－5.09
15～59周岁	83.07	74.98	80.85	80.73	2.22
60周岁以上	17.63	15.73	14.76	14.74	2.87
65周岁以上	11.78	10.50	10.61	10	10.59

2. 老龄化＋少子化，恶化养老问题

养老形势严峻在人口“老龄化”与“少子化（指生育率降低，造成幼年人口逐渐减少的现象）”面前不可避免。一方面，在中国经济的腾飞与舟山群岛新区建设的经济背景下，舟山经济迅猛发展。舟山人均收入提高，人民生活改善，社会保障、医疗保障等均稳步提升，加之科技进步，医疗水平逐步提高，人均寿命、预期寿命延长，这固然是好事，但不容忽视的是随之而来更为严重的社会老龄化问题。另一方面，计划生育的有效推广，第一代和第二代独生子女已经步入社会，造成“少子化”现象突出。舟山家庭户规模继续缩小，且低于全国全省的家庭户均人口规模。根据“六普”人口数据显示，舟山全市常住人口中共有家庭户43.00万户，家庭户人口102.87万人，占常住人口的91.75%，平均每个家庭户的人口为2.39人，比2000年第五次全国人口普查的2.73人减少了0.34人。与全国、全省平均家庭户均人口规模相比，舟山市家庭户均人口规模相对较低。“两人户”、“三人户”已经成为本市家庭户的主体。[5]低生育率和低死亡率加剧了养老问题。2012年舟山市户籍人口自然增长率为－0.12‰，2011年舟山市人均预期寿命为78.33岁（男性75.67周岁，女性81.17周岁）。[6]故而在“加速前进”的人口老龄化（aging of population）和低生育产生的少子化形势下恶化了养老问题，舟山的养老面临着严峻的挑战。

3. 多元化vs单一化，加剧养老问题

多元化和单一化是针对养老模式而言的。多元化是指目前舟山拥有较多的养老模式，为老年人提供了较多的养老选择。多元化与单一化是两个对立的词，一般而言不能同时存在，既然我们认同目前舟山的养老模式所处的状态是多元化，又何来单一化一说呢？在走访的过程中，我们发现，尽管社会提供了多元的养老模式，然而实际上，很多老人和家庭都只能被迫选择某一种养老模式，而且这种被选择的养老模式往往也是逼上梁山之选，并非是最适合自己或者是最符合自己养老意愿的养老模式。之所以产生这种现象，并非仅仅是因为养老模式不够多，或者养老模式本身不够好，而是因为很多养老模式对于老年人来说无力承担，或者说同一层次、同一水平的养老模式较少，从而使他们只能选择那些在自己承担能力范围之内的养老模式，由此造成养老模式被单一化的现象。笔者将其称为多元化养老模式下的被单一化。

现今，中国的养老模式主要有家庭养老、居家养老、机构养老三种模式。在舟山，因为其特有的地理区位，还进行了独特的养老模式探索，舟山的养老模式无疑已经步入多元化。这主要体现为在养老院、福利院等常规的养老模式之下，舟山根据自己特有的地理区位，创造性地提出了符合舟山特色的养老模式，如创建星光老年之家、成立边远小岛托老所和在渔农村社区开展“银龄互助”的养老模式等。然而这种多元化并不是真正意义上的多元化，我们以为多元化应该是老年人真正的可以选择多种养老模式，即拥有可选择的空间。实际上，在走访过程中，我们发现因为私人养老院的费用过高，公办养老院床位太少，很多老人只能选择家庭养老，又因为年轻一代的子女忙于工作，基本无暇顾及老人，尤其是老人的精神需求难以满足，这种家庭养老实际上就是自己照顾自己的养老模式。在多元化与单一化养老模式的对抗中，我们不难发现多元化逐渐成为一种形式，实际上养老模式还是滑向了单一化。

（二）舟山养老条件差异明显

舟山曾在2012年入选为中国十大养老胜地之一，被称为“海上花园”[7]。确实，舟山地处海边，这里空气质量优良，自然风光优美。那么是不是意味着舟山的老年人可以颐养天年呢？事实上，舟山养老条件在城乡之间还存在着较大的区别，尤其是新村和城市社区与农村社区之间。我们将以走访的舟山临城长升村和定海区的一些城市社区和新村为主要的对象，通过比较说明目前城乡之间养老条件的差距。

1. 农村社区养老条件令人担忧

舟山临城的长升村属于典型的农村社区。一走进长升村的村委会，首先给我们的印象就是村委会像是一个临时组建的办公地点。办公室空间狭小，内部设施简陋，只有一些必要的办公用具。我们主要选择了村里的老人作为主要的走访对象，这不仅仅是因为他们居住在长升村，更重要的是他们自己就是需要养老的对象，对于长升村的养老状况自然再清楚不过。

从老人那里了解到，长升村的老人选择以自己养老为主。因为农村的特殊性，子女基本上和自己住在一起，这也使子女轮流照顾老人比较方便。虽然没有空巢老人，但是他们的养老条件却并不是非常好。一是养老院的费用高昂（一般每月为2 000元左右），他们无力承担这样一笔高昂的费用；二是他们每月的养老补贴仅310元，对于目前猛涨的生活必要支出，这310元甚至无法保障基本生活。从一位阿姨口中得知，长升村甚至存在70周岁以上的老人还有外出务工的现象。这一部分老人主要是因为家庭生活困难，为了补贴家用，他们主要是跟随在工地打工的儿子干一些临时的体力活，挣取少量的生活费，对于他们，谈何养老。

可见，农村社区养老条件主要是物质条件跟不上。早在1943年美国心理学家亚伯拉罕·马斯洛（Abraham Maslow）就提出了需求层次理论。马斯洛需求层次理论（hierarchy of needs），亦称“基本需求层次理论”，是行为科学的理论之一，由马斯洛于1943年在《人类激励理论》论文中所提出。该理论将需求分为五种，像阶梯一样从低到高，按层次逐级递升，分别为：生理上的需求，安全上的需求，情感和归属的需求，尊重的需求，自我实现的需求。这五个层次在人的发展过程中也是由低到高实现的，虽然这些需求是相对的而并非绝对的，但是，一般而言，只有先满足了生理需求，进而才会产生安全、社交、尊重及最高的自我实现的需求。物质条件跟不上，生理需求难以满足，使得农村的养老还停留在对生理需求的满足之上，养老水平还比较低。

2. 城市社区养老条件较为优越

相对于长升村而言，定海区城市社区的养老状况则要好得多。这个“好”很大一部分来源于城市的物质生活水平比农村要高。主要是城市社区的老人大多数属于退休的老干部，且城市拥有较为完善的社会养老保障体系，故而有较高的退休补贴，能够满足基本的物质生活需求，这就解决了养老的最基本问题。

留芳社区位于舟山市定海区，是典型的城市社区。该社区的老人大多是退休的教师，基本都拥有城市户口，他们拥有城市居民养老保险以及较高的退休金，能够保障基本的物质生活。然而不可否认的是他们的子女平日较忙，所以他们基本上是处于独居的生活状态，心理上可能要承受更多的寂寞感和空虚感。然而毕竟他们是知识分子，加之城市社区养老较为完善，而且舟山的城市社区已经实现了居家养老服务中心的全覆盖，在一定程度上为老年人的晚年生活提供了方便，如老年人可以参加社区专门为老年人组织的晨练、晚练等活动，这都在一定程度上丰富了老年人的业余生活，弥补了因为子女过忙而带来的空虚感与寂寞感。

3. 舟山新村养老舒适宜人

随着舟山经济的发展，很多舟山原来的农村都改为新村。国家征地给他们带来了一部分的福利。居住在新村的农民，一方面满足于目前的基本生活，另一方面在心理上对于目前的养老状况持乐观的满意态度，增加了他们的幸福感。

我们走访了定海区的两个新村：开源新村和城北村。以这两个新村为例，这些老年人主要选择的是居家养老的养老模式，他们并不选择养老院，除去养老院费用高昂的因素，他们从内心觉得在自家生活更为自在，而且表现出对目前养老生活较高的满意度。因为征地的因素他们也已经基本放弃了原来种地的生活方式，主要依靠低保和养老金，而且也有老人明确表示就算有地，他们也不会选择农耕的生活方式。他们对自己老年生活的愿景主要是保持健康的身体，安享晚年。在调查过程中，我们还发现，其实城市的吸引力也在减弱，不少老人都认为城市的生活太寂寞，太机械化。而且与城市相比，农村有着“山好、水好、空气好”的优势，对于这些老年人来说，这样的生活已经很幸福。他们追求的是一个和平安宁的晚年。

从农村、新村与城市社区的养老来看，笔者更倾向于新村的养老模式。新村的养老模式实际上是一种返璞归真的家庭养老模式。与还未发展的农村相比，他们拥有较好的物质生活条件，也许比不上城市的物质生活，但是他们对于目前的日常生活产生了较大的满足感，那么他们在物质上只要能满足基本的日常生活即可；与城市社区相比，他们拥有更多的人文关怀，因为新村带有农村原有的特性，子女与父母居住较近，他们可以享受天伦之乐。

二、解决舟山养老问题已是形势所迫

舟山现有的养老模式主要有机构养老、居家养老和家庭养老。然而这些养老模式的可行性又有多高呢？首先是机构养老，这种养老模式较为全面、安全和系统，能够保障老年人的晚年生活，然而却面临着“公办养老住不进，私立养老住不起”的问题；其次是居家养老，这种养老模式是符合中国现有的经济发展水平的一种养老模式，但是我们也发现这种新推广的模式还存在着不少问题，最突出的就是资金不足，使得很多配套的养老设施、养老服务基本跟不上，负增长下运行的居家养老模式面临危机；再者是家庭养老，这是中国的传统养老，然而社会“老龄化”与“少子化”的冲突，使得传统的家庭养老模式走进了一条死胡同。

舟山市的“老龄化”程度比较高，近几年在浙江省一直排名第三。而能为老年人提供的养老模式还存在很多不完善的地方，从这一方面来讲，解决舟山养老问题已是形势所迫。

（一）机构养老：稀有和富贵的养老模式

机构养老主要是指通过开办老年公寓、敬老院、老年人福利院等机构，为老年人提供日常的生活、医疗和娱乐休闲等全方位的服务。[8]机构养老主要分为两大类：一是公办的养老机构；二是私立的养老机构。

公办的养老机构是一种“稀有”的养老机构。这种“稀有”主要是指公办养老机构床位较少，而社会福利院一方面不是专属老人的养老机构，另一方面福利院的门槛较高，难以入住。私立的养老机构则是一种“富贵”的养老机构。这种“富贵”主要指的就是私立养老院的费用较高，很多人只能望而却步。

1. 私立机构养老费用高昂遥不可及

私立养老机构是机构养老的一种方式，是指由私人承办的养老院。入住这类养老院通常需要支付较高的养老费用，令很多家庭有遥不可及之感。事实证明确实如此，在我们的走访过程中，大部分群众的反馈都是住不起养老机构，而这里所指的养老机构就是私人养老机构。入住私人养老院最少每月要 2 000 元左右，高者甚至达到了 5 000 元、10 000 元，而对于很多普通家庭而言，这是一笔不小的开支，所以虽然养老院具备较为完善的养老服务系统，然而很多人还是无法选择去养老院。

为什么私立养老机构的费用高昂呢，主要产生于以下三个原因：首先，养老的社会性，使得私立养老院的申请条件比较高，启动资金大，运行成本高，这就使得部分普通人无法承办养老院。其次，养老机构所服务对象的特殊性，使得私立养老院需要承担较大的责任，尤其是老年人的安全责任等；还必须配备相应的养老设备与服务人员，老人的特殊性需要很多专门的养老设备，服务人员也必须经过专门化的培训方能上岗上任。最后私立必然伴随着盈利，在原有的高成本上再加上营利部分，必然会推高入住私人养老院的费用。

2. 公办机构养老一床难求机会渺茫

公办养老机构是机构养老的另一种方式，和私立养老院的模式基本相同，主要区别在于投资主体不同。私立养老机构的投资主体是私人，而公办养老机构的投资主体主要是政府。这类养老机构以服务社会为主，所以入住此类养老院的费用相较于私立养老院而言是比较低的。既然私立的养老机构费用高昂，那么何不选择费用较低的公办养老机构呢？话虽如此，入住公办养老机构却存在着“一床难求”的困境。

社会上有一句流行的话“私立养老住不起，公办养老住不进”，较形象地描述了目前机构养老的现状。公办养老机构出现“一床难求”的现象主要因为以下三个原因：一是，公办养老是由政府为投资主体承办的养老院，较低的养老费用吸引了不少家庭选择公办养老院。然而由于资金有限，公办养老院资源有限，这就产生了“供不应求”的现象，这是发生“抢床位”的主要原因。二是，当今社会潜规则盛行，不少人靠托关系、走后门抢占公办养老院的资源，很多人因此失去了入住公办养老院的机会。三是，公办养老院因为床位的限制，提升了入住养老院的条件，这就使得很多人客观上被排除在公办养老院的门外。

当然社会上也有很多福利机构，这类机构也是由政府牵头为主的，为公办养老提供了另一个机会。然而这类福利机构并不以提供养老服务为主。他们主要是为社会上的困难人群提供救助，如孤儿、低保户、孤寡老人等，所以老人只是他们服务的一部分对象。同时，社会福利机构对于接收的老人有较高的门槛，要求这些被接纳的老年人是生活不能自理，无子女抚养等无法自我解决养老问题的老人，这就使得中间生活水平的老人没有养老去处，他们既不属于生活条件最困难的老人，又不属于生活条件较好可以选择去养老院的老人，而且这一部分老人还占了大部分。所以社会福利院的高门槛对于大部分的老人而言是无法逾越的屏障。总而言之，公办养老所提供的数量远远无法满足目前快速增长的老年人口。

（二）居家养老：现实而可行的养老模式

居家养老一般由民政部门牵头，通过街道安排社区内的大龄下岗女职工以家庭享受居家养老服务的老人养护员的身份实现再就业，进入生活有困难的孤老家庭，照顾老人的日常生活起居，以“家庭养老院”的形式帮助老人度过健康安乐的晚年生活[9]。然而居家养老在现有的社会发展之下，其普及范围还较小。我们现在所指的居家养老一般指的是由政府牵头的居家养老服务中心。为老年人提供一个服务中心，以一个中心辐射一片小区。对于那些身体还健康，居家又无聊的老人来说，居家养老服务中心无疑为老人提供了一个好去处。而且相对于昂贵的养老院而言，居家养老带有更多的服务性质。然而现有的居家养老模式还存在着不少的问题，主要是资金投入、物力投入、人力投入三方面的不足。

1. 居家养老资金投入不足

目前，居家养老建设遇到的首要问题就是资金不足。居家养老主要是由政府牵头和投资，不以盈利为目的的一种新型的养老模式。居家养老服务中心的理念是建立一个充满人性化的养老服务中心。然而事实上也正是因为其所具有的公益性，居家养老服务中心在很大程度上是一种“亏本经营”，这就使得居家养老服务中心因为资金原因难以维持。简而言之，居家养老服务中心有一个好的理念，有政府的大力支持，有人民的拥护，却没有足够的资金使其运作。这主要体现在定海区解放街道的养老配送餐服务中心上。

解放街道的养老配餐中心在 2012 年 12 月成立。该中心服务面覆盖 9 个社区。来食堂就餐的老人每餐只需支付 5 块钱，一荤一素一汤，送餐上门再多支付 1 块钱，政府给予一定的补贴。然而事实情况是政府的投入一直处于亏损状态。一是老年人来配餐中心用餐不定时，动态性较强，造成浪费；二是老年人身体的特殊状况和宗教信仰，使得配餐中心必须有饮食分类和餐盒分类，然而较低的工资难以吸引服务人员；三是由于配餐中心的价格难以上调，很多附近的居民或者是工人趁机贪图优惠的老人餐，使得配餐中心无法正常营业。现在配餐中心因资金问题已经进入了瓶颈期，其未来令人担忧。

2. 居家养老设备投入不足

老年群体的特殊性使得居家养老服务中心需要较多的物质设备。这些物质设备主要是为了能给老人提供安全便利的生活，如老年人专用的桌椅，老年人需要的拐杖，老年人专用的通讯设备等。然而因为某些原因，居家养老服务中心的养老设备还并不完善。从居家养老服务中心本身而言，由于资金短缺直接造成居家养老服务中心的物质设备不足，只能简单地提供一些棋牌室等普通活动室。从养老设备的社会资源而言，由于养老领域的科技发展还不具备系统化、专门化，使得养老设备的社会供给不足，间接地导致了居家养老服务中心难以配备完善的养老设备的现状。老年人作为一类特殊群体，他们对于生活设备具有较高的要求，因为只有这样才能营造一个安全舒适的养老环境，这就与目前无法提供完备的养老设备形成了冲突。

3. 居家养老人员投入不足

人是居家养老服务中心建设发展的重要因素，也是实现以人养人的关键因素。居家养老服务中心的人员不足主要体现在居家养老服务中心的三类服务人群上，即一般服务人员、专业服务人员与志愿服务人员。一是，居家养老服务的一般服务人员数量不足。居家养老服务中心是非盈利性的养老中心。其资金来源主要是政府投入，在单一的投资主体之下，使得居家养老的资金较为有限，这就使得工资水平一般。在目前的社会中，难以吸引服务人员上岗就业。然而居家养老服务中心的服务项目，如上门服务、老年人紧急呼叫服务、配送餐服务等都决定了居家养老服务中心需要大量的服务人员；二是，居家养老服务的专业服务人员数量不足。由于老年人是特殊的群体，他们的身体状况、心理状况都需要专业的服务人员加以调节，然而目前专业的服务老人的人员数量相比于快速增长的老年人口数量而言还是不足的；三是，居家养老服务中心的志愿者数量不足。志愿者志愿服务的性质决定了志愿者具有较强的流动性，对于老人来说可能会出现间断性的服务，所以有必要增加志愿者数量，使得老年人可以享受连续的服务。

（三）家庭养老：和谐和人性的养老模式

“养儿防老”是中国传统的养老观念，中国传统的“孝文化”也使得家庭养老成为一种传统的养老模式。传统的家庭养老是指父母养育儿女，儿女赡养父母，这种下一代对上一代予以反馈的模式在每两代之间的取予是互惠均衡的，在家庭单位内形成一个天然的养老基金的缴纳、积累、增值以及给付过程。所以在经济供养上，呈现的是代际之间的经济转移，以家庭为载体，自然实现保障功能，自然完成保障过程。[10]这是一种和谐而又人性化的养老模式。然而这种家庭养老模式在“老龄化”和“少子化”的冲突之下却面临困境，遭遇了发展瓶颈。

1. 家庭养老模式规模较小

家庭养老模式是一种较为普遍的养老模式，即每个家庭自己承担自己的养老责任。这种养老模式突出的特点就是规模较小。一般为一个家庭的大小规模。这种小规模的家庭养老方式有利有弊。利在于小规模的养老有助于被养老者的情况能够被充分了解，从而可以接受全面而细致的照顾。然而这种小规模的家庭养老亦存在弊端，尤其是对于被养老者的心灵照顾可能相对缺乏一些。他们生活在自己的封闭的家庭环境中，与其他同龄老人的交流相对来说就会减少，而同龄人之间交流的好处就在于拥有更多的兴趣爱好和共同话题，这对于老年人的心灵健康是很有帮助的。

2. 家庭养老模式人性化减弱

人性化是家庭养老的一大特点。照理来说，家庭养老的人性化程度应该是比较高的，然而近年来，家庭养老的人性化却在减弱。生活负担的加重，使得很多年轻人更多地将时间投入自己的事业中，无暇顾及老年人，他们逐渐地将养老理解为满足老年人的物质需求，对于老人的关怀仅仅局限于按时给老人生活费，连常回家看看这样基本的中国传统美德都需要通过法律加以约束。这都足以见得曾经最为传统的尊老、敬老的家庭养老方式的人性化正在减弱，如今的家庭养老偏离了原先养老所包含的感恩和回报精神的轨道，越来越趋于物质化、形式化。

3. 家庭养老模式负担增强

随着“老龄化”和“少子化”矛盾的加深，“四二一”家庭越来越普遍，很多年轻人要挑起四个老人的养老和一个孩子的抚养的重担。更何况收入增长远远低于物价上涨，对于年轻人来说，确实是不小的负担。这就使得很多家庭养老成为形式化的家庭养老，老年人很少能感受到由家庭养老带来的温暖。这种家庭养老实质上就是自己养老。人口老龄化的加剧，家庭养老模式的负担将不断加大。

三、发展新式养老模式势在必行

从舟山现有的养老模式的现状来看，有必要建立新的养老模式。新模式的建立不仅要具有较强的认可度和可行性，又要符合目前社会发展水平并且具有较为长远的前景。对此，我们提出一种“老吾老以及人之老”的个体家庭养老模式，即不再把养老责任固定在自己的家庭，而是采用互帮互助的家庭养老。简单来说，就是有条件、有能力的中青年自愿接纳空巢或孤寡老人到家里居住，由老人支付自己的日常基本开销，由中青年提供日常饮食起居，并尽己所能地提供精神支持，最大可能地使老年人获得精神慰藉，享受临终关怀。

新式养老模式建立在取机构养老、居家养老、家庭养老之长，避免机构养老、居家养老、家庭养老之短的基础上，最后建立成为个体家庭养老模式。

（一）个体家庭养老模式的可行性

个体家庭养老是指在传统的家庭养老基础之上，打破原有的血缘关系的纽带成立新的模拟的家庭养老模式。简单来说，即是有能力的中青年将孤寡老人接到自己家中给予其照顾。个体家庭养老模式的提出既是传承了中华传统又具有现实意义，而且这种养老模式是和中国未来的发展行驶在同一条轨道上。

1. 传承中华传统美德

自古以来，中国就讲究一个“孝”字。然而现在很多人都将“孝敬父母”当作“孝养父母”。《论语·为政篇》里子游问孝，孔子答曰：“今之孝者，是谓能养。至于犬马，皆能有养。不敬，何以别乎？”因此，我们所提倡的对老年人的“养”，不是简单的“喂养”，更是一种高层次的“养”，是饱含敬仰之情的体力与感情的双重付出。并且精神层次的“敬”比生理层次的“饱”对老年人来说更重要。[11]个体家庭养老模式的建立遵循的即是中华传统美德中所要求的孝敬老人。

2. 新模式发展现状

在社会上已经出现了这类“老吾老以及人之老”的相互义务养老的个体家庭养老模式。如家住白山市江源区的王桂珠义务照顾因摔伤腰部而行动不便的邻居老人王叔8年；“大溪沟孝顺女”刘先梅义务照顾非亲非故的胡婆婆两年，直到她去世；荣昌县双河街道白玉社区九组村民田昌银、曾万群夫妇，照顾无亲无故市外五保老人陈安全，二十四年如一日等，这些都属个体家庭养老模式。虽然这种模式还未普及，只是出现了个别的案例，且要普及这种模式“任重而道远”，但是个体家庭养老模式是非常具有前景的，因为它和我们社会发展的方向是一致的。

3. 符合经济发展

个体家庭养老模式的建立符合目前的经济发展。因为在个体家庭养老模式之下，老年人只是感受家庭温暖，对于年轻人提供的服务，老年人会力所能及地提供经济支持，也许并不是很多，但是在一定程度上为年轻人提供了补贴，这就使得年轻人更愿意为老年人提供养老服务，这样更符合目前的市场经济，既可以使老年人感受家庭温暖，又可以为年轻人减轻经济负担，何乐而不为呢?

同时，为了符合目前的经济社会，我们可以设立高利率的养老基金，要求只能取利息，不能取本金，以解决部分老年人的养老之忧，而且这些利息只能用于个体家庭养老消费。

4. 长远的发展前景

个体家庭养老模式具有较远的发展前景。之所以这样评估，一方面是因为这符合中国社会将来的发展方向，另一方面是随着老龄化社会的到来，这不失为一个好的养老模式。个体家庭养老模式是一种“以人养人”的养老模式。前一个“人”是指有生活能力却缺少被照顾父母的中青年群体，而后一个“人”则是指生活能力下降甚至丧失的需要照顾的空巢或者孤寡的老年人。这两者实际上是各有所需的两个主体，老年人入住到这一部分中青年家庭中，将本来用于生活的养老金作为生活费交给入住的家庭户主，享受“子女”的关爱，而中青年也可因此享受有“父母”的完整家庭。这种个体家庭养老模式实质上就是建立一个虚拟家庭，它削弱了养老机构的机械化服务，更多的是建立充满人性化的养老模式，给老年人以更多的临终关怀。而且在快速发展的生产力之下，人们的追求不仅仅是现有的物质需求，更多的是精神需求，他们渴望的是享受天伦之乐。

（二）取人之长 为我所用

建立个体家庭养老模式首先必须分析现有的养老模式，从现有的养老模式中汲取它们的优势，以防新的养老模式再次出现类似的弊端。机构养老的优势在于注重程式化和系统化；居家养老的优势在于便利化，且较为符合目前的养老潮流；而家庭养老的优势集中在它和谐化与人性化的服务上。个体家庭养老模式建立的理念是和谐和人性的养老状态，所以我们以家庭养老为基础，吸取机构养老、居家养老之优势，建立新的可行的个体家庭养老模式。

1. 机构养老：程式化与系统化的养老模式

机构养老的最大优势就在于养老机构内部具有程式性和系统性。它对于每一位老人都能进行系统化的管理。这种管理使得整个养老机构内部有条有理。养老机构的成立一般具有严格的要求。对于老人来说，选择养老机构能得到更多的人身安全和健康保障。在养老机构内部有明确的院务管理、财产管理、人事管理等制度。对于入住的每一位老人，都有档案管理，方便对老年人进行照顾；对于内部的管理人员也制定了相应的管理制度，使得养老机构内部可以进行有序管理；对于服务人员，他们也有系统的管理制度。然而这种方式毕竟过于程式化和系统化，在机构养老中缺乏灵活性的养老机制，过于呆板和机械。而老年人对于老年生活的渴望则是希望拥有更多人性化的关怀。

2. 居家养老：便利化与潮流化的养老模式

居家养老的最大优势就在于它的便利化，相比较机构养老而言，居家养老是无偿和低偿。老年人可以根据自己的意愿到就近的居家养老服务中心休闲，享受服务。居家养老中心配备的配餐中心也以低偿的形式为老年人提供服务。

居家养老还具有潮流化的优势。首先，省民政厅的三年推进计划大力支持居家养老服务中心的建设，为居家养老服务中心的建设提供了政策背景；其次，居家养老服务中心受到了广大老年人的喜爱。以舟山临城翁洲社区下的西荡村为例：西荡村的陈主任给了我们一份关于2012年翁洲新村西荡村的居家养老服务需求评估汇总表，从这份数据表中显示，在西荡村的201位老人中，有200位老人选择了居家养老，仅1位老人选择了机构养老，而且据我们后期了解，得知这位选择机构养老的老人主要因为老伴去世，子女在定海上班，子女为了方便照顾将她送到了养老院。可见，99.50%的老年人还是认同居家养老的养老模式。

从这些调查数据中可见，居家养老模式在目前的社会中具有潮流化的倾向。而我们认为，居家养老实际上是一种集体家庭养老，这种集体家庭养老表面上为老年人提供了便捷的人性化的居家式养老，实际上这种养老并不能很好地照顾到每一位老人，尤其是年纪大的老年人，行动不便，居家式养老的服务点设在居家养老服务中心，对于他们而言并不是非常方便。

3. 家庭养老：和谐化与人性化的养老模式

家庭养老模式的最大优势就体现在它的和谐化和人性化。家庭即有和谐之意，只有和谐相处的人才能组成一个家庭。传统的家庭养老模式是具有血缘关系的父母与子女所组成的一个家庭，有“养儿防老”之说，即由长大的有经济能力的子女为曾经抚养自己的父母提供养老，这是一种回报感恩式的养老。所以在这种养老模式下，充盈的是和谐和人性。现今社会在原有的传统家庭养老模式之下，又发展出了一种新的家庭养老模式，我们称之为个体家庭养老模式，这种家庭养老模式打破了原先传统的家庭养老必须建立在具有血缘关系的基础之上，它依旧是家庭养老，但可以是非亲非故的人组成的一个模拟家庭养老。尽管是模拟的，但其所包含的和谐和人性并没有因此而减少，反之这种个体家庭养老模式更能凸显和谐和人性，因为成立这种家庭养老模式的人都是真心愿意去服侍和照顾老人的。

（三）补己之短 完善自我

因为我们的新式养老模式是建立在传统的家庭养老模式基础之上的，所以在吸取了各种养老模式的长处之后，我们要做的就是审视家庭养老的缺点，然后弥补这些缺点，使个体家庭养老系统化、人性化，使服务人员更具专业性、志愿者更具稳定性。

1. 扩大个体家庭养老模式的规模

传统的家庭养老模式规模较小，它是建立在个体家庭之中的，而且其局限性较大，因为它基本是一个家庭自己照顾自己的老人。在这种小规模之下，也缺乏互动。而新的个体家庭养老模式的建立在目前也还仅仅属个别现象，没有大范围普及。对于个体家庭养老模式的建立，我们首先就是要扩大规模，使现有的个体居家养老模式不再单单局限于自己的家庭，而是建立一个虚拟化的家庭外壳，实质性的家庭养老，创建类似于家庭的但饱含和谐与人性的养老模式。我们认为扩大规模可以通过建立连锁式的个体家庭养老模式来实现。

老年人不再局限于一个家庭而是可以到多个家庭，他们可以在吃饭的时候选择自己喜欢的家庭，通过低价的刷卡消费，不再一个人孤单的生活；如果与一个家庭关系较好，甚至可以居住在喜欢的家庭里。这就扩大了个体家庭养老模式，形成了流动性个体家庭养老。

2. 完善个体家庭养老的系统化

要创建连锁的个体家庭养老模式，这免不了对其系统化的建设，而要达到系统化的运作模式必须做到以下几点：

一是要制定合理的规章制度。个体家庭养老也算是一个组织机构，制度建设是组织机构建设的第一步。完备而又系统的制度建设可以更好地对个体家庭养老进行规制和管理。这包括日常事务管理、财产管理、人事管理等制度。在合理而有秩序的管理之下，个体家庭养老的连锁经营才能更好地运作。

二是要有序地建立老年人档案。老年群体的特殊性要求必须建立老年人的档案，尤其是要将老年人的疾病、饮食禁忌和特殊情况等记入档案，方便管理。而且这些档案要时常更新，即要密切关注老年人的生理和心理动态。

三是必须要有计划地开展老年活动，给老年人提供人文关怀。很多养老机构都将大量的精力集中在对老年人的生理照料上，忽视了对老年人的心理照料。个体家庭养老既然区别于固定的机构养老，完全可以利用它的流动性管理来加强对老年人的心理照料，举办有益老年人身心健康的老年活动。

3. 提升个体家庭养老的人性化

在个体家庭养老模式的连锁经营模式下，我们要建立的是一个养老村，在这个养老村内，老年人可以接受的是廉价但是切实真心实意的照顾和关怀。老年人不仅可以感受家庭的温暖，而且可以丰富自己的日常生活。比如增加为老年人组织的活动；在就餐时间安排志愿者和老年人共同进餐，陪伴老年人；老年人一般都比较迷信，尤其是在舟山佛教文化的熏陶下，我们可以为老年人开展一些符合他们信仰的宗教活动，或者是集合有共同宗教信仰的老年人。

个体家庭养老的人性化还在于“银龄互助”，因为老年人的年事已高，和年轻一代可能存在着代沟。这也是他区别于传统的家庭养老的一个亮点，它可以加强老年人之间的情感交流。所以可以安排部分身体较为健壮的老年人和年龄较高、行动较为困难的老年人结成互助对子，增强老年人与老年人之间的互动和交流。这也是提升人性化的有效途径。

4. 增强举办个体家庭养老的专业性

因老年人群的特殊性，他们随时可能发生意外情况，所以承办个体家庭养老的人员必须具备较强的专业性。每一位来“家”里享受养老服务的老年人在人性化照顾之下包含专业性的照顾。

照顾老年人的人员必须经过专门的培训，且上岗后，还必须进行再学习，不断复习和更新所学知识。另外，他们必须要有专门负责的老年人，对于其专门负责的老年人，他们必须要对老年人的身体状况、心理状况有足够的了解，而不仅仅是略知一二。只有这样，才能给予老年人最好的照顾。

5. 加强志愿者的稳固性

志愿者是自愿无偿为老年人提供服务的一类人，作为个体家庭养老模式的一种补充。由于志愿者把志愿服务作为自己业余的一项义务服务，使得其具有较强的流动性，由此使老年人享受的服务出现了间断性，且老年人时常要不断地去适应来来往往变化的服务人员，对于老年人来说可能需要较强的适应性。所以有必要加强志愿者的稳定性。

我们可以通过登记每一位志愿者的基本信息，让他们自己提供每周的可确定的服务时间，并且将他们的服务对象（老人）固定下来，这样一位老人虽然不能拥有一位固定的服务者，可是他可以拥有几位固定的服务者，相比较原来不断地更换志愿者而言，这也是一个较好的方案。

（四）全方位式无缝发展

养老是一个需要全社会关注的问题。我们建立的新式养老模式必须抓住一切机会，寻找任何可以提供养老服务的缝隙来开展养老建设。我们称之为“全方位式”地开展养老服务。这主要体现在向社会宣传养老责任、制定完善的养老政策和吸纳养老服务人员这三部分。

1. 全方位宣传养老责任

我们提出“全方位”地向全社会宣传养老文化，宣传中国五千年来的传统美德，呼唤沉睡已久的“孝文化”，让“孝文化”渗透到社会的方方面面。具体的做法有很多，如可以通过利用目前发达的媒体、网络等技术，在电视节目中植入“敬老公益广告”；可以加强教育，让新成长起来的学生接受“孝文化”教育；可以举办一些关于“敬老”的公益活动等，让“孝文化”根深蒂固渗透到国民的内心。

2. 全方位制定养老政策

如果说弘扬“孝文化”是一种软策略的话，那么我们还必须制定硬策略，鞭策人们去敬老爱老。所以光有“孝文化”的渗透还远远不够，必须建立完备的养老政策。

那么如何才能称得上是完备的养老政策呢？笔者认为，一个实现“全方位”地保障老年人利益的养老政策才是完备的养老政策。政策中至少要包含两个主体，一是养老者，二是被养老者。即督促社会养老者履行养老义务，保障被养老者享受养老的权利。在新式养老模式建立的初期我们并不强制要求人们对社会上每一位老人尽养老义务，但是对于自己的父母，这种养老义务是必需的。在实行“大棒”政策的同时我们也不能抛弃“胡萝卜”政策，即要鼓励社会去帮助老人，对于愿意帮助老人，自愿关爱老人的养老者，要给予一定的奖励，从而吸引更多的人主动承担养老义务，使整个社会呈现其乐融融之景。

3. 全方位吸纳服务人员

最后我们还必须吸纳更多的服务人员。这里所指的服务人员主要有两类，一类是固定的、专业的服务人员，另外一类是自愿为老年人提供服务的志愿者。

因为老年人属于特殊群体，会产生很多的突发状况，而这时候必须有专业的服务人员加以照顾，所以我们必须吸纳一部分的专业服务人员，用他们的专业知识来帮助老年人，应对突发状况。老年人需要的不仅仅是身体的帮助，他们还需要心理上的安慰。而且专业服务人员毕竟有限，我们可以发挥广大志愿者的作用，建立志愿服务队，作为服务老年人的后备资源。由于志愿者的流动性较强，对于志愿者这一部分我们必须要保持“多多益善”的态度，招募尽可能多的志愿者，这一方面使老年人可以享受不间断的服务，另一方面可以给志愿者足够的服务空间，在保持自己原有的正常生活的情况下，又可以为老年人提供服务。

在新式养老模式建立的初期，我们有必要用“胡萝卜政策”来吸引年轻一代跨入养老服务的领域。如举办养老服务培训班，实现下岗工人再就业；对于养老服务业可以实现工资提升，吸引更多的人加入养老服务行业；对于志愿者给予更多的精神鼓励，对于那些提供过志愿服务的志愿者在某些领域提供优惠政策等，用利益引导志愿养老，最终实现无偿养老。

参考文献

[1] 老龄化的概述［EB/OL］，2013 年 7 月 25 日，http：//baike. baidu. com/view/109749. htm？ fromId = 358103.

[2] 三年推进计划［EB/OL］，2013 年，http：//www. mca. gov. cn/article/zwgk/dfxx/201303/20130300434720. shtml

[3] 第六次全国人口普查数据［EB/OL］，2010 年，http：//blog. sina. com. cn/s/blog_4b0a5e8a0100rnul. html.

[4] 舟山 2012 年人口数据统计［EB/OL］，2012 年，http：//fc. zhoushan. cn/article/？ index_ 2 - 8 - 1118. html.

[5] 舟山家庭户数据统计［EB/OL］，2012 年，http：//fc. zhoushan. cn/article/？ index_ 2 - 8 - 1118. html.

[6] 舟山人口自然增长率与预期寿命［EB/OL］，2011—2012 年，http：//bbs. zhoushan. cn/thread - 466668 - 1 - 1. html.

[7] 中国十大养老圣地［EB/OL］，2012 年，http：//newhouse. zhoushan. soufun. com/2012 - 07 - 04/8016525_ all. htm.

[8] 于淑文：《完善舟山市机构养老的对策研究》，浙江海洋学院学报，2010 年 9 期。

[9] 居家养老的概念［EB/OL］，2013 年，http：//baike. so. com/doc/6018460. html.

[10] 家庭养老的概念［EB/OL］，2013 年，http：//baike. baidu. com/view/7238893. htm.

[11] 赵曼，吕国营：《城乡养老保障模式比较研究》，中国劳动社会保障出版社，2010 年。

舟山群岛新区快速公交系统设计和运营情况调查分析

吴婉婷　焦益龙
指导老师：翁志军　林晓芳

【摘　要】　快速公交（Bus Rapid Transit）简称 BRT，是一种介于快速轨道交通（Rapid Rail Transit，简称 RRT）与 44 常规公交（Normal Bus Transit，简称 NBT）之间的新型公共客运系统，是一种大运量交通方式，通常也被人称作“地面上的地铁系统”。它是利用现代化公交技术配合智能交通和运营管理，开辟公交专用道路和建造新式公交车站，实现轨道交通运营服务，达到轻轨服务水准的一种独特的城市客运系统。舟山道路交通系统仍未能与舟山新区的发现速度相配套。我们本着为构建与新区发展相适应的 BRT，服务舟山新区建设，为舟山新区“加速”的理念，借鉴行业成熟样板（常州 BRT）与最新样板（绍兴 BRT），展开此次调研。

【关键词】　快速公交系统；BRT 车站；专用道；票价；换乘

一、BRT 建设背景

1. 国内 BRT 建设

截至 2013 年 6 月，国内已经建设运营 BRT 的城市有北京、广州、成都、济南、杭州、郑州、合肥、大连、常德、常州、枣庄、昆明、厦门、重庆、盐城、盐城大丰、乌鲁木齐、连云港、银川、绍兴等，另天津、石家庄、武汉、宜昌、南昌、淄博、长沙、深圳、沈阳、兰州、淮安、六盘水、喀什等城市也在计划和

作者简介：吴婉婷，浙江海洋学院财务管理专业 2011 级在读本科学生；焦益龙，浙江海洋学院油气储运工程专业 2011 级在读本科学生。

筹建中。

2. 舟山 BRT 建设规划

舟山第一条 BRT 定海至普陀的线路正在顺利推进中，力争在 2013 年 10 月 1 日正式开通。据港城公交公司朱军副总经理介绍，舟山首条 BRT 专线会设置在连接定海—临城—普陀的黄金线路上，共设置 10 个站点。这条线路的日人均流量占舟山总人流量的 1/3，约每日 5 万人次，建成后将大大方便市民的出行。

二、BRT 之 360 度全体验

为了了解 BRT 是否能方便市民的出行，提倡绿色环保，我们小组选择了 BRT 公交比较成熟的常州（此项目成为全国唯一获土木工程“詹天佑奖”的公共交通项目）和刚通车的绍兴作为体验对象。

1. 常州 BRT 全体验

为了真实体验 BRT 快速公交，我们选择早晚高峰时期和空闲时段来对比体验，并总结其优缺点。

（1）常州 BRT 的优势。

第一，票价低廉。BRT 售票系统与现有常规公交相同，各种 IC 卡在 BRT 线上同样使用。乘坐 BRT 线，和常规公交车完全同价，即投币一元，刷卡六折，学生卡三折，老年卡二折（70 周岁以上免费），其他免费群体一样享受优惠。BRT 实行同站换乘免费，即在 BRT 站台内，换乘不同的线路不再收取费用，乘客可以更方便地进行换乘，得到更多实惠。特别是同台同向换乘这一举措得到绝大部分市民的欢迎和支持。

第二，BRT 乘坐感受更加舒适。BRT 车辆采用低地板（车门踏板距地面≤370 毫米）、大容量（核定载客可达近 180 人）车辆，设有 4 个宽通道双内摆车门，大大方便了乘客上下车。车辆与站台均考虑了残疾人通道。BRT 车辆上设有轮椅专位、靠垫，车内设置了婴儿专用座位。由于行驶在专用车道，车辆行驶更加平稳。

第三，BRT 更加快捷。笔者在高峰时段试乘结果是：B11 29 站，1 个小时左右，平均每站 2 分钟左右，全线平均运行速度达到了 25.64 千米/时，相当快捷。当然，这得益于主线上专门开辟的 BRT 专用车道，使 BRT 即使在高峰时段也能畅通无阻。BRT 在高峰时 3 分钟一班，平峰时 5 ~ 8 分钟一班，站台上也设置有 LED 信息显示器及时显示车辆距车站的距离，免除乘客等车的烦恼。同时，我们也发现进入 BRT 车站时乘客已经付过车费，因此上车时乘客可以直接上车。而据调查，乘客上车投币刷卡，平均每个人耗时约 7 秒，而直接上车，平均耗时只要 1 秒，这真是大大的节省时间啊！

第四，BRT 快速公交系统初步形成“环加放射式”的网络结构，覆盖更广，出行更方便。据常州公交集团介绍，BRT 路线到达的小区、企业、商业区较多，市中心 400～500 米就有一站，远的 900 米左右。使乘客可选的站点更加丰富，出行更加便捷。

第五，路权选择和车辆开门方式科学合理。BRT 路权选在道路中央，车辆采取右开门形式。这种设计充分考虑了常州道路特点、乘客出行特点、交叉口通行能力特点、线网特点等，与已建的北京和杭州 BRT 有明显不同，但优点是明显的。一是 BRT 道路沿线平交路口多，小区、企业、商店出入口多，专用道设在路两侧对机动车出入和 BRT 车辆运行都会产生较大影响。此外，由于 BRT 车和非机动车相邻，必须设置物理隔离，不仅会增加经费投入，在车辆运行、交通管理等方面也会带来更大难度。BRT 车道设在路中央，一方面专用车道与常规机动车道间不用设置隔离带，用标线和反光道钉进行软隔离即可，对机动车可以通过加强交通管理以避免其占用 BRT 车道，不仅道路景观更好，而且更有利于应急通道功能的发挥，同时也不会影响未来道路的拓宽。二是 BRT 车辆采用右开门方式，使之可以利用普通公交站台，常规公交也可以利用 BRT 线路及站台，以有效提升公交直达和零换乘水平，充分发挥 BRT 的资源优势，提高公交的总体服务质量。

第六，BRT 智能交通系统功能全，技术先进。系统的完整性高，科技含量高，数据共享程度高。各种交通信息、监控图像等数据与市交通指挥中心相联，有效提高了交通指挥和公交车辆调度的能力。此外，售检票系统、智能交通系统和安全门系统都有不间断电源供电，可确保设备的正常运行。

第七，绿色环保。常州 BRT 工程是发展绿色交通，提升常州形象的工程。在 BRT 车辆选择上，快速公交系统所需车辆均采用新型环保车辆，采用欧四排放标准。新型车辆耗能低、排放低；路段的专有路权，避免了拥堵时的反复加减速和停车，有效减少了车辆的废气排放。BRT 一号线的修建，对实现“文化旅游名城”、“生态城市”的城市发展目标，有着重要的意义。

（2）常州 BRT 的不足（部分由采访乘客所得）。

第一，常州 BRT 所宣传的同向换乘免费，只限于 BRT 车辆之间，且只能在 BRT 专用车站内换乘，而有些支路上 BRT 和普通公交是共用普通车站的。

第二，常州 BRT 采用中央站点式，车站设置中路中央，进入车站必须走地下通道或过斑马线，对老年人来说，存在困难。

第三，部分私家车主反应，BRT 沿线很多路口被拦死了，转弯要绕大圈子，BRT 开通后对他们出行带来了一定麻烦。

第四，很多市民提出建议，只有 BRT 车辆可以走专用车道，是不是对道路资源的一种浪费，是否可以让普通公交车也可以走上专用车道。

2. 绍兴 BRT 之体验

据了解，绍兴 BRT 是 2013 年 6 月 25 日试运行，同年 6 月 29 日正式运行。BRT 一号线全长 21.8 千米，由杭甬高铁绍兴北站始发，途经 329 国道柯袍线、中兴大道、中兴路，终点站为城南江家娄（越城首末站）。

和常州市 BRT 的 1 元同台同向免费换乘相比，绍兴 BRT 一号线的票价就显得麻烦许多。据 BRT 站台售票处工作人员介绍，绍兴 BRT 一号线全线 11 个站点共 19.9 千米，分段计价，1 元起步，5 角进挡，全程票价 4 元。BRT 公交车还享受与普通公交车一样的优惠政策，即使用公交 IC 卡 A 卡和 T 卡刷卡付费的乘客可享受 8 折优惠，持学生公交卡享受 4 折优惠。

由于绍兴老城区主干道比较狭窄，无法划出专门的快速公交通道，因此 BRT 快速公交车在市区段没有专用通道；在客运中心以南线路设置了公交专用车道，BRT 与普通公交可以混行，禁止其他车辆通行。从客运中心起往北，道路相对比较宽敞，设置了 BRT 车道，该通道也允许其他公交车通行。中兴大道与柯袍线连接辅道设置有 BRT 专用车道，仅允许 BRT 快速公交车通行。

三、三市 BRT 多角度对比

1. BRT 车站及车道的设计

常州 BRT 采用的是中央侧式中间站台（如图 4－10）。绍兴 BRT 一号线多数采用右侧港湾式公交站台（如图 4－12）。乐苑新村、宋梅桥（白马新村）、东街口（原站名人民路口）、第二医院、鲁迅中学和江家溇六对站台，其中第二医院站为直停式公交站台（图 4－11），其余为港湾式公交站台。南段的六对站台均将 BRT 站台与该位置处的普通公交站台并为复核式公交站台。

舟山 BRT 车站是什么形式呢？港城公交朱副总经理告诉我们，根据舟山的道路情况，公交公司建议政府采用港湾式公交站台。同时，定海、新城和普陀三地的车站采用不同的主题来彰显地区特色，相信会使乘客耳目一新。

那么这三种方式有什么不同呢？

（1）中央侧式中间站台。中央侧式中间站台是使站台建在道路中央，并且

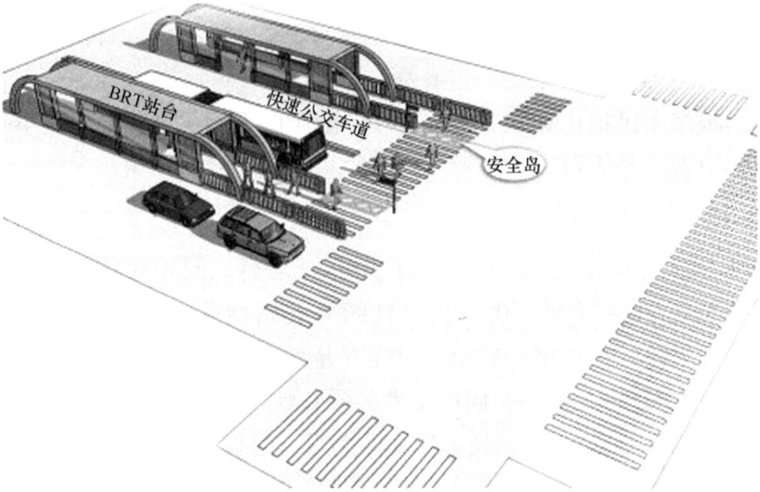

图4－10　中央侧式中间站台

将中央路段设为BRT专用道。从常州市建设局城市建设处了解到，BRT道路沿线平交路口多，小区、企业、商店出入口多，专用道设在路两侧对机动车出入和BRT车辆运行都会产生较大影响。此外，由于BRT车和非机动车相邻，必须设置物理隔离，不仅会增加经费投入，在车辆运行、交通管理等方面也会带来更大难度。BRT车道设在路中央，一方面专用车道与常规机动车道间不用设置隔离带，用标线和反光道钉进行软隔离即可，对机动车可以通过加强交通管理以避免其占用BRT车道，不仅道路景观更好，而且更有利于应急通道功能的发挥，同时也不会影响未来道路的拓宽。但是这种方式对道路资源占用也多，所以，不建议6车道以下的道路采用此种方式。

（2）直停靠式车站。如图4－11所示，这种方式，BRT站台和普通公交站台在一条线上，所以相比前两种更加节省道路资源，但是，BRT和普通公交车如果同时进站，会带来不小的麻烦。

（3）港湾式公交停靠站。如图4－12，港城公交朱副总经理介绍说，港湾式公交停靠站可以使BRT公交站台和普通公交站台错开，避免影响进站时BRT和普通公交车相互干扰，又可以使其共用公交专用线，提高道路资源的利用率。同时，也方便了BRT和普通公交的换乘。因此他们建议舟山采用此种方式。

总之，这三种方法各有利弊，毕竟快速和高效利用道路资源不能兼得。所以，适合的才是最好的。

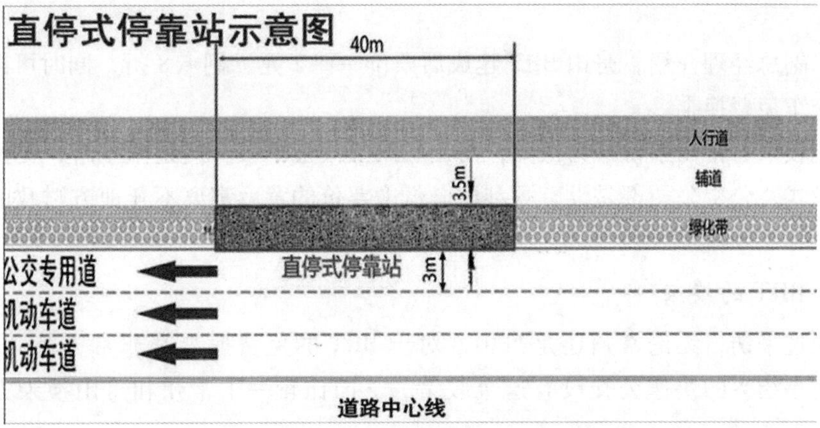

图 4－11　直停式公交站台

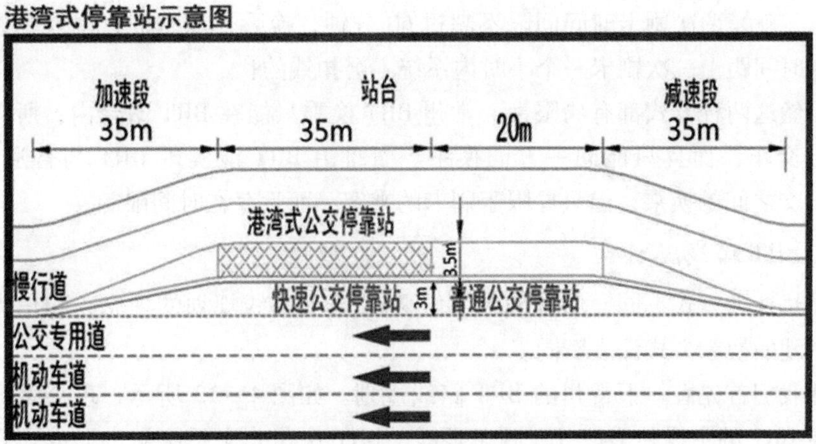

图 4－12　右侧港湾式公交站台

2. 票价方面的对比

常州 BRT 售票系统与现有常规公交相同，各种 IC 卡在 BRT 线上同样使用。乘坐 BRT 线，和常规公交车完全同价，即投币 1 元，刷卡 6 折，学生卡 3 折，老年卡 2 折（70 周岁以上免费），其他免费群体一样享受优惠。BRT 实行同站换乘免费，即在 BRT 站台内，换乘不同的线路不再收取费用。

绍兴 BRT 一号线全线 11 个站点共 19.9 千米，分段计价，1 元起步，5 角进档，全程票价 4 元。BRT 公交车还享受与普通公交车一样的优惠政策，即使用公交 IC 卡 A 卡和 T 卡刷卡付费的乘客可享受 8 折优惠，持学生公交卡享受 4 折优惠。

朱副总经理介绍，舟山 BRT 建成后票价一律 2 元，刷卡 8 折，同时可以与普通公交车免费换乘。

比较来看常州票价最为低廉，舟山和绍兴政策不一。但是据了解，无论哪种收费模式，公交公司都是没有盈利的。低廉票价的背后都离不开地方财政的有力支持。

3. BRT 的换乘

通过采访，无论常州还是舟山，对于 BRT 的免费换乘都非常支持和好奇。遗憾的是绍兴的快速公交没有这个政策。下面比较一下常州和舟山换乘方式的不同。

在常州，只要投币或刷卡进入 BRT 车站乘坐 BRT，就可以在任意其他 BRT 站台下车并换乘其他车次，而且不限次数。而舟山，朱副总也给了乘客一个不错的优惠，就是两次刷卡时间间隔不超过 60 分钟，换乘是免费的，也就是说第二次刷卡时间距上一次刷卡一个小时内系统不会扣钱的！

当然这两种方式都有局限性。常州 BRT 换乘只能在 BRT 站台内，所以只限 BRT 公交车，而且只能同一方向换乘。而舟山 BRT 能实现 BRT 与普通公交、BRT 公交之间的换乘，但只局限于刷卡的乘客，而且存在时间限制。

4. BRT 路线规划

虽然换乘方式不同，但是如果了解两地 BRT 路线规划的理念，相信大家都会对两地的换乘方式深表赞同。

让我们首先看一下常州的 BRT 路线规划。如图 4－13 所示，现今常州建立了 3 条 BRT 的主线和 H1、H2 两条环线，BRT 快速公交系统初步形成“环加放射式”的网络结构，基本覆盖了主城区，所以乘坐 BRT 基本能达到市民出行的要求。同时常州公交集团公司负责人表示，对于乡村进城的某些冗长的公交线路，由于有了 BRT 之后可以适当截断，并且降低了票价，通过一次换乘 BRT 之后基本能到达目的地。综合来看，经过一次换乘票价并没有增加，同时也达到了整合资源，优化资源配置的目的。

舟山 BRT 一号线全线长达 25 千米，包括首末站在内有 10 个站点，是连接定海、临城、普陀的快速走廊线。从公交公司得到的资料显示，这条线路的客流量占全市的 1/3，日均客流量达 5 万人次左右。这条路线可谓压力颇大。所以 BRT 路线的选择还是很联系实际的。

从图 4－14 不难看出，舟山城区呈狭长分布，BRT 不可能与常州一样呈网状

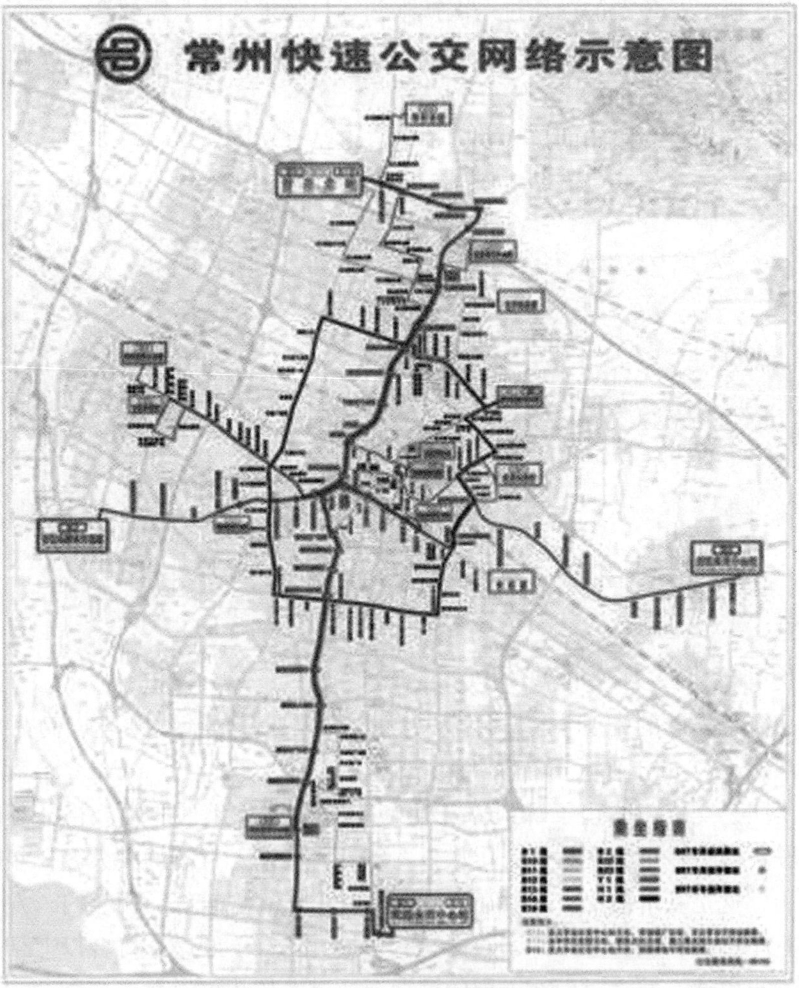

图 4－13　常州快速公交网络示意图

覆盖全城。所以，舟山 BRT 的定位是作为枢纽作用。朱副总经理形象地把舟山公交网络比喻为鱼骨，BRT 作为脊椎骨，普通公交作为鱼刺与之衔接。这是充分考虑到了舟山的地理环境、城区分布、现今道路情况和市民出行需求做出的规划建设。同时，朱副总也介绍，建设 BRT 之后，有利于使资源整合优化。举例来说，以前三江码头到沈家门的 26 路，路线很长，上座率也不错，但是当车效率很低（当车效率是衡量每站平均上车人数的指标），造成了资源的浪费。所以可以截断此类路线，使其与 BRT 衔接，基本做到一次换乘能使 90% 的乘客到达目的地。同时，我们可以算一笔账，长距离的公交票价是 3 元，由于有了 BRT，60

分钟内二次刷卡是免费的，通过一次换乘到达目的地实际只需要 2 元。而且某些公交线路截断之后，路线变短的情况下，还可以增加发车的频率以满足市民出行需要。

因此，城市公交线路的规划要因地制宜，结合实际。

图 4－14　定海—普陀（东港）BRT 沿线站点图

5. BRT 工作人员选拔的标准

即使有了先进的配套设施，也需要优质的服务，才能给乘客以高品质的体验。那么对 BRT 的工作人员有哪些要求呢？

从常州公交集团公司了解到，要成为 BRT 的司机条件非常严格，必须持有大客驾驶证照，在市公交集团公司从事驾驶员 3 年以上且有驾驶大客 2 年以上的工作经历，这是基本前提。此外还要求，平时工作表现较好，两年内未发生主责以上的行车事故；服务态度好，年内无有责投诉；身体健康。符合以上条件者可向车队提出申请，并经过两至三周的培训，通过考核才可以上岗。

而我们从舟山港城公交公司了解到，现今公交公司面临的一大难题是驾驶员难招，在这种情况下很难做到择优招聘。不过，BRT 工作人员的选拔，公交公司一定会严格把关，提升服务品质。

四、舟山市民将全新体验 BRT

1. BRT 人性化设计

（1）快速公交系统车站的设计应该具有与众不同的风格，从而向乘客展示快速公交系统是一个高品质的系统。快速公交系统车站的设计具有审美感染力。座位、通风、遮阳、遮雨棚、安全设施、耐用材料、照明及乘客信息系统都是快速公交系统站台设计的特色所在。乘客不再像以前一样，在日晒雨淋下候车。将月台、护栏、自动门、LED 信息显示器和广告牌、售票房、检票口等整合为一体，既有现代科技和建筑的美感，又有遮雨、挡风和遮阳的功用。

（2）由于公交车的地板高度与车站站台相同，采用水平上下车，上下车变得更容易。

（3）便捷快速公交系统车站具备车外售检票系统，这样当 BRT 车辆到站后安全闸门会自动打开，车辆采用双开门式，乘客可以直接上下车，如此可以实现快速上下车。据计算，现有常规公交，每位乘客的上车时间需要 2～5 秒（包括上车、投币），而 BRT 公交平均每个乘客上车时间只有 0.7 秒。

（4）乘客不必再翘首以待下一辆车，车站上的乘客信息板显示下班车的到达距离和时间。

（5）为保证 BRT 线路乘客的方便性，进行了换乘设计，采用 60 分钟内的免费换乘。因此，一次投币可以到达区域内的任何地方，市民得到更多的经济实惠，绕行最小，相对其他出行方式仍具有相当的吸引力。

（6）当最后一班 BRT 驶过该站台，整个站台将停止运作，此时电子显示屏上将显示处于非营运状态，市民即可不必在站台等候。

2. 体验智能化设置

BRT 运用自动车辆定位、实时营运信息、交通信号优先、先进车辆调度、售检票系统、监控系统、IP 广播系统、周界防范系统、屏蔽门系统和闸机系统，提高快速公交的营运水平。

车载电子系统的车载终端不断收集车辆位置信息，通过无线通信网络传输至调度中心并在 GIS 平台上显示；调度中心则通过无线通信网络发送调度命令，适时调整车辆运营状态，必要时通过车载电话呼叫司机，处理紧急情况。

车辆每日开始投入运行和完成当班运营任务后，由停车场管理子系统按照调度中心的运营调度计划，安排出车和停车，进行每一班的管理和下一班运营的准备工作。司售人员以及停车场工作人员，可以从停车场的触摸式信息查询机、调度指令牌察看当前的运营调度安排，并可听广播调度出车。

交通信号优先。快速公交线沿线每个灯控路口，都安装系统控制设备，部分路口还安装了快速公交专用的信号优先控制检测设备，当快速公交车辆行驶至路口处，绿灯要变红灯的时候，智能交通系统会适当延长绿灯时间，让车辆顺利通过。当路口为红灯时，智能系统会适度缩短红灯时间，减少快速公交车在路口的等候时间。

车站上的乘客信息板显示下班车的到达距离和时间，AFC 售检票系统及信号传输、闭路电视、红外线周界防范等多项智能系统都为 BRT 线路的运营管理提供先进的技术保障。

闸机系统是指站台进出口的三栏式闸机，它可以科学地统计上下车乘客的数量。

此外，Wi - Fi 信号将覆盖所有的站台和车辆，方便乘客在候车和乘车时浏览资讯。

3. 票价设置

根据初步设想，舟山 BRT 一号线将实施全程均价 2 元，60 分钟内免费换乘，其中包括 BRT 公交之间的换乘、BRT 和普通公交直接的换乘以及普通公交与 BRT 公交之间的换乘。

市民乘公交车，无论是有人售票车，还是无人售票车，都是在车上刷卡或购票的，而乘坐 BRT，是在公交站台入口处先购票，然后进入候车区，车到站后再上车。持 IC 卡的乘客，可直接刷卡乘坐 BRT 快速公交车；持现金乘坐的乘客，须在站台窗口购买乘车用的“磁币”；持有学生卡以及使用免费证件的乘客须主动向站售票员出示。对于持卡市民实行进站、出站分别刷卡，根据所乘坐的站数扣款。对于持现金的乘客，在进口处根据所乘站数付车票，领取磁币即可进站，到站时需将“磁币”投入出站闸机上方的凹槽内，方可出站，有效期为一个工作日。未能出示有效乘车凭证的乘客，需从起点站开始计价补票。

BRT 属于公共交通，造价不菲，却一般都票价低廉，支出远大于盈利。然而，鉴于其公共服务的性质，不能仅仅从经济层面来看待其盈亏问题；BRT 的建设无疑体现了一个城市对“公交优先”战略思想的重视程度，也是城市文明发展的一项标志。

4. 线路规划

BRT 主线路为沈家门站—海上水立方，临城站（市政府站）—多彩新城，定海站—古城印象。

BRT 公交 1 号线开通已进入倒计时，岛城将有 6 条常规公交线路随之调整。公交公司计划在 BRT1 号线开通前后撤除 1 条公交线路、截短 3 条、调整 2 条。该方案也在向市民征询意见的过程中。

征询方案显示，快速公交 1 号线起讫地为东门站—东港站（全程 25 千米）。中途双向停靠 8 个站点：畚金花苑（返程：檀枫新苑）、檀东站、海运学院、新城总站、舟山医院、富丽岛路、浦西公园、普陀长运。

营运时间 6：30—20：00，日发班次 120 ~ 130 班，班次密度为高峰时段：5

分钟内1班；平谷时段：10分钟内1班。单程行驶时间设计为：50~55分钟，高峰时段实测用时约62分钟/全程。

因BRT开通后部分线路重叠，将对6条原有公交线路进行整合，整合后，依托快速公交线等公交线路，可通过一次换乘到达本岛90%以上区域目的地。

截短线路：39路、22路、19路。39路（港务码头—新城—大展），保留大展至新城段线路（新城首末站为舟山第一小学站点）；截去定海至新城段线路，主要由快速公交1号线和35路（港务码头至舟山第一小学）替代，疏运至新城对接换乘39路。22路（三江码头—定海—新城合兴），保留定海至新城段线路（并昌洲大道后改走东河北路、南路经环城南路东段、弘生大道、海天大道至新城合兴，解决东河路段和环城南路东段市民出行需求）；截去三江至定海段线路，主要由50路（三江至定海东门车站）替代；三江口至定海城北段前往新城的客流，由50路和游1线疏运至定海东门后换乘快速公交1号线。19路（普陀东港总站至新城合兴）调整为东港经东海路—天吴隧道—兴普大道—浦西—舟渔公司—东海路—东港，用于充实6路浦西至沈家门老城区疏运功能，并兼顾兴普大道勾山段旅客出行，截去浦西至新城，由9路和三组团其他线路替代。

调整线路：6路、89路。6路（城北车站—半升洞—舟渔公司），由东海西路（撤除舟渔公司站点）延伸到浦西后对接快速公交1号线浦西至半升洞换乘客流。89路（三江码头至新城合兴站），由合兴站延伸到新城公交总站，主要沟通新城与三江水陆出口，同时通过新城快速公交1号线站点换乘前往定海或普陀。据悉，该方案公示征询截止时间为2013年9月1日。

5. BRT的前期宣传

据报道，广州BRT工程前后共建设了五年，但直到今天，很多人还没弄明白什么是BRT。竣工时间多次延期没有理由；近期坊间质疑之声四起，无人答疑解惑……建设部门一位负责人说："我们BRT最失败的地方就是宣传，还有就是与市民的沟通。"

而我们调研的江苏常州BRT快速公交，市民一致反映不错，市民接受度也很高。常州快速公交是中国土木工程詹天佑奖中唯一的公共交通类项目，入选"百年百项杰出土木工程"，被国际公交联盟评为最杰出项目。究其最初推广时，正值大雪天气，是17年来之最。公交公司紧紧抓住此次机会推广BRT，加班加点清除道路，保证BRT线路的正常运行。如果没有BRT，50条公交线路又全线停开，市区积雪达到27厘米以上，别说骑车，就是步行，都是寸步难行。如此恶劣的天气下，BRT一天就运送67 869人次，是BRT给常州市民带来了方便！那次大雪让快速公交的优势得到了充分的体现，取得了良好的运营效果和社会效益，极大改善了城市公共交通的服务品质，得到了广大市民的理解和支持。

我们于7月初曾在舟山地区进行随机调查，对舟山居民关于BRT快速公交的认知度进行了解。调查结果如图4－15所示。可看出，大部分的舟山民众对BRT并不熟悉或者不了解。

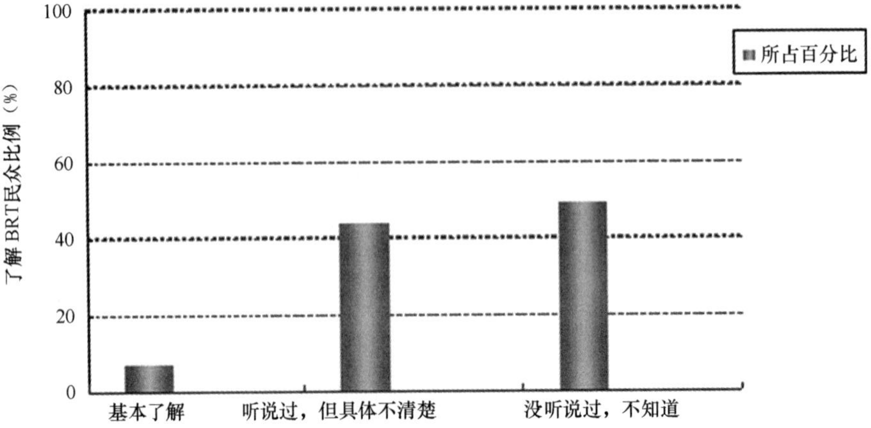

图4－15　舟山地区民众对BRT了解情况调查表

此外，在调查过程中，在向舟山市民大致介绍BRT后，舟山居民对BRT的期望情况如图4－16所示。

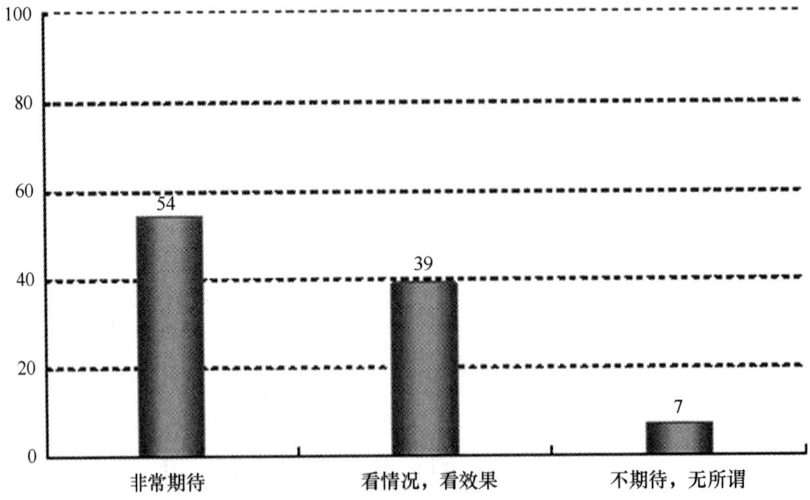

图4－16　舟山市民对BRT的期望情况调查表

由图 4 - 16 可见，过半的舟山居民对舟山 BRT 还是满怀期望的，也有很大部分的市民称还是要看看这个 BRT 运行的状况，看实际运行效果的。

BRT 快速公交一项重要前提就是专用车道的设置。如果前期宣传不到位，社会车辆照闯不误，专用道必定会受社会车辆的排挤，届时 BRT 快速公交快不起来，其他车主也将受到处罚，势必会造成交通秩序的混乱。因此，应加强宣传，让市民从中得到实惠与便捷，让这项工程成为一项惠民工程。

所以我们要在认清现状的基础上，统筹合理安排有利于民众出行的交通线路。在人员密集场所以及 BRT 线路附近发放 BRT 宣传册等。通过报纸、电视、网络等媒介宣传舟山 BRT 快速公交、如何乘坐 BRT 快速公交等信息。有必要的话可以通过电视台的帮助开展 BRT 专场讲座、市民问答等形式改进舟山 BRT，让市民理解 BRT，共同建设舟山快速 BRT。

第五部分
舟山宗教与反邪教

对舟山部分中小寺庙宗教从业者反邪教状况的初探

——浙江海洋学院暑假反邪教实践团调研报告

周斌超　吕　赞
指导老师：顾协国

【摘　要】　宗教从业人员具有自身的优势与特点，可以更好地应对新时期邪教的传播与蔓延。舟山群岛新区应当运用自身所具有的宗教从业人员的优势，改进现有的宗教从业人员所具有的弊端与不足，通过统一宗教战线、加强宗教理论研究、改进宗教工作来促进反邪教工作的发展，从而保障舟山群岛新区的社会和谐与稳定。

【关键词】　宗教从业者；反邪教；舟山新区

舟山是我国东部漫长沿海线上一颗璀璨的明珠，它与我国其他东部城市不同。号称“海天佛国”的舟山，拥有着我国四大佛教名山之一的普陀山，每年来普陀山朝拜的香游客达 1 000 万，舟山本岛居民因为受生产生活等因素的影响大多数有信教信仰的倾向。且因处于东部沿海地区，舟山也是西方宗教传播的首选之地。舟山地区的宗教，有着与其他地区不同且又高度复杂的状况。

随着 2011 年国务院对群岛新区的批复、2013 年舟山群岛新区管理委员会正式挂牌成立，舟山新区的建设也越来越需要一个稳定和谐的环境，而 2012 年底在一些地方传播的“全能神”邪教，给舟山的反邪教工作也敲响了警钟。

现在的宗教从业者具有在宗教知识方面的专业性、社会接触层面的广泛性和宗教信仰程度的坚定性，我们认为宗教从业者应该担负起反邪教的重任，成为舟山新区反邪教战线中重要的一份子。但是现行的研究，却很少关注到宗教从业者的反邪教状况。作为当代的大学生，我们敏锐地察觉到了这一点，在浙江海洋学

作者简介：周斌超、吕赞均为浙江海洋学院行政管理专业 2011 级在读本科学生。

院思政部教师的指导下，展开了对舟山群岛新区中小寺庙中宗教从业者反邪教状况的调查，并提出相关意见以供有关部门参考。

一、舟山地区邪教活动特点及对宗教从业者重要性的认识

在新时期，邪教的发展也呈现出与以往不同的特点，具有高度的隐蔽性、严密的组织性与极强的危害性，面对这些特点，具有自身优势的宗教从业者成了反邪教战线中一道亮丽而又重要的“风景线”。

（一）新时期邪教表现出的特点

1. 高度的隐蔽性

全国人民代表大会常务委员会《关于取缔邪教组织、防范和惩治邪教活动的决定》和最高人民法院、最高人民检察院《关于办理组织和利用邪教组织犯罪案件具体运用法规若干问题的解释》规定：邪教组织，是指冒用宗教、气功或者其他名义建立，神化首要分子，利用制造、散布迷信邪说等手段迷惑、蒙骗他人，发展、控制成员、社会的非法组织。从这一定义中可见邪教所具有的隐蔽性这一特点。

许多邪教主要是借“正宗”的名义开展活动，通过断章取义、咬文嚼字等方式来“证明”其理义的正确性。这种“扯大旗做虎皮”的方式就是隐蔽性的表现。从我们开展的调研状况来看，舟山地区中小规模宗教场所中邪教的隐蔽性主要表现为三个方面：一是理论教义的隐蔽性；二是组织行动的隐蔽性；三是组织目标的隐蔽性。

理论教义的隐蔽性主要是指邪教在理论上是通过断章取义等方式曲解正统宗教经典的本意，以证明自身的正确性最终说服他人；在派别上是借以正统宗教的名义，谎称自己是某宗教的分支派别，这往往会使得一部分见识面较窄、知识水平较低的信徒被这些组织所蒙骗。在我们走访舟山市定海区天主教堂时，作为神父的王某（化名）向我们揭示了“全能神”邪教截取《圣经》中的相关字句，以骗取信徒的手段。

组织行动的隐蔽性是指邪教组织的活动往往是暗中开展的。我们在调研的过程中发现许多通过曲解佛教经典的邪教，主要是借以一系列庙会、佛事等方式开展的，该组织的头目往往自封为“天王”或者什么神明等，而这种庙会和集会的实质很难为普通的百姓所辨识。而那些通过曲解基督教、天主教而产生的邪教主要是以小团体或者家庭为单位的“小团体”方式开展活动，这种以家庭为单位秘密进行的组织活动很难为公安机关、610 办等反邪教机构所发现。2012 年在

舟山市定海区盐仓街道和白泉镇等地传播的“全能神”邪教就是以家庭为单位的“小团体”进行传播活动的。

第三点则表现为邪教组织目标的隐蔽性。在走访舟山市的中小寺庙与舟山市临城街道的部分农村时，我们与那些曾经听过“法轮功”宣传的农民交谈发现，许多人之所以相信邪教并不是为什么政治目的或者其他原因，而是一个很简单很平凡的原因，就是自己和家人富足平安。但是，就是这么一个普通的希望却被别有用心的人利用了。可见，邪教总是以一个伪善的外表欺骗人，在成功的洗脑后才暴露出它阴暗的一面。

2. 严密的组织性

邪教除了外在的隐蔽性之外，内在的严密组织性也是其重要特点之一。严密的组织性要求成员对其所谓的精神领袖进行绝对地服从，甚至是“献世”。通过“全能神”在舟山地区及其附近地区传播的案例来看，严密的组织性主要表现为：组织的阶层化、领袖的绝对化和联络的秘密化。

阶层化（social stratification）是指一个社会中的人，按照某一个或几个标准，如财富、权力、教育、职业、文化或声望之类，被区分为各种不同等级的安排方式或状态。在行政管理学中可以理解为层级管理，要求明确各职位的职责、权力和利益，各在其位，各司其职，各负其责，严格按照组织程序。在邪教中，邪教首要分子通过一系列的谎言、欺骗等手段神化首要分子，并建立起一定的架构以便对成员进行管控，是邪教组织阶层化的主要表现。例如“观音法门”这一邪教组织，该组织具有“清海无上师”、“使者”、“出家师”、“土地公”、“同修”等组织结构，不同的组织机构发挥着不同的功能与作用。

领袖的绝对化，是指邪教组织为了对组织成员的完全掌控，要求组织成员对其首要分子的指示绝对地服从，为达目的甚至不惜使用恐吓、威胁等手段。我们在沈家门基督教堂进行走访调查时，该教堂的工作人员向我们讲述了邪教组织对于一些信徒使用胁迫等方式要求其为邪教“卖命”的案例。在慈溪所发生的一例“全能神”邪教的案例就是如此，结果酿成了一名妇女的腿被锯掉的惨剧。

组织联络的秘密化。正如组织行动的隐蔽性一样，组织联络的秘密性一定程度上表现为组织行动的隐蔽性，但是还包含着其他特征。例如在思想传播上，现行的邪教传播已经开始向网络媒体转移，比如“法轮功”通过在境外注册“大纪元”这一网站不断地向国内及其他地区传播邪教思想以及其他反对大陆、反对共产党领导的思想；在成员联系上，现行的邪教组织也多用手机、虚拟网络等方式进行联系，这种联系方式使得难以被公安机关所掌握。

3. 极强的危害性

邪教之所以称之为邪教，是因为它和一般的宗教在教义上是背道而驰的。正统的宗教传播的是一种普世的价值，它要求信徒“仁爱”、“善良”、“奉献”；而邪教表面上宣传的和正统宗教并没有什么大的差别，但是在实质内容上邪教要求人们为所谓的“上帝”或者“神”奉献，实质上是为邪教的首要分子“卖命”，以实现其一己之利。

邪教的危害性不仅仅表现为对教理教义的歪曲，更是对于个人和社会的巨大损害。首先从教理教义的角度来讲，它损害的是正统宗教的形象。一般的百姓很少有对宗教理义熟知的，面对邪教和宗教，很多人都“谈教色变”。当我们在舟山市定海区文化广场和海山公园宣传反邪教时，一些居民听说与邪教有关便对我们“敬而远之”。对个人而言，邪教对于个人的精神和物质甚至是肉体损害比比皆是，像“法轮功”、“全能神”这些邪教的危害我们至今仍记忆犹新。邪教最大的危害还是在于邪教对于社会的危害。许多邪教在最后所表露出的是对于政府和党的不满，甚至要建立自己的统治，这样的状况对于国家而言，无疑是动乱的根源。2001 年 1 月 23 日，北京天安门广场发生了震惊中外的“1・23”自焚事件，这就是一起由“法轮功”邪教组织策划的悲剧，在国内外造成了严重的影响。同样，在舟山也有着一些邪教对百姓损害的案例。2012 年舟山市普陀区平洋浦村一位外来打工者通过金钱收买老乡关系，每日为这些同乡提供“免费的晚餐”，并且通过晚餐时间宣传“全能神”邪教，在信徒入会后，向其收取所谓的“善款”，最后该邪教组织中的几位“头目”因为分赃不均闹出矛盾，最后向公安机关举报而被查处。据当地派出所的统计，该邪教组织通过收受“善款”的名义，向被骗民众收受财物已达 10 余万元。

（二）宗教从业者在反邪教战线上的重要性

宗教从业者是对于专业从事宗教活动的人的简称。广义的宗教从业者包括专门从事宗教传播的僧侣、沙弥、牧师等以及在宗教场所中的工作者与义工等；而狭义的宗教从业者是单指专门从事传播宗教的人，这其中包括寺庙中的僧侣、教堂中的牧师长老等。本文所讲的宗教从业者仅指以僧侣、牧师、长老为主要构成的狭义宗教从业者。

宗教从业者相对于一般的信教群众而言，有着自身的特性。最常见的表现为宗教知识方面的专业性、社会接触层面的广泛性、宗教信仰程度的坚定性，这些似乎与生俱来的优势使得宗教从业人员在反邪教阵线中具有无与伦比的优势。

1. 宗教知识的专业性

我们走访的宗教从业者中有近 3/4 是经过专业培训或者是经过神学院专门学

习过的，基层的中小寺庙中虽然仍有一部分是没有经过专业培训或者学习，但是在寺庙中的早晚“经诵”已经使他们具有初步的宗教理论知识。如舟山市定海区日照禅寺每天组织僧侣在早上与傍晚进行“早经”和“晚经”的经诵，以加深僧侣们对佛学经典的了解和认识。邪教主要是对信徒实行洗脑、灌输要求每日必须翻来覆去地诵读所谓的“教义经文”并且宣称这些经文是绝对的真理，是唯一可信的，使他们丧失独立思考分辨是非的能力和自主行动的能力，甘愿受其摆布。所以“学好学专”宗教知识对于宗教从业人员尤为重要。

神职人员所担负的责任在于：一是对于广泛信教群众进行普世价值的教理教义进行宣传；二是与邪教开展教理教义的论战。这两项职责的履行都需要对宗教理论知识有着广泛而深入的认识。

2. 社会接触的广泛性

社会接触层面的广泛性是指宗教从业人员所具有的特殊性地位而言的，宗教从业人员既是宗教文化的传播者，和广大的信教群众有着密切的联系，但同时他们又是我国爱国主义统一战线中的一分子，许多宗教从业者也担任着各级政协委员的职务。所以就这一特殊地位而言他们能够凭借自身的有利条件与广大信徒接触，密切关注和防范邪教，并为政府的反邪教工作出谋划策。

以舟山为例，舟山市政协就收到过一份来自定海区天主教堂的提案，提案人是舟山市定海区天主教堂的王江飞神父与郏山君神父，提案的内容是要求政府高度重视 2012 年下半年在定海的盐仓、白泉等中心城镇传播的“全能神”，并提出了相关的建议。

3. 宗教信仰的坚定性

许多神职人员从事宗教工作并不是因为从事神职工作的高报酬、高地位而是对于信仰的执着追求，尤其是天主教、基督教的神职人员。他们通常是第四代或者是第五代的信徒，对于宗教的虔诚已是不言而喻，经过神学院的修行后对于宗教经典的研究也就达到炉火纯青的地步了。我们走访的沈家门基督教真神堂长老戚德得就是这样一个人，他是第四代基督教信徒，经过神学院的修行，他对基督教的信仰已经达到坚若磐石的地步。所以，面对邪教的“威逼利诱”他们有着极强的抗拒力。

戚德得长老向我们讲述了一次在他主持完礼拜之后，一名妇女劝他加入某一“宗教”，并以高报酬作为回报的故事。故事的结果当然是长老坚定地坚持了自己的信仰，回绝了她的请求。从这一案例中我们可以看出宗教人员所具有的信仰的坚定性。

从以上三个方面，我们可以看到宗教从业者在反邪教阵线中所具有的无与伦比的优越性，而这些优越性正是抵抗现代新特征邪教的绝佳办法之一。

二、舟山地区中小规模宗教场所中从业者反邪教工作的状况

宗教从业者具有其优越性，但是无可避免也存在着一些问题。接下来就让我们以舟山地区的中小寺庙、教堂为例来分析舟山地区中小规模宗教场所中存在的问题，以便解决这些问题，更好地开展反邪教工作。

（一）理论上：理论研究未能世俗化

理论研究的世俗化这一命题早在16世纪至17世纪欧洲的宗教改革时就已经提出。那时宗教的世俗化所要求的是将《圣经》从原有的拉丁文译为英文、德文、法文等语言以及信仰得救等，使得基督教真谛能够让每一个人都看得到、学得到，不再由牧师、教皇等神职人员专门传授。从宗教改革至今，基督教、天主教的理论已经能够为普通的教徒所了解、学习甚至是掌握。然而佛教却较少地做到这一点，自公历纪元前后，佛教开始由古印度传入中国，经长期传播发展，在中国多见的是由梵文转化为汉文的经典，其中多为文言格式。在当今时代能够使用文言的人已少之又少，能够完全掌握佛教经典中的“真谛”的非一般常人所能做到。一般的信徒对于佛学中相关“真谛”的领会多来自于僧侣口耳相传的某类习惯或者言语。我们在舟山市定海区海山公园宣传时，一位老太太就向我们讲述了家中有《金刚经》、《地藏菩萨经》等经书多卷，每日诵读，但是不能悟解其中的真谛，并且还向我们的同学问了经卷中一些生僻少见的字。

现行许多宗教中的宗教理论研究多集中于寺庙经院内部，经院之间的交流较少，更不用说与普通信徒之间的交流了。产生这种现象的原因是多方面的。有各种教派之间的隔阂，也有出于缺乏交流渠道的原因，甚至也有因为开办这类交流会所需要的审批程序繁琐等。这些原因最终导致宗教理论的世俗化进程困难。

世俗化，对于宗教而言是教理教义为普通群众信徒所领会，并使其为之努力。就这一点而言，宗教理论的世俗化对于抵制邪教的发展是有帮助的。首先就宗教理论而言的，宗教理论的世俗化，可以让普通的信徒接受到正确的教理教义熏陶。这样在面对邪教传播的“歪风斜理”时就能够正确地辨识邪教、并且远离邪教，这样就压缩了邪教的生存空间。其次是宗教理论中所含有的普世价值、爱人互助观念的传播，亦将有助于社会的稳定与和谐，促进社会的发展。

（二）行动上：说教形式未能多样化

说教，在百度百科的解释是“宣传宗教教义，比喻生硬枯燥地空谈理论，教

训别人”（deliver a sermon; preach; have a sanctimonious talk），指的是宗教上宣传教理教义的方式方法。一般而言，我们谈及“说教”这一词语的时候许多人会认为说教是一种枯燥无味的宣传教育方式，然而实际上并不是这样的，说教就其形式而言可以延伸为多种方式，就其本质而言，只要是宣传教育就是一种说教方式。

说教形式的多样化有助于反邪教的开展和反邪教内容的深入人心。一般我们所见的说教方式有演说、演出和活动等方式。然而在舟山市中小规模的教场中，我们所见的说教方式多为演说方式。在舟山市的中小规模的寺庙中，说教方式基本以佛事形式展开，而参加佛事的除了僧侣和寺庙中的宗教人员外，主要还有邻近村庄中的老婆婆与少部分的中年妇女，参与的男性信徒较少。这样的说教方式造成了一定的局限性，如：参与人员的构成上和影响程度上。舟山市的中小规模的教堂中情况则有所改观，这些以基督教、天主教为首的教堂，主要通过弥撒和礼拜活动开展，在节假日还有相关的庆典以及在信徒离世后还有“追逝会”等纪念活动，这些方式都在一定程度上丰富了说教的形式，使得正统的宗教理义深入人心。但是，这样的说教方式，依旧存在着一些问题，如影响的范围等。

产生宗教说教形式上的单一性，原因是多方面的，既有经费、人员、场地等物质上面的局限性，也有管理上的问题。如何正确地引导宗教发展，使得宗教的说教形式深入人心，是宗教从业者和其他相关部门所应思考的问题之一。

（三）组织上：行动安排未能联合化

组织行动，是一个组织为了实现某一目标而进行的运作与活动。组织行动的联合化有利于提高组织在实现目标时的行动力量，通过合理地组织与布局达到提高组织效率，促进事务的进程与发展的目的。在反邪教的工作中亦是如此，联合或是组团式的组织行动，将有利于反邪教的宣传和监控邪教的传播。

但是我们在走访舟山市的中小寺庙和教堂时发现，许多僧侣对于反邪教的工作认为只是需要自己多做宣传工作就行，并没有考虑到联合其他寺庙或者教堂进行联合反邪教活动，甚至有的僧侣认为没有必要进行联合反邪教。我们在走访舟山市定海区日照禅寺时，对于宗教从业者应该如何反邪教时，该寺的一位大师认为：他们僧侣反邪教的唯一途径就是弘扬佛理，别无他法。而舟山的天主教堂相关人士则表示，自己有意愿与社区、其他教堂进行联合，但是限于一些原因并不能实现这一愿望。

在我们的走访中发现，各种教派之间的隔阂是其中的一个重要原因。在走访中，许多宗教从业者并不清楚或者了解兄弟教派的状况，甚至有时对兄弟教派处于一个敬而远之的态度。在走访中我们发现一个这样的事例：一个佛教的沙弥前往一个乡镇化缘，走到一农户家门前，敲开门发现室内挂有十字架，于是沙弥拔腿就跑。从这一案例中，教派之间的隔阂可见一斑。

但是，教派间未能做到反邪教的联合化的原因不仅仅在于教派之间的隔阂，亦有现实条件的限制，如资金、场地等以及没有教派“牵头”。但是教派之间的联合对于反邪教是非常重要的。

三、对于中小规模宗教场所中反邪教工作的几点建议

通过对于舟山地区中小规模的寺庙和教堂的走访，我们发现了舟山地区中小经院寺庙中的宗教从业者在反邪教方面所存在的一些问题。对这些问题剖析后，我们提出了一些对应的建议，以提升舟山地区中小经院寺庙中宗教从业人员的反邪教能力，发挥其反邪教的中坚力量，促进舟山群岛新区的和谐与稳定。

这些建议分别从宗教战线、宗教工作和宗教理论这三个方面展开。它们分别是宗教战线需要整合布局，促进宗教工作统一化；宗教工作需要加强合作，促进宗教工作基层化；宗教理论需要加强研究，促进宗教理义世俗化。

（一）整合宗教战线布局，促进宗教工作统一化

对于舟山市的现状我们提出了几点建议，以应对邪教对舟山建设和发展的影响，改变以往以“治”为主的应对方法，变为以“防”为主的应对方法。而在这以“防”为主的方式中，则要突显出两大主体的重要作用。一是宗教管理局，它担负着宣传贯彻党和国家的民族、宗教政策和宗教方面的法律、法规，办理涉及少数民族、宗教事务方面的具体事宜；对各县（市、区）民族宗教工作进行业务指导；及时处理涉及民族、宗教方面出现的突发事件；依法管理民族、宗教事务，保护少数民族和宗教界的合法权益；保持全市民族宗教领域的政治稳定、社会安定等职责，是宗教管理的主要部门。二是宗教从业者，它们是专业从事宗教工作的人员，对于宗教经典有着独到而深刻的认识，在反邪教方面有着独特的经验与力量，但力量分散，缺乏一种“合力”。所以需要完善机制，建立起以宗教局为领导，各寺庙经院为主体的“联防”机制。

（1）完善制度，建立长效机制，确保反邪教工作常年不懈。要使反邪教各项工作常年不懈，防范邪教侵蚀警钟长鸣。各个寺庙经院要在工作中不断完善邪教侦察、信息报送、与有关单位协作等有关制度。宗教管理局要在工作中完善经院联合、监督和责任追查制度。通过各项制度的建设，保障反邪教工作有力持久开展，为建设和谐新区打下坚实基础。

（2）加强从业人员专项培训，提高基层的宗教从业人员反邪教业务水平。

抓好反邪教工作，发挥基层宗教从业者的作用是关键。要提高从业者队伍素质，就要通过定时组织防范与处理反邪教培训和经院内从业者自培班等渠道，组织开展反邪教工作重要性认识教育、责任意识教育和形势教育。专题学习反邪教法律法规、政策要求、邪教特征、防控重点、帮教方法等，促进基层宗教从业者思想认识、政策水平和工作方法的同步提高。把爱国家、爱宗教、爱和平、讲文明、讲道德、遵纪守法的意识，注入宗教从业者的价值观念中，培养其良好的心理素质和处理事情的敏锐性，并在帮教工作中，动之以情，晓之以理，尊重、关心和帮助邪教练习者，以自身的人格魅力改变他人。

（二）建立“两线”合作，促进宗教工作基层化

“两线”工作是宗教工作中的重要一步。“两线”指的是“学校－社区－经院”这一条线的两个部分，分别是“学校－社区”线与“社区－经院”线，指学校联系社区，带动社区科普，社区联系经院，经院推动社区的反邪教工作。

当今社会，社区是人们安居乐业、休养生息的基础和家园，也是城市的细胞，最为基础层面的社会单元，而以“法轮功”为代表的邪教组织之所以能够快速发展蔓延，甚至在严厉打击之后仍然苟延残喘，就是利用了社区复杂的环境和管理上的松散，不断钻营、培植利于自身滋生蔓延的土壤。并以此为基础不择手段地四处扩散，力图争夺并扩大阵地，形成与社会、政府不可小觑的对抗力量。据统计，法轮功练习者有90%以上为年老体弱者，他们的大部分时间在社区里活动。因此，深入居民搞调研，带领居民搞科普，确保居民有一个安定和谐的环境，是学生和宗教从业者义不容辞的职责。

（1）推广科技教育，塑造“科教型”社区。同学们应该宣传科学知识、科学思想和科学精神，积极组织有关专家和科普工作者，建立有效制度，号召社区居民积极参加科普讲座、科普报告、科普咨询、科普培训、科普竞赛、科普讲演以及科普影视巡演等科普活动，使科普进社区、入家庭，让科普知识照亮社区的各个角落，铲除邪教阴影，形成人人学科技、爱科技、用科技的科普文化氛围，营造一个“科教型”社区。

（2）加强文明建设，塑造“和谐型”社区。社区是社会对内、对外的窗口，社区居民的文明程度直接反映了城市的形象。且现阶段小区中的居民大多有信教的倾向。因此，宗教从业人员要深入社区，宣传具有仁爱、和谐、奉献的普世精神，进行以文明和谐为本的宣传教育活动，开展以文明和谐为主题的道德实践活动。引导居民相认、相识、相知、相助，形成邻里互助、团结和谐、平等友爱人际关系。传播健康、倡导文明的生活观念，形成良好和谐的社会风尚，塑造“和谐型”社区。

（三）加强宗教理论研究，促进宗教理义世俗化

加强宗教理论研究，促进宗教理义世俗化，是宗教理论研究的重要组成部分。宗教理论世俗化能够促进和谐、奉献、仁爱的普世精神传播，促进社会和谐，提升人们的思想道德素质。促进宗教理论的提升，需要做到以下几点。

（1）加强宗教理论研究。加强宗教理论的研究可以促进宗教思想的交流，在不断的交流中得出宗教的真谛所在，以应对邪教的歪风斜理。这就要宗教从业人员潜心研究宗教经典，不为世事所扰；宗教管理部门要争取给从业者交流的机会，开办交流会、茶话会以促进宗教理义的研究“百花齐放、百家争鸣”。

（2）促进宗教理义世俗化。宗教从业者与宗教管理局应当联合向公民宣传普世的宗教精神，宣传正确的教理教义，促进社会和谐发展。以漫画、科普展等形式向居民展示浅显易懂的普世价值和邪教的危害性。

审视反邪教工作，宗教从业者任重而道远。邪教组织的隐蔽性、危害性、组织性赋予了宗教从业者在反邪教工作中的不可或缺性，只有充分认识到现行经院教场中宗教从业者的特点，克服自身的缺点，完善宗教从业者的工作，才会有力压缩邪教生存的空间，才能让居民生活在晴朗的天空之下，才能为新区的建设提供稳定和谐的环境。

科普反邪教，圣经传能量

——定海天主教堂反邪教情况调查

童志惠　何水仙
指导老师：顾协国

【摘　要】　宗教与邪教有着本质的区别。宗教从业人员作为反邪教的专业人员，具有独特的优势，可以更有效地抵制邪教的传播与蔓延。舟山这座岛城拥有大量的宗教从业人员，可以成为抵制邪教的强大助力。天主教在舟山拥有一定的信众，通过对天主教从业人员的反邪教调查，可窥见舟山目前反邪教状况。舟山群岛新区应当清楚认识舟山宗教的反邪教现状，改进现有的宗教从业人员所具有的弊端与不足，促进反邪教工作的发展，从而保障舟山群岛新区的稳定与发展。

【关键词】　宗教从业者；天主教；反邪教；舟山群岛新区

一、问题的提出

宗教是一种社会意识形态和社会历史文化现象。宗教包括教义、礼仪、宗教团体，教义即思想观念和感情体验；礼仪即崇拜行为和礼仪规范；宗教团体即教职制度和社会组织。我们都知道目前我国主要有佛教、道教、基督教、天主教、伊斯兰教五种宗教，它们都有着悠久的历史和众多的信徒，然而众多的邪教组织打着这些宗教的幌子，以蛊惑、恐吓等手段发展信徒，给他们洗脑，导致很多信众迷失自我而进行自残和他残行为，这不仅对个人的生命财产安全造成危害，还影响了社会的稳定，实乃社会的一大毒瘤。所以，反邪教活动一定要广泛有力地开展。我们相信很多人都会关注这个话题，尤其是从事反邪教工作的部门，比如

作者简介：童志惠、何水仙均为浙江海洋学院行政管理专业 2011 级在读本科学生。

公安部门。邪教打着宗教的幌子来进行活动，那么，真正的宗教从业者对于反邪教活动的认识和开展情况又是怎样的呢？对此，我们在开展实地的实践调查前，通过相关的途径，查了相关的资料，概括起来，大概有以下几点：

（1）作为宗教从业者对于反邪教工作有着义不容辞的责任，因为反邪教一方面能够打击邪教行为，维护自身宗教的形象，另一方面，维护社会稳定，也是十分符合宗教义理的。所以，很多宗教从业者也在积极地开展反邪教工作，这是很可喜的。

（2）虽然很多宗教从业者也在进行反邪教活动，但是他们在实际行动中所展现的特点，也反映出一定的不足。比如，在理论上，宗教从业者对于反邪教的理论研究并没有世俗化，它还是蒙上了一层面纱，所以就不容易达到预期的效果；在行动上他们以说教为主，主要是在聚会的时候以演讲的方式，这样显得说教的多样性不足；在组织上，各宗教从业者趋向于各自活动，没有一个统一的战线，缺乏联合，也达不到预期的效果。

综上两点，可以看出宗教从业者对于反邪教活动的认可度以及呈现的一些特点，但是，具体直观的认识和结论还是来自于实际的采访调查。所以，我们把目标锁定在定海气象台路的天主教堂，我们希望通过接触相关的从业者，得到直观的认识，以我们的实际行动为反邪教活动宣传尽一点微薄之力。

二、调查方式

（1）与教堂里的教友义工交流，了解他们义工的内容，看是否有涉及反邪教的实际活动安排。

（2）参加教友们的聚会，在现场感受真正的宗教文化，采访一些教友，调查他们对于邪教的认识和看法；向他们发放一些宣传资料和调查问卷，回来做统计。

（3）最主要的方式是采访天主教的神父，准备好一定的问题，与神父探讨，并认真做好笔记，回来整理。

三、与天主教神父的深入坦诚交流

聚会活动结束后，教友义工领着我们去找神父，神父得知我们的来意以后，很亲切地接待了我们。神父是一个很博学且很健谈的人，我们准备的问题，他基本上能谈出一些自己的看法，所以我们交谈得十分愉快。我们首先问神父作为一个宗教从业者他对邪教的认识是什么。神父阐述道：邪教与宗教信仰真谛是相违背的，其邪教所表现的特征有两点。其一，真正的宗教信仰是谦卑的，它只是给人以精神的寄托，心灵的慰藉，同时引导人一心向善，学会爱自己和爱别人，但邪教是一种统治行为，控制人的思想，它把自己放在神的位置；其二，邪教在一开始的时候并没有表现出邪恶的面目，但后来就逐渐暴露本质面目了，其危害性也就体现出来了。接着，神父又向我们阐述了迷信和邪教的区别，这也是我们特别想探讨的问题，他指出迷信是无根据的，经不起理性的敲打的；邪教是反人性、反社会、反理性且十分猖狂的，就危害性而言，它远远大于迷信。再接着，神父举了一个他朋友信奉“全能神教”而遭遇悲惨的实例，他的这位朋友也是一个天主教信徒，但受到了邪教的蛊惑，最后不仅毁了自己，更毁了家人，这让我们真实地感受到了邪教反政府、反社会的本质。于是，我们疑惑地问神父，既然邪教这么邪恶，很多人都知道它的危害，但为什么还有很多人被它洗脑呢？神父解释道，很多被邪教洗脑的人多多少少在精神和心理上存在问题，他们缺乏理性的思考，所以，关注这类人群也是开展反邪教活动的一种很好的途径。另外，被洗脑的邪教信徒很有可能是受到了恐吓，迫使其无奈信奉邪教。

再接着，我们问神父，作为一个真正的宗教从业者是怎样从自身宗教专业角度反邪教的。神父思量片刻，说道，到了一定的高度，真理都是相通的，不论是天主教还是基督教在某些教义上都有相似之处，所以对于兄弟教派不能有排斥心理，应该尊重他们，作为社会上的宗教团体，在需要时，很有必要联合起来反对邪教的入侵，让邪教无机可乘。对于这一点我们表示十分赞同，因为我们在活动之前也了解到，虽然现在很多宗教也在反邪教，但缺乏一定的联合性，各自行动，所以可能无法达到预期的效果。如果真能联合实际行动，这样所形成的力量是很强大的。另外，作为天主教本身，正确地解释教义，积极地做好宣传工作，正确地理解信仰，也是抵制邪教的一个很好的手段。但我们问神父平时通过说教等方式引导教众抵制邪教外，有没有一次和其他兄弟教派联合起来反邪教呢，神父摇头，表示现在还真一次没有实现过这样的看法。看来想法很好，实践起来还是有一点难度的。

此外，作为天主教的神父，自然不会忘记介绍天主教自身的特点，以向我们展示其信仰的真义：首先，天主教组织的活动很多，比如办学校、医院、孤儿院、老人院等，而且这些活动并不是现在才做，其很早就已经在进行；其次，天主教对于婚姻十分关注，婚姻是终身大事，婚姻的和谐不仅关系到个人和家庭，更与社会的稳定密切相关，所以，天主教对即将结婚的教友进行6个月的婚前辅导，1~3年新婚加油站，3年以后，夫妇恳谈会；再次，引导教众面对死亡应有一个正确的态度，不会畏惧；第四，办了很多夏令营，主要目的是了解彼此，学会分享。在神父看来，这些活动都是十分必要的，这都是真正的宗教应该做的事情。

四、对于与神父交流的分析和思考

天主教是有着悠久历史的宗教，而且它在世界上有众多的信众，所以有着不小的影响力。这种正统的宗教，对于那种打着宗教的幌子来危害社会的邪教自然有着自己的看法，而神父作为比较核心的角色，他的看法就更具有一定的代表性。从与神父的交谈中，我们不难发现，他对于邪教的认识还是十分到位的，原因可能是神父作为一个宗教从业者，他能接触到很多信众，能了解信教者的心理，也更能理解宗教信仰的真谛，所以更能直观地区分宗教和邪教。

前面说过，邪教是打着宗教的幌子来拉拢信众，但它却是危害社会的毒瘤，这种危害和破坏也是对于正统宗教形象的损坏，而邪教的邪恶行为还是普遍存在的。所以，关系到自身政治宗教的形象，神父能够透彻地认识邪教，也是很正常的。

神父在谈话中指出一点，我们觉得非常可贵，他说真理到一定高度都是相通的，要尊重其他的兄弟教派，彼此尊重，对于反邪教，必要的时候可以联合起来，形成统一的战线。的确，现在很多正统宗教团体也在反邪教，但由于自身的相互抵触，很难做到联合，各自为政，效果不佳。如果真的能够做到联合，形成一面铁壁，那么邪教是无孔可入的。但是，我们从神父的口中也知道，这些想法还大多停留在理论上，还未付诸行动，这是今后反邪教活动开展时所要重视的问题。我们坚信只要一起努力，就会成功。另外，神父还说，很多被邪教洗脑的信众在心理上或精神上存在一定的问题，才会容易被蛊惑，所以如果我们可以广泛关注到这类人群，不漠视、不歧视，积极引导，那么这些人被邪教洗脑的可能性就会大大降低。

另外，神父所举得那个关于其朋友的例子，也让人觉得邪教的可怕，危害极大。所以在生活中，反邪教不仅是相关执法部门的事、宗教从业人员的事，更应该是每个人的事，加强监督与宣传，发现邪教组织活动，不参加，要及时汇报有关部门，以便及时依法取缔。

对于本次实践活动的意义认识和感想：位于气象台路的天主教堂，作为海院学子的我来来回回经过无数次，但却从未踏足其中。教堂原本给我的印象是阴森森的，所以我从不敢夜晚独自走过教堂。或许是因为耶稣曾经被钉在十字架上，这种场面想起来就让人毛骨悚然。又或许是教堂的建筑风格过于清冷，让人察觉不到热闹的气息。层层阶梯也给人一种距离感，让我难以产生与之亲近的意愿。

我们采访的日子刚好在星期天，天主教会在每个周日举行仪式，也就是我们俗称的做礼拜。早上我们这支队伍早早地集合于校内五号楼。从学校正门出发，步行前往教堂。一进入大厅就受到了热情的接待，又是安排座位又是发教内报纸等。在认真聆听神父的祷告之后突然发现，其实天主教并没有我想象中的那么恐怖，相反还特别有人情味。在他们的仪式中就有一项是向别人祝福。每个人都离开自己的座位，带着真诚跟别人握手并致以祝福。在颂歌部分，也是异口同声表达自己对神的敬意。

在礼拜结束之后，会场的工作人员为我们安排了与神父的会面。神父的办公室在主教堂的边上，小小的一个房间里没有金碧辉煌，没有流光溢彩。除了办公桌和几张沙发椅，其他的就只有天主教的相关东西了。其中不乏好多版本的圣经以及上帝的雕像。神父在门口很热情地邀请我们进办公室小坐片刻，但由于礼拜刚刚结束，许多信徒还等着与神父交流，我们也就与神父另约时间了。就这么短短几分钟的见面，神父就给我们留下了非常好的印象，谦逊有礼，温文尔雅。在当天下午三点，我们按照约定，再次前往神父的办公室，而神父也早早地等待着我们了。始终面带着微笑向我们讲解，时不时地引用圣经里的故事，让我们感受到了他的专业与博学。

总而言之，在当天的定海天主教堂走访中，我彻底改变了对天主教的看法。

对于邪教，并非所有人都可以深刻认识到其危害性。因此加强扩大反邪教宣传队伍、培养反邪教志愿者队伍，动员和组织广大民众、尤其是在校大学生加入反邪教宣传的志愿者行列之中义务为社会工作是非常重要的。其次，依靠社会的民间团体，使其配合反邪教宣传活动也是必不可少的。反邪教斗争的长期性、复杂性、艰巨性决定了反邪教宣传工作的长期性、艰巨性、光荣性，动员更多的人加入到反邪教宣传的工作中来，使邪教组织加速灭亡。

我们还要开展反邪教宣传活动，那就需要我们自身必须具备一定的知识。在出发前我们专门进行了培训。这次培训让我对我国的宗教及邪教形式有了较充分的了解，自身的知识结构有了一定的提高，使我获益匪浅。在对群众进行宣传时，又一次充实了自己，在理论和实践上上升了一个台阶。

态度决定一切，积极迎接问题，解决问题，我们将最终成功。在活动的时候，总会出现各种状况，天气的闷热，事情的繁琐，任务的艰巨。在他们面前，娇弱的我们从未想过做成一件事情会遇到这么大的困难，但是我们坚持下来了。为祖国的反邪教事业做出我们应有的贡献，为那些人们及时送去精神食粮，这个伟大的信念支持着我们，让我们在困难面前永不低头，勇敢地往前走。

连续实践中，我们每天都会进行反思总结，对当天的宣传、走访等作出评价，总结出我们团队好的经验以及不足之处，并为不足之处作了深刻的分析和讨论，并为明天的走访提出一些切实可行的建议。总结已不再是一个刻板的字眼，有时是在回来的路上，有时是在出发等待时刻，对我们而言，那是我们在实践中每天交流必不可少的话语。正是有了这些总结，才让我们在实践中顺利走完全程。

反邪教实践活动一路下来，大家一起拼搏过、努力过的过程总是充满着感动于快乐。当然，作为一个新成立的团队，大家初次合作反邪教实践，毕竟会存在一些不足。同时在反邪教实践的过程中我发现当前舟山寺庙宗教反邪教状况也存在一些问题。面对这些问题与不足有几点体会：

一要进一步深化认识。解决“邪教”问题，是促进舟山社会稳定发展的重要环节，应从实践“三个代表”重要思想的高度，从贯彻党的十七大、十八大精神的高度，从提高社会群体的反邪教素质出发，充分认识“三下乡反邪教实践”的重要意义，切实转变观念，树立长期作战思想，以实际行动为推进舟山经济发展和社会稳定做出更大贡献。

二要进一步贴近实际。“三下乡反邪教”要做到持之以恒，要继续坚持把“三下乡反邪教”活动同落实党的各项相关政策结合起来，同全面提高群众科学文化素质、提高群众生活质量结合起来，同精神文明创建活动结合起来，在抓好全面工作的同时，关心和帮助最需要救助的人，多为群众办好事、办实事。做到邪教势力无可乘之机。

三要进一步健全制度。“三下乡反邪教”作为一项活动，就要把这项活动进一步规范化、制度化。“三下乡反邪教”活动要在“建”字上下更大力气，帮助农村建设报刊图书阅读室、文化场馆等基础设施；在“用”字上下更大力气，引导农民学文化、用科技、反迷信、反邪教；在“教”字上下更大力气，注重抓教育、抓培训，培养一批农村反邪教的志愿者。

四要进一步将“三下乡”深入化。实践证明，靠组织几次集中活动，是远远解决不了反邪教问题的，改善不了反邪教状况的。只有常常“下乡”，才能更多地了解反邪教状况，解决才有针对性。因此，有必要将“三下乡”的集中活动与村委经常性工作结合起来，把行政动员与长效机制建设结合起来，健全下乡机制，不断改进创新，促进工作经常化、制度化。

总之，我们“三下乡反邪教”实践活动，取得了一定的成效。我们团队在困境中不断成功，在挑战中不断成长。青春无悔出征，这个七月因本次实践而圆满。

在舟山市开展“反邪教”活动的重要性与作用

鲁亮亮

邪教在日益为人们关注和认识的同时，已成为困扰当今世界各国的一个严重的政治问题和社会问题。从邪教产生至今，经历了一个长期的过程，可以说，邪教问题是一个长期的历史性问题。一旦邪教在社会中站稳脚跟，其对个人身心健康发展或是对社会稳定发展都有着不得不防范的阻碍作用。

佩佩·罗德里格斯所著的《痴迷邪教——邪教的本质、防范及处理》一文明确提出，所谓“邪教”，就是指所有那些采取可能破坏（搅乱）或严重损伤其信徒的固有性格这样一种胁迫手段来招募徒众和传布教义的团体或集群，那些为了自己的存在而完全（或严重）破坏其信徒同原有的社会生存环境、乃至同其自身的感情联系及有效沟通的团体或集群以及那些他们自己的运作机制破坏、践踏在一个法治国家里被视为不可侵犯的法定权利的团体或群体。我们从定义中可以清晰地看出邪教对个人和社会的破坏性，从侧面也无疑体现出了开展“反邪教”活动的作用及其重要性。

下面从三方面来浅略地讲讲在舟山市开展“反邪教”活动的重要性及其作用。

一、邪教的现状及危害：开展“反邪教”活动的重要性

作为发展中国家的中国正处于道德转型期，由于面临着各种改革，因而对邪教势力防不胜防，尤其是处于发展中的舟山群岛新区。

据不完全统计，当今世界邪教信徒已经超过亿人，邪教组织也数以千计。在我国，邪教活动近年来很是猖獗，尤其自20世纪80年代以来，随着宗教政策的

作者简介：鲁亮亮，浙江海洋学院行政管理专业2011级在读本科学生。

落实，在历史传统文化和复杂社会因素的共同作用下，一部分人歪曲利用宗教信仰，“门徒会”、“呼喊派”、“被立王”、“灵灵教”、“观音法门”、“会道门”等形形色色的邪教组织大肆发展，而从中国传统文化衍生出来的打着气功、功法旗号的“法轮功”，其邪教信众更是遍及全国20多个省，人数达到了210万之多，其实力甚至扩展到国外，成为呼风唤雨的跨国邪教组织。

邪教活动已经成为一大公害。邪教组织利用迷信邪说蛊惑、蒙骗他人，控制成员，而且使相当多的信徒为追求他们所谓的理想（成仙成佛、消灾避难、躲避世界末日、圆满等）狂热痴迷，使邪教徒倾家荡产、抛弃一切，六亲不认、孑然一身，亡命舍身、集体自杀——极大地损害了公民的生命权、健康权、自由权，使公民眼中有“教义”而无国法，严重干扰了社会正常生活秩序，危害社会安定，阻碍了社会发展和进步，使人类生命安全遭受严重威胁，使人类社会财富招致巨大破坏，对人类公共伦理道德肆无忌惮地玷污、践踏，等等。邪教的存在和不合常理的发展会给个人和社会带来意想不到的危害。

正在发展中的舟山群岛新区更应该注意邪教势力的状态，采取一系列措施防止邪教势力对居民与社会的干扰，万不可忽视这一方面的工作而使舟山群岛新区的发展阻滞不前，因此，开展“反邪教”活动具有其不可忽略的重要性。

二、陷入邪教陷阱的心理：开展“反邪教”活动的作用

邪教在活动过程中，经常披着正统宗教的外衣来迷惑众人，经常抓住人的欲望来钻空子。人是不可能没有欲望的，人活在这世间，都会被许许多多的外在事物所迷惑，因此，在求而不得的时候，往往很容易陷入邪教所设的圈套。

邪教相对于宗教而言，最大的区别便是邪教的理念更为理想化，在邪教的观念之中，没有什么事情是实现不了的，哪怕是长生不老这种无稽之谈。而处在世俗之中的人，被种种欲望纠缠，有些心愿是即使付出汗水也终是遥不可及的，这就会在一定程度上对人的心理造成负面的影响，他们会比一般时候更喜欢去趋近理想的东西，哪怕这种理想的东西听起来有些荒诞。

在求而不得又迟迟难以舍弃的时候，恰恰是邪教最容易入侵的时刻，那一时刻人的心理是毫无理性可言的，只要有途径实现那个理想，只要有途径平复那颗不甘的心灵，无论是哪一种信念作为倚靠，对那时的人而言是毫无差别的。

当然，邪教可以通过理想化的宣传来残害个人的身心健康，并可以一下子让其成为忠实的信徒与社会现实也有一定关系。当今社会，毫不夸张地讲，是一个物欲横流、充满种种诱惑、道德价值滑坡的社会，在这个社会之中，许许多多场合讲究的并非个人实力，而是人情，那所谓的人情说穿了也就是万恶的利益。那

么，人生中的际遇对每个人来说是否都公平，这个社会所提供给每个人的权利是否都平等，这个世界在对待每个人的欲望需求时是否都公正，恐怕是不言而喻的吧。既然是这样，社会不能提供给个人应有的平等的生活空间，个人又难以舍弃那求而不得的高大欲望，这就给邪教提供了可乘之机。

另外，在开展的种种“反邪教”活动之中，我们在不断地宣扬正统宗教，在不断地揭露邪教的危害，但唯独忽略的是为何邪教可以钻入人们的大脑之中，更甚者到达无孔不入的地步。我们在大力传播正统宗教的优势，宣传邪教危害的时候，遗落了省视自我的程序，也使“反邪教”活动所取得的成果微乎其微。其实任何一种社会现象都不会是一种偶然现象，它的背后都隐藏着深刻的社会问题，邪教的传播是一个严重的社会现象，毫无疑问，它所揭示的社会问题也是深刻的，是不容忽视的。

当然，虽然“反邪教”活动有这样那样的不足，我们也不能忽视它的作用。它可以加深人们对邪教的认识，可以在潜意识中规避邪教的侵犯，它可以深刻地揭示邪教对个人和社会的迫害，也可以使人们对邪教提高警惕。

三、宣扬正统宗教魅力：开展“反邪教”活动的意图

在“反邪教”的活动过程中，我们一方面宣传邪教的危害，一方面宣扬正统宗教的魅力。众所周知，正统宗教有道教、佛教、伊斯兰教、天主教等，他们所传递的精神是值得宣扬、值得提倡的，他们为这个社会提供着正能量。他们所传递的精神大同小异无不是一个“善”与一个“爱”。这种善与爱不是自私的，他们所提倡的“善”是大善，他们所提倡的“爱”是大爱。在他们眼中，人与人之间并没有差别，芸芸众生皆是平等的，没有所谓的高贵低贱，没有所谓的云泥之别，就仿似孔子口中的大同世界。

我们之所以在生活中有无穷无尽的烦恼，正是因为我们有永无止境的欲望，我们的心胸不似海一样宽广，我们总是对外物的一切斤斤计较。其实人与人之间又能有什么解不开的仇怨，需要我们紧闭心扉，对所有人都防患未然？这个世界可能没有我们想象中的干净、美好，但它似乎也没有我们想象中的肮脏、残酷。只是我们的心灵在俗世之中惹上了尘埃，不像初临世间那样纯净、淡然。

在许许多多的纠缠面前，在林林总总的是非眼前，我们渐渐做不到“不以物喜、不以己悲”，我们的情绪会随时起伏，会因为一个莫须有的刺激而暴发，所以，我们经常发怒，经常会控制不住自己的脾气，对无辜的亲人、朋友恶语相向。但仔细想想，我们又因此得到了什么呢，我们的不良情绪并没有因此而得到有效的宣泄，反而在内心增添了负担与愧疚。在这个步调飞快的世界，我们的心

是否可以平静？当然可以，只要你有该有的信仰。心存善念、以念为生，做一个善良、有爱的青年，无论这个世界回报我们的是什么，我们都应该传递正能量给身边的人，而不是一味地仇视带给你的一点小小误解，或鄙视人家善意的眼神。任何一个人，哪怕是圣人，都有自私的时候，都有为自己考虑的时候，这是无可厚非的。是人都有趋利避害的本能，但这也并不代表我们可以过度地自私自利，为冲破道德底线的唯利是图找到冠冕堂皇的理由，在道德约束方面，我们不能缺失正统宗教所散发出来的正能量。

善，让我们和睦、和谐共处；爱，让我们“不独亲其亲、不独子其子”。每个人都有其固有的价值，任何人降生在这世间都有其使命，哪怕是作为一棵衬托鲜花的嫩草，它也有净化空气的价值，更何况它可以让那花儿在世人面前更为娇嫩，更为绚烂。在“反邪教”的宣传活动中，正统宗教的魅力也得到了彰显，精神文明建设也得到了提升。

第六部分
新区形象与公民素养

舟山群岛新区公众海洋生态文明素养培育调研

俞树彪　蒋雅美　王楚琳

【摘　要】　素养决定行为，建设海洋生态文明需要有良好的海洋生态文明素养。海洋生态文明素养作为人的活动追求的目标和结果，以人为主体，是个体通过后天的自觉和不自觉的学习而逐步形成的。关于人类与海洋的动态的、联系的生存环境以及养成，在日常生活中用生态的思维方式看待、处理人与海洋和谐关系的习惯。本文通过对舟山群岛新区部分公众进行实证调查，考察了部分群体海洋生态文明素养现状，并运用数据分析探寻了影响海洋生态文明素养的因素，进而从培育角度提出了提升海洋生态文明素养的对策思考。

【关键词】　生态文明素养；海洋生态文明；舟山群岛新区

众所周知，素养决定行为，因而在建设生态文明社会的过程中，想要激发人民群众的生态环保行为就应该首先培育其生态文明素养。海洋生态文明是以海洋资源综合开发和海洋生态环境保护为核心，促进海洋经济科学发展和海洋管理制度创新，整体推进海洋生产生活方式绿色发展，人与海洋和谐共生的一种生态文明样态。[1]海洋生态文明素养是个体通过后天的自觉和不自觉的学习而逐步形成的关于人类与海洋的动态的、联系的生存环境以及养成在日常生活中用生态的思维方式看待、处理人与海洋和谐关系的习惯。[2]生态文明建设所关注的焦点不仅是生态，也是文明，是文明与生态共荣，是人与自然的和谐。生态文明素养关注的不仅仅是生态与环境，还包括社会和谐与经济发展、生态环境改善、人类生活

作者简介：俞树彪（1968— ），男，浙江宁海人，浙江海洋学院思政部副教授，思想道德修养教研室主任；蒋雅美（1987—），女，浙江东阳人，助教，浙江海洋学院食品与药学学院政治辅导员；王楚琳，浙江海洋学院食品安全专业2011级在读本科学生。

质量提高。海洋生态文明素养是海洋经济社会发展的必然要求，对于培养人们的生态伦理，唤起公民的自觉行为，推动生态文明建设，具有重要的引领、推动和基础性作用。目前舟山群岛新区正在大开发、大发展，作为浙江海洋经济的桥头堡、海洋生态文明示范的核心区，要建设海洋经济新区、国际旅游岛及国际休闲城，必须在发展中保护，在保护中发展，不断推进海洋生态文明示范区建设。

一、舟山群岛新区公众海洋生态文明素养现状把握

舟山群岛新区地处浙江东部，北依长江口，背靠长三角，自然禀赋好，生态环境优，素有“东海鱼仓”和“中国渔都”之美称。“依海而立”的地理环境构成了其独特的生态优势：岛上气候宜人，空气清新；景色秀丽，环境洁净；海洋资源丰富，生物种群多样；海洋文化底蕴深厚，生态文明源远流长。近年来，舟山市以科学发展观为指导，积极培育公民海洋生态文明素养。以污染减排、生态省市建设、“811”环境整治为重点，加快环保基础设施建设，强化环境监管，空气质量优良率每年达到98%以上，环境空气API指数小于100的天数为362天，切实保障群众环境权益，市及四县区均已获得国家级生态示范区称号，走出了一条具有海岛特色的海洋生态环保建设之路。

为了更好地了解舟山群岛新区海洋生态文明素养状况，以“舟山群岛新区公众海洋生态文明素养”为调研主题的社会实践，于2013年7月中旬通过市生态办、市环保局、市渔农办等单位，采取现场查看、随机走访和问卷调查的方式，对定海、普陀等地公众“海洋生态文明素养”情况进行了一次问卷调查。调查根据方便性、系统性、严谨性、科学性的原则设计了15个问题，主要从意识、态度和行为方面进行考察，对海洋生态文明的知晓度、知晓途径、关注度来展开具体分析。本次调研针对舟山群岛新区部分人员，样本涵盖了包括机关、事业单位等在内的基层公共组织，共发放问卷100份，回收100份，其中有效问卷100份。样本总体中，男女比例为56:44，以男性为主，从年龄结构看，调查对象以中青年为主，40岁以下的调查对象占比58%，51岁以上的仅占29%；从行政级别看，样本包含了从科员到处级的全部行政层级；从学历结构看，受访对象的学历基本呈正态分布，以本科学历为主（45%）。上述特征能够较全面地揭示基层人员的不同特征，具有一定的代表性，其详细信息见表6-1。

表6-1　样本基本情况　（单位：人）

性别	男	56	身份类别	城镇居民	54
	女	44		农民	46
学历	初中及以下	49	年龄	25岁以下	14
	高中	20		26~40岁	44
	大专	16		41~50岁	13
	本科	12		50~60岁	16
	研究生及以上	3		60岁以上	13

1. 舟山群岛新区居民海洋生态文明了解程度

表6-2　舟山群岛新区居民海洋生态文明了解程度

选项	选择人数
非常了解	12
有一定了解	46
听说过但不清楚	30
完全不了解	12

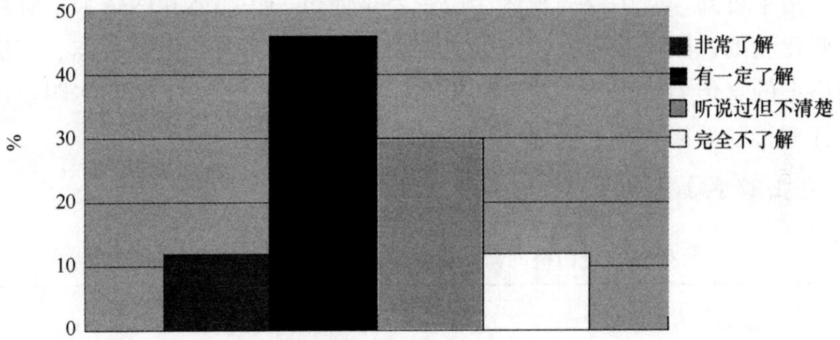

图6-1　舟山群岛新区居民海洋生态文明了解程度

由上图可知，舟山群岛新区居民对海洋生态文明不是很了解，海洋生态文明的意识不是很强。可见一方面舟山群岛新区政府的宣传做得不是很到位，另一方面则是舟山群岛新区居民对海洋生态的关注度不够。政府以后要加强宣传力度，尤其是在郊区和农村地区。因为郊区和农村一向是宣传工作的薄弱环节，而郊区和农村的海洋生态文明的建设却又是至关重要的。

2. 舟山群岛新区居民了解当地生态文明建设的途径

表 6－3　舟山群岛新区居民了解当地生态文明建设的途径

选项	选择人数
报纸杂志	20
广播电视	30
网络	38
其他	12

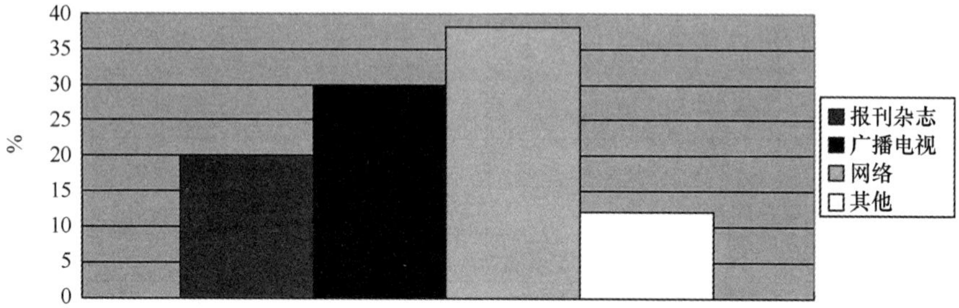

图 6－2　舟山群岛新区居民了解当地生态文明建设的途径

由上结果可知，舟山群岛新区居民主要是通过一些媒体和网络来了解当地的生态文明建设的，因此政府要想加大宣传力度，就要加强在报纸杂志、广播电视上和网络上的宣传力度，使人民群众更容易接收和接受到关于生态文明建设的信息，这样宣传的效果就会更明显。

3. 舟山群岛新区居民对世界环保日的了解情况

表 6－4　舟山群岛新区居民对世界环保日的了解情况

选项	选择人数
6 月 5 日	12
3 月 22 日	28
3 月 23 日	33
4 月 5 日	27

上述图表可知，了解 6 月 5 日世界环保日的居民很少，大部分人不知道环保日的准确日期，由此可见人们在平时很少留意这些公益日期，或者说人们的环保

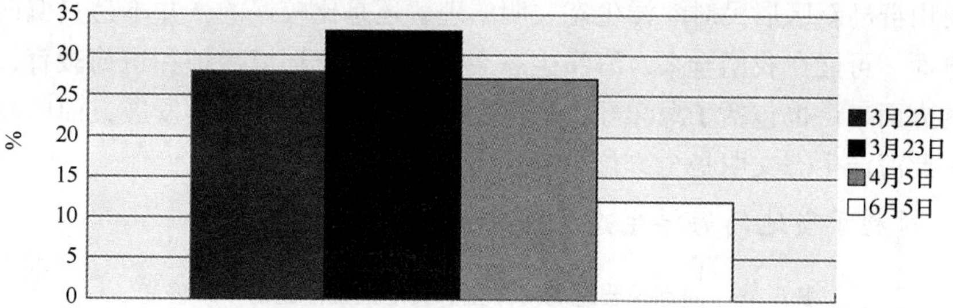

图6-3　舟山群岛新区居民对世界环保日的了解情况

意识薄弱，没有把环保看得很重。从侧面也可以看出政府在环保日那天并没有做太多关于这方面的宣传，忽视了居民环保意识的培养，且居民的海洋生态文明观也不是很强。

4. 舟山群岛新区居民对影响海洋生态文明的因素的了解程度

表6-5　舟山群岛新区居民对影响海洋生态文明的因素的了解程度

选项	选择人数
经济发展	25
环境保护	26
道德教育	25
政策制定	24

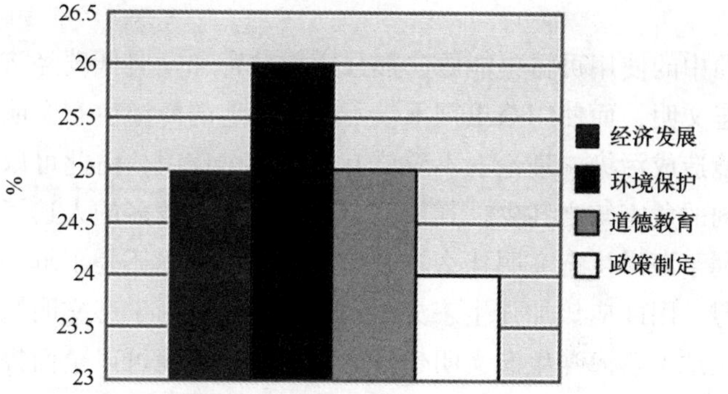

图6-4　舟山群岛新区居民对影响海洋生态文明的因素的了解程度

海洋生态文明与经济发展、环境保护、道德教育、政策制定都有关系，调查可知舟山群岛新区居民对海洋生态文明的理解还是比较好的，并不是只偏向于某一个方面。可能在我们看来，海洋生态文明更偏向于环境保护和道德教育，但是从大的方面来讲也包括了海洋经济的可持续发展和政府在海洋发展方面的政策制定。因此海洋生态文明是全方位多层次的一种存在形式。

5. 对利于当地的海洋生态文明建设措施的了解程度

表 6-6 对利于当地的海洋生态文明建设措施的了解程度

选项	选择人数
使用可再生能源	32
加强生态道德教育	38
发展低碳经济	28
使用杀虫剂	2

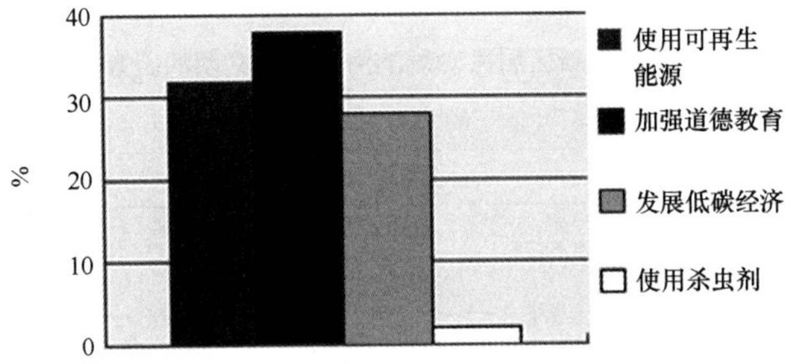

图 6-5 对利于当地的海洋生态文明建设措施的了解程度

上述选项中的使用可再生能源、加强道德教育和发展低碳经济，都有利于当地的海洋生态文明，而使用杀虫剂不仅不利于当地的海洋生态文明，而且还给当地的生态环境造成污染，理论上不应该有人选这个选项，由此可以看出还是有少数人对杀虫剂的危害知之甚少。其他三个选项都有比较多的人选了，可见大部分人对什么有利于海洋生态文明什么不利于海洋生态文明还是了解的，这个应该令我们感到欣慰。因此应该加强生态文明知识教育，因为生态文明知识教育可以使人们更深层次地了解海洋生态文明建设的重要性，从而可以全面提高居民的海洋生态文明素养。

6. 舟山群岛新区居民向身边的人宣传海洋生态文明意识的比例

表 6-7 舟山群岛新区居民向身边的人宣传海洋生态文明意识的比例

选项	选择人数
经常	10
偶尔	21
有时	25
从来没有	44

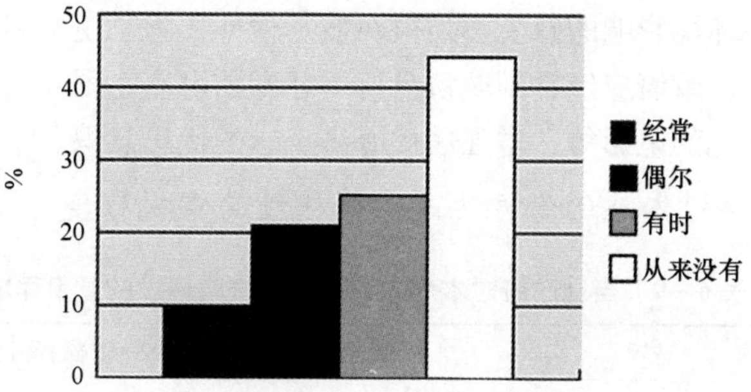

图 6-6 舟山群岛新区居民向身边的人宣传海洋生态文明意识的比例

从调查结果可以看出，很少有人会向身边的人宣传海洋生态文明，其原因是大部分居民都不太了解海洋生态文明的一些内容，这就要求政府要做好宣传教育工作，只有政府做好了宣传教育工作，居民才能响应政府部门的号召去互相宣传。

7. 舟山群岛新区居民对当地海洋生态资源环境状况的态度

表 6-8 舟山群岛新区居民对当地海洋生态资源环境状况的态度

选项	选择人数
十分担忧	26
只要我不受害就没事	27
没什么可担忧的	34
和我无关	13

由上图可知，舟山群岛新区居民有一半以上的人对当地的海洋环境状况表示不担忧，说明人们对舟山群岛新区海洋生态资源环境状况缺乏一定的真实了解，

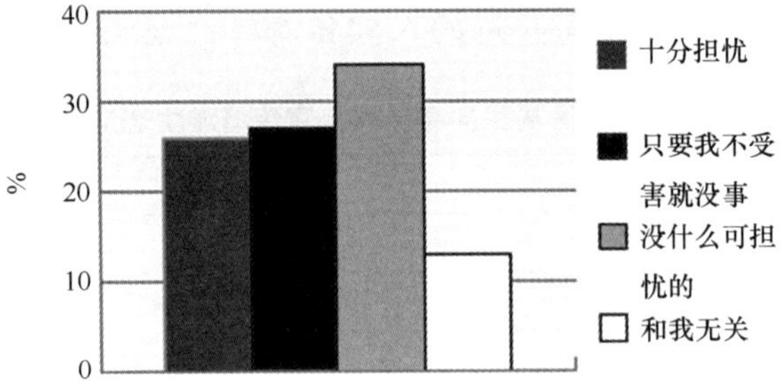

图6－7　舟山群岛新区居民对当地海洋生态资源环境状况的态度

人们对海洋生态环境影响的感受不是很明显。另外，为了使更多的人了解海洋生态资源环境状况，政府应经常到城镇乡村举办专题讲座、图片展览以及播放反映海洋生态资源状况的电影等，增强居民海洋生态的忧患意识。

8. 当地政府对本地的海洋生态文明建设的重视程度

表6－9　当地政府对本地的海洋生态文明建设的重视程度

选项	选择人数
非常重视	9
一般重视	25
不怎么重视	40
从来没听说过	26

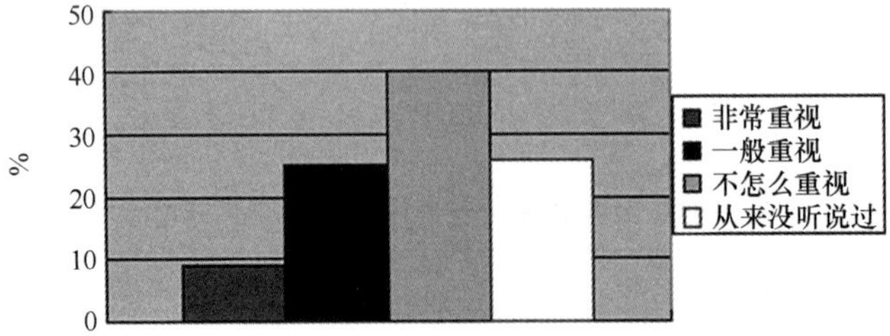

图6－8　当地政府对本地的海洋生态文明建设的重视程度

大多数居民认为政府不太重视海洋生态文明建设，这就直接反映出政府对海洋生态文明的重视程度。因此政府部门要积极纠正自己做得不到位的地方，深入群众，到群众中去，大力做好海洋生态文明宣传教育工作。只有当居民意识到政府非常重视当地的海洋生态文明建设，居民才会开始重视当地海洋生态文明的建设，居民才会逐渐形成比较好的海洋生态文明素养。

9. 家庭氛围和周围环境海洋生态环保行为对舟山居民的环保意识和行为影响的程度

表 6－10　家庭氛围和周围环境海洋生态环保行为对舟山居民的环保意识和行为影响的程度

选项	选择人数
影响特别大	31
影响一般	25
有时候会影响	29
没有影响	15

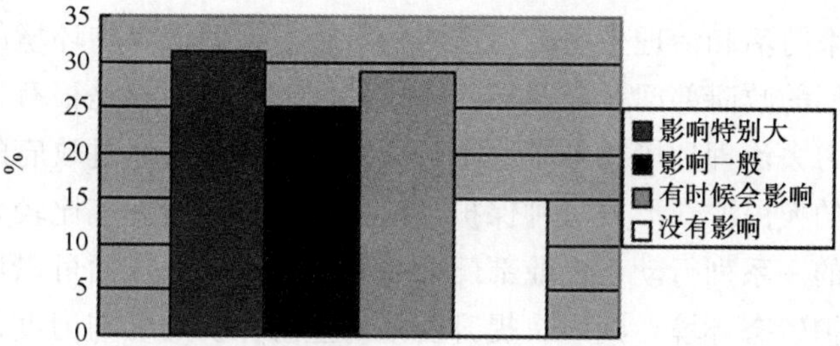

图 6－9　家庭氛围和周围环境海洋生态环保行为对舟山居民的环保意识和行为影响的程度

居民是否有环保意识与他们生活的环境和其他居民的行为密切相关，而且受了高等教育的居民的环保意识普遍强于没有受过高等教育的居民。因此政府或社会相关组织要积极发动这部分受了高等教育的居民，鼓励他们坚持做各种生态环保志愿行为，并发动他们在家庭和周围邻居中做好宣传，带动他们周围的人拥有强烈的环保意识和并养成良好的环保行为。

10. 面对越来越严重的海洋生态破坏，最有效的保护措施

表 6－11　面对越来越严重的海洋生态破坏，最有效的保护措施

选项	选择人数
提高人们的生态环境意识使之自觉维护	15
政府加大宣传和资金扶持力度	37
专业部门采取积极的措施来防治和治理生态破坏	33
加大破坏的经济惩罚力度	15

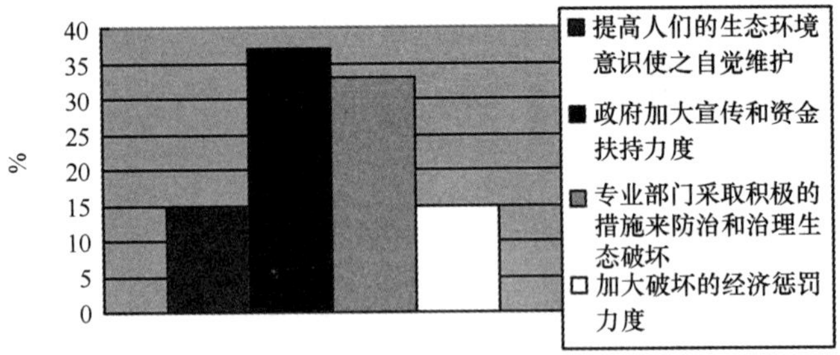

图6-10　面对越来越严重的海洋生态破坏，最有效的保护措施

上述四个选项中的措施都可以保护生态环境和减缓越来越严重的生态破坏问题。由调查结果可知，居民们更青睐政府加大宣传和资金扶持力度与由专业部门采取积极措施来防治和治理生态破坏这两种措施。人们把保护环境的希望和重任还是寄托在我们的政府部门及专业部门。居民们的这一回答是很有道理的，因为光靠个人的努力去治理环境污染是绝不可能实现的，只有通过政府的强大宣传力度才能使广大的人民群众形成一种保护环境的意识，政府拥有比较多的资金可以扶持保护环境的一系列行动；专业部门拥有专业的技术，从而可以用更经济更高效的方法去保护生态环境。同时，提升公众对生态保护的参与力度，只有提高了人们的生态环境意识才能从根本上杜绝越来越严重的环境破坏行为。

11. 舟山群岛新区居民对身边没有垃圾桶时的处理态度

表6-12　舟山群岛新区居民对身边没有垃圾桶时的处理态度

选项	选择人数
先拿着再丢进垃圾桶	40
没有人看见就扔掉	16
随手扔掉	44
其他	10

少于一半的人是先拿着再丢进垃圾桶，有一半左右的人随手扔掉，由此可知居民整体的环保意识并不强，因此居民需要进一步加强自己的环保意识。另外政府也要进一步完善公共设施，比如增加垃圾桶的数量等。

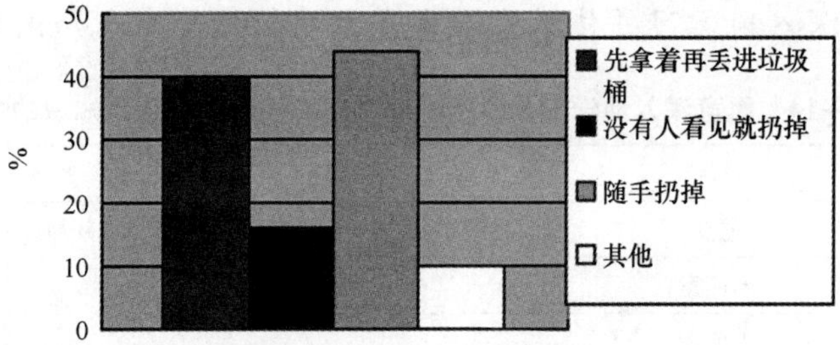

图 6－11　舟山群岛新区居民对身边没有垃圾桶时的处理态度

12. 舟山群岛新区居民认为谁应对当地海洋生态文明建设承担责任

表 6－13　舟山群岛新区居民认为谁应对当地海洋生态文明建设承担责任

选项	选择人数
居民	18
企业单位	37
政府	38
媒体	7

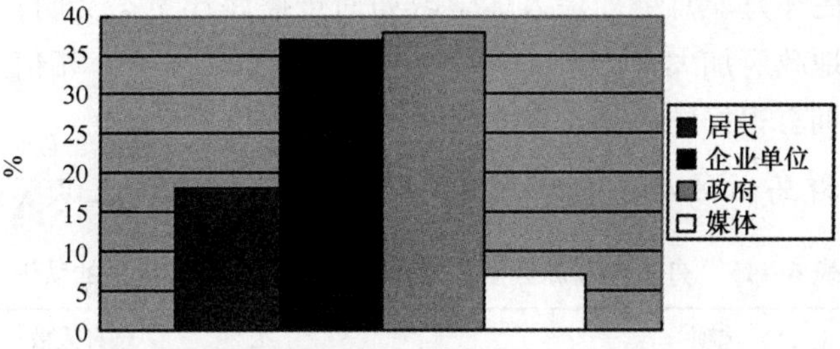

图 6－12　舟山群岛新区居民认为谁应对当地海洋生态文明建设承担责任

调查可知，不到 1/5 的居民认为自己有责任建设当地的海洋生态文明。固然企业和政府有责任去建设当地的海洋生态文明，但是身为当地的居民也应该积极地去担起这份责任。由此可见，当地居民的海洋生态文明素养还有待提高。

13. 愿意深入地学习并传播海洋生态文明、保护生态知识的情况

表 6－14　愿意深入地学习并传播海洋生态文明、保护生态知识的情况

选项	选择人数
愿意	76
不愿意	6
无所谓	12

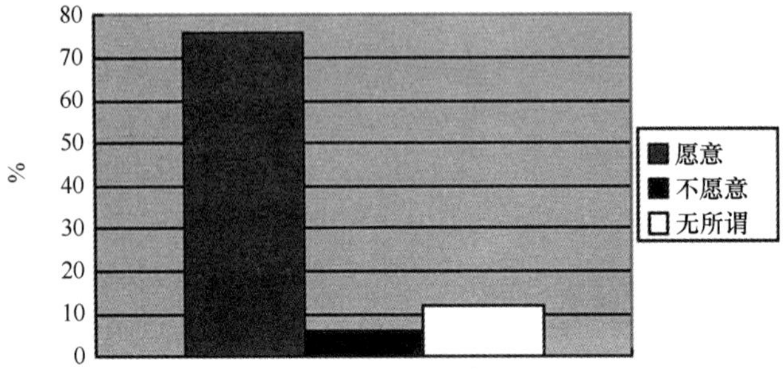

图 6－13　愿意深入地学习并传播海洋生态文明、保护生态知识的情况

大部分居民还是愿意更加深入地学习如何传播海洋生态文明、保护生态的。因此，只要当地政府加大宣传力度，多做这方面的宣传教育，相信舟山群岛新区居民还是可以拥有很好的海洋生态文明素养的。

14. 舟山群岛新区居民对周围破坏海洋生态行为的认识（多选）

表 6－15　舟山群岛新区居民对周围破坏海洋生态行为的认识

选项	选择人数
乱丢生活垃圾	64
污水排放	45
林木破坏	85
工厂废气排放	92
其他	63

破坏海洋生态的行为还是很多的，主要有乱丢生活垃圾、污水排放、林木破坏、工厂废气排放等。因此提高居民的海洋生态文明观刻不容缓。

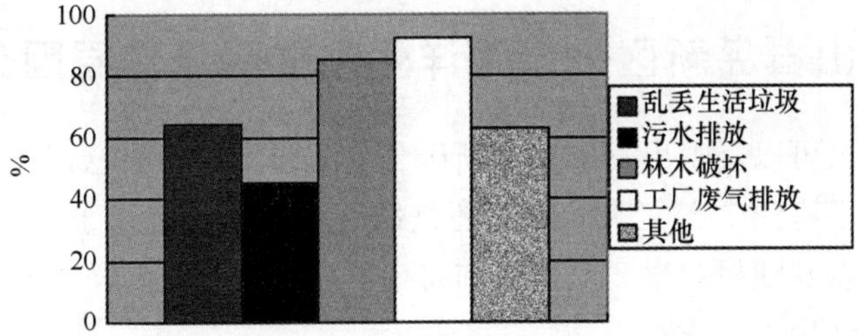

图 6－14　舟山群岛新区居民对周围破坏海洋生态行为的认识

15. 舟山群岛新区居民对海洋生态文明建设的关注点（多选）

表 6－16　舟山群岛新区居民对海洋生态文明建设的关注点

选项	选择人数
海洋环境改善	66
海洋资源保护	58
海洋经济发展	75
人海和谐	48
其他	46

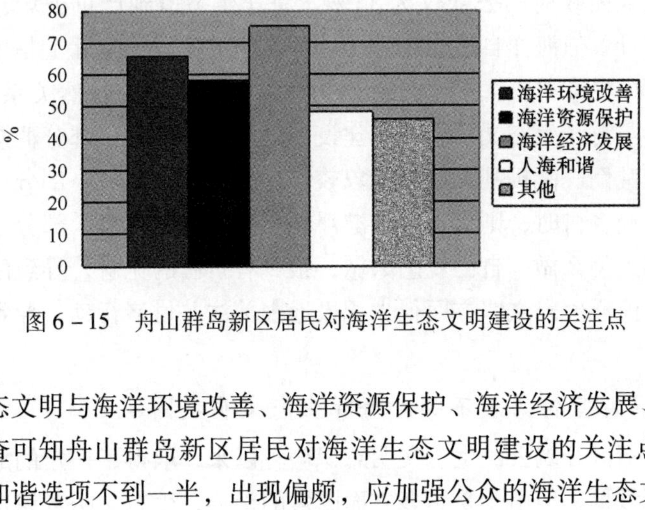

图 6－15　舟山群岛新区居民对海洋生态文明建设的关注点

海洋生态文明与海洋环境改善、海洋资源保护、海洋经济发展、人海和谐密切相关，调查可知舟山群岛新区居民对海洋生态文明建设的关注点理解相对较好，对人海和谐选项不到一半，出现偏颇，应加强公众的海洋生态文明建设的理论引领。

二、舟山群岛新区公众海洋生态文明素养原因分析

从调查结果可以反映出舟山群岛新区公众海洋生态文明意识还不是很强，对一些简单的关于海洋生态文明的问题还是回答不出来，有待于进一步加强培育。通过交流询问以及随机观察，分析当前舟山群岛新区公众海洋生态文明素养欠缺原因，可以归结为以下方面。

1. 部分公众生态观念不强，海洋生态文明意识淡薄

生态文明意识是人类对传统文明形态特别是工业文明进行深刻反思的重要成果，是人类文明发展理念、道路和模式的重大进步。可是对于大多数公民来说，“生态文明”还是一个新观念、新生事物，没有正确认识人与自然的关系，生态责任意识不强，无视自然价值和自然权利，对自然资源的利用缺乏道德约束，认为人是整个自然生态系统的中心，表现为参与的积极性和主动性不高，存在认识不到位甚至误解的问题。公民普遍认为，生态文明建设主要是政府的事情，对当前面临的气候变暖、大气污染、物种灭绝、渔业资源面临枯竭等一系列生态环境问题普遍缺乏应有的认识，甚至导致对渔业资源的不择手段地掠夺。调查发现，仍有高达 88% 的公民不知道 6 月 5 日是“世界环境日”；58% 的公民不知道“12369”这个全国统一的环境热线；能够正确回答“对本辖区环境质量负责”的机构是地方人民政府的公众仅为 11% 。海洋生态遭到严重破坏，环境污染越来越严重。这种看似海洋自然生态系统内部平衡的失调，实际上是因为公民生态文明意识淡薄，没有尊重海洋，没有爱护海洋，造成人与自然关系的严重失衡。目前，公众参与海洋生态文明示范区建设的氛围没有形成，部分群众缺乏主体意识，随意乱堆乱倒、乱扔乱丢垃圾现象较普遍，保洁不到位。部分河道上游环境较好，但在流经乡村时，则出现垃圾漂浮、水质下降等现象。部分公众自觉意识差，只是看别人怎么做，自己就怎么做，很少有自己的见解，导致酷渔滥捕。并且不主动，对海洋生态文明方面很少积极地去关注并付诸行动，导致海洋生态越来越恶化。

2. 政府传媒宣传力度不够，海洋生态文明氛围缺乏

舟山群岛新区开展公民生态文明意识培育以来，取得了一定的成就，积累了一定的经验与教训，但由于受到多方面因素的影响，生态文明意识培育也存在诸多局限与不足，还不能满足社会、经济发展的需要，没有真正形成完善的海洋生态文明氛围。比如：生态文明宣传教育体制不健全；没有将一些有关环境日，如地球日、世界环境日、海洋日等作为进行海洋生态文明教育的大好时机，即使在

这些节日时举办活动也没有重视教育效果。据调查，很多从事生态文明意识宣传教育的人员并未接受系统的知识培训，他们本身的生态保护意识和生态文明知识都还不到位。在 GDP 增长观念的指导下，许多领导干部为追求一时的经济增长速度，在促进地区经济发展，实现经济利益最大化的过程中往往以牺牲环境为代价，忽略生态文明意识的普及与推动。至于乡镇环保机构更是人员普遍缺乏，海洋生态文明、环境、环保知识了解得少，对海洋生态文明的认识也少，有些地方环保措施不到位，执行情况也不够好，这些状况非常不利于环保工作的良性运行，而且严重挫伤了公民保护环境的主动性和积极性。由于生态文明宣传教育处于起步阶段，对生态文明教育的诸多基本理论问题缺乏总体的研究和把握，只限于对生态文明教育个别问题的专门探讨，未能及时有效地唤起人们对爱护自然和保护环境的自觉行动，生态环境恶化的趋势未能从根本上得到遏制。

3. 少数主体社会责任丧失，生活消费行为过度泛滥

市场经济条件下，人们对经济利益的追求只顾及眼前利益和本位利益，而不顾及社会整体利益和长远利益。各地出现的污染行为不仅对自然环境造成了破坏，而且对于生态文明意识的培育产生客观的阻力。由于社会经济原因，大部分人都在为解决温饱问题而奋斗，很少有精力关注生态文明问题，对生态文明建设的关切程度不够，敏锐度不高。很多人把自己当成是自然界的主人，“人类中心主义”、“人定胜天”的思想根深蒂固，抱有自然资源是取之不尽、用之不竭的观念。人们总是把自然界当成被征服、占有、支配、掠夺和挥霍的对象，他们并没有意识到自己在社会经济发展过程中的角色和所承担的责任。生态环境问题是缓慢的累积性现象，在形成过程中往往不是即时即地就能反映出来，当问题严重到一定程度时，方能引起注意，而问题一旦形成则难以在短时间内消失。如舟山群岛新区鱼类资源的衰退就是明证。在西方发达国家这种外来消费观的影响下，刚刚富裕起来的国内公民不顾实际经济情况超前消费和贷款消费，有些人已经到了浪费甚至挥霍的程度，甚至还相互攀比摆阔，在消费上的两极分化与西方发达国家相比是有过之而无不及。过度消费的结果必然会导致对生态环境的破坏，造成资源枯竭，环境污染和生态失衡，使自然生态环境和人类生存面临双重危机。

4. 个别基层干部认识不到位，公民参与机制尚未建立

个别地方基层干部认识不到位，存在被动应付思想。部分村镇干部没有充分认识到海洋生态文明示范区建设是改善环境、促进民生的基础工程，而是片面强调需要资金投入，费力费时不体现政绩，因此消极被动现象客观存在，导致检查前搞突击，却疏于长效管理，使海洋生态文明行动成效不长久，出现反弹。目

前，我国已初步形成了比较系统的环境资源法律体系，虽然国家在宪法中严格规定不得破坏自然资源，不得污染环境，但由于没有相关的政府部门法来明确公民环境权的具体内容和具体的惩罚条例，这些都无形中影响了公民生态文明意识的提高。同时，入海口保洁机制不健全，卫生管理不到位，公民参与生态保护机制还未完全建立。环保要求和标准不高，同时未建立有效的入海口排污控制，垃圾清运不及时，环境卫生问题大幅反弹，导致海洋生态文明建设集中整治成效并未得到有效巩固。比如新花河勾山污水处理厂河段，河面有垃圾漂浮，河道两岸建筑垃圾、生活垃圾堆积严重；芦花河、白泉中心河河面垃圾漂浮较为严重，主要为菜叶、果皮、塑料袋等餐厨垃圾；在白泉河白泉镇段，河水呈乳白色状，水质感官较差；部分乡村存在卫生死角和污水沟，白色塑料垃圾未及时清理。

三、舟山群岛新区公众海洋生态文明素养培育思考

鉴于舟山群岛新区海洋生态文明素养测评的结果处于中等水平，尚待提升的空间很大，而在生态文明社会建设如火如荼地推进中，对公众以至全民的生态文明素养水平进行提高尤显必要。以往人们总是认为“人定胜天”，更多的是考虑如何征服大海，很少考虑到人与海洋的和谐相处。当海洋污染日益威胁着人类的生存环境时，人们开始考虑到海洋的可持续发展问题。在现代社会，尽管拟定了有关保护海洋的各种法规，但海洋的可持续发展在当今仍是一个重大问题。居住在海边的人们应该有这种保护海洋，与海洋和谐发展的意识，即海洋生态文明素养。海洋生态文明素养培育是针对人类“主宰”、“征服”海洋的狂妄自大的心态和价值观展开的教育活动，运用生态学的原理和方法，教育人们树立正确的人与海洋相互依存的观点和态度，培养人们热爱海洋、保护生态的观念和分析解决海洋生态危机的能力。通过加强海洋生态文明素养培育，让海洋生态文明意识融入每个公众的思想深处，提高全社会的认知度和参与度，从而更好地支持人海和谐社会的构建。在生态文明意识培育中力求体现科学精神与人文精神的统一、科学价值与人文价值的统一，应着重把握好以下四个方面。

1. 加强海洋生态文明意识教育

从教育入手，通过教育增加个体的海洋生态文明知识，促进其对海洋生态环境的了解，进而形成积极的海洋生态文明价值观。加强海洋生态文明价值观教育，是对人们对自然界较直观以及人类在自然界中的价值和位置的科学评价，改变以往“人类中心主义”观念，确立生态文明观，是指导生态文明道德规范和行为的思想理论基础。海洋生态文明知识在一定程度上具有对海洋生态文明素养

的统领作用，海洋生态文明教育通过科学的方法和手段向群众传播海洋生态文明的相关知识，增进其对海洋生态文明的了解和认知，帮助社会公众形成积极的海洋生态文明价值观。同时加强海洋生态文明伦理观教育，使人们确立科学、公正、平等的伦理原则，尊重自然规律，在人与人、人与社会的关系上要公正、平等地分配资源利益，在代际关系上坚持对后代的生存和发展负责任的社会公正原则。通过生态伦理教育将节约资源、保护环境的意识灌输到人们的头脑中。通过健全人格的培养帮助人们矫正人与自然关系的扭曲是生态道德教育、生态文明建设的必要之选。因此，生态危机的解决、可持续发展的实现、精神文明、生态文明的建设离不开生态伦理教育，最终有赖于在人与自然之间建立起一种有意义的道德联系，从深层的意义上来引导和约束人们的行为，把维护生态环境作为人们生存的需要，形成人们的内在要求和自我约束。在开展海洋生态文明教育过程中，一定要遵循教育的科学规律，针对不同个体、不同群体的差异性特征，设置不同的教育手段和教育内容，实现改善社会整体海洋生态文明认知的目标。积极的海洋生态文明教育，有利于全社会形成保护海洋生态环境和遵循海洋生态文明发展规律的社会风气。这种社会风气将会引导社会公众在生产生活中遵循海洋生态文明发展规律，自觉调整个人行为，使海洋生态文明素养成为影响个体行为的自觉意识。舟山群岛新区正在开展的全民海洋观教育就是培育海洋生态文明素养的有力抓手。海洋生态文明行为是海洋生态文明素养的基本内容之一，而作为社会行为规范的法律对于海洋生态文明行为同样具有规范性和约束力。生态文明立法能够通过法制规范为社会成员提供基本的生态文明行为准则，使社会公众在与生态环境的互动中自觉遵循生态文明的基本规律，将生态文明素养内化为个体的自觉反应。完善政策法规是解决培育生态文明意识极有效的手段。建设海洋生态文明，不仅要加强海洋法制建设，通过强化管理来规范人们与海洋相关的生态文明行为，而且要加强海洋文化教育，提高人们的海洋生态文明意识，使海洋生态文明成为人们的自觉行动。普及中小学环保宣传教育，提高青少年学生的环保意识。加强对“绿色学校”创建的指导，提高创建水平和质量，做好 2013 年市级绿色学校选评工作。因此，海洋观教育是海洋生态文明的一项重要内容，也是解决海洋生态文明建设源动力的一项治本工程。

2. 营造海洋生态文明的文化氛围

海洋生态文明建设不仅需要制度建设，还需要有海洋生态文明的文化建设，形成一种与海洋生态文明相适应的新文化。舟山群岛新区每年开展的海洋文化节就是营造海洋生态文明的文化氛围的重要举措。人们应该热爱海洋，那就应该保护好海洋，才能促进海洋可持续发展。只有当广大人民群众都认识到保护生态环境的重要意义，把保护环境变成人民大众的自觉行为，生态文明建设才会进入更高的层次。更新人们的海洋生态文明意识观念，正确认识和处理人与海洋、人与自然、发展与环境的关系，让广大人民群众意识到人是自然界长期发展的产物，人类本身是自然界的一部分。正如十八大报告所倡导的：我们“必须树立尊重自然、顺应自然、保护自然的生态文明理念，把生态文明建设放在突出地位，融入经济建设、政治建设、文化建设、社会建设各方面和全过程，努力建设美丽中国，实现中华民族永续发展”。生态文明意识培育有赖于社会环境的优化。优化社会环境，促进公民生态文明意识健康和谐发展，是生态文明意识培育赖以顺利进行的土壤。努力营造和谐的社会环境、优化教育环境，促进人与自然的生态和谐，人与社会、人与人之间的关系和谐以及公众本身的心态和谐。我们要把生态文明意识培育与和谐社会构建紧密结合起来，大力倡导良好的生态文明意识，以形成良好的社会环境。同时，还应该鼓励公众积极投身于和谐社会建设中去，担负起社会主人翁的责任，从而形成经济社会发展与生态文明意识培育的良性互动，推动生态文明意识水平的不断提高。

提高生态文明素养不但需要个体的主观努力，还需要舆论的支持与引导，通过舆论宣传在全社会形成崇尚生态文明素养的良好社会风尚。在新闻媒介快速发展的现代，舆论宣传具有信息量大、受众广、速度快、形式丰富等优势，能够通过及时有效的形式解读政府法规、体现社会意志，并且可以借助丰富多样的内容和形式各异的渠道引导生态文明成为社会关注的热点，调动社会公众参与生态文明建设的热情，普及生态文明知识和技能，提高社会公众的生态文明主动性和对生态保护的敏感性。以政府为主导，以媒体为支撑，加大海洋生态文明理念宣传力度。政府部门要贯彻落实绿色 GDP 政绩观的执政方针，引导社会舆论向海洋生态文明方向发展，电视、广播与报刊等传播媒体要起到海洋生态文明理念宣传的主力军作用，加大黄金时间宣传力度，使更多市民深入了解生态文明的内涵、特征与生态文明建设的必要性与紧迫性，提高居民生态文明意识水平，构建以生态伦理、生态正义、生态责任与生态良心为修养原则的新的文化价值体系，为生态文明建设提供更多的舆论支持。通过主流媒体引导生态文明成为全体社会公众关注的焦点，及时化解生态文明建设中的矛盾，促使生态文明处于良好的舆论氛围中。

加强舆论宣传还要发挥不同媒介的优点，加强舆论引导，形成有利于提高生态文明素养的宣传网络。网络媒体由于具备传统媒体无法比拟的独特优点，使其在生态文明的学习、传播、教育和建设中处于特殊而又重要的地位，充分利用它能够使我们在海洋生态文明建设中取得显著成效。

通过世界环境日和海洋日突出“共建国家环保模范城市，共享舟山群岛新区生态文明”主题，强化公众参与、多方互动，精心策划、开展系列宣传活动：一是贴近市民日常生活精心编制《浙江舟山群岛新区市民环保知识读本》，并赠送到社区、居民家庭。二是组织一次环保知识有奖竞赛。三是由市创模办、市环保局牵头，开展两代表委员“重点区块环境整治”考察活动，促进相关企业、单位加快完善污染治理设施，提升社会环保意识，以环境整治实际行动迎接浙江生态日。四是按省统一部署，市环保局会同市外宣办、市教育局、团市委、市妇联等部门，动员广大环保志愿者和社会各界900余人积极参与“美丽浙江共建共享”微博、微信比赛。五是组织环保志愿者参与环境监督活动，现场体验环境监测，了解环境执法一般程序，媒体跟踪报道，促进公众参与环境保护。六是多方联动，创新宣传载体。通过微博互动，现场回答杭州、上海、温州、舟山等地的网民关于舟山空气环境质量、新区旅游开发与环境保护等问题，为响应公众关切、宣传舟山优良空气质量和旅游环境，打造新区绿色名片，提升“绿水青山就是金山银山”的生态文明意识营造了良好氛围。

21世纪是走向海洋生态文明的时代，更是网络媒体全面发挥作用的时代。以开放的眼光，充分利用网络媒体传播、学习、宣传、建设生态文明的独特优势，搭建广阔网络平台，不断探索，进一步把海洋生态文明传播、扩展、深化，使其真正成为生态文明建设的生力军。现在，在政府部门的政策支持下，受电视、广播、报刊、网络等媒介宣传的低碳生活理念的影响，城市居民的环保意识不断增强，参与生态文明研究的人数不断增加，城市生态文明舆论氛围日趋浓厚。具体表现为：市民超市购物一般采用可循环使用的购物布袋；减少与杜绝使用一次性筷子与饭盒；城市居民外出旅行，自备洗漱用品；上班选择步行或骑自行车或搭载公共交通工具；随手关灯，节约用水的生活习惯已深入人心，等等。据抽样调查显示，城市居民生态文明意识水平达到了46%，城市居民对生态文明的内涵有了进一步的了解。

3. 倡导绿色生态消费新理念

《只有一个地球》的作者巴巴拉·沃德和雷纳·杜博斯指出：“对消费的喜新厌旧成风，无限制地使用能量，我们的前途只能是生态系统的灾难。”加强生态文明意识培育既要遵循客观自然规律，又要与社会主义性质、国情民情和时代发展要求相适应，只有有了生态文明意识，才能有符合生态要求的生活方式、生产行为和消费行为。[3]我国的基本国情决定了我们不应当也不可能模仿发达国家以挥霍能源资源为特征的消费模式，而是要立足我国国情，正确引导消费结构升级，倡导消费文明化、生态化的消费模式。在利用资源时，节制开发、高效使用，资源利用和消费活动不能对自然造成危害，帮助人们摆脱无止境的物质欲望追求，引导人与自然和谐共处，全面提高人们的生活质量，从而切实地把党和国家建设资源节约型、环境友好型社会的要求落实到每个单位、每个家庭中去，真正把生态文明理念应用于实践，形成有利于节约能源资源和保护环境的科学、合理、绿色的消费模式。只有形成良好的生产生活习惯，才能在提升海洋生态文明素养方面做好示范。哪怕从垃圾分类做起也行，但实际上要做好这一点也不容易，主要问题是涉及老百姓的生活习惯，比如河道、社区、农村保洁问题。在以往检查中，发现在那么好的环境中垃圾乱堆乱放，说是习惯了，这些行为习惯都涉及生态文明水平和生态文化建设。什么是文化？这些都是文化。生活中的点点滴滴，人们认同的、习以为常的都是文化。千百万人的习惯势力最可怕，要改变是最难的，这就是文化的积淀，好的继承了坏的也继承，而我们要改变的就是这种不好的习惯。

建设好海洋生态文明任重而道远，因此要切实加强生态文明教育，提高全民生态文明素质，国民教育体系要从娃娃抓起。同时还要开展美丽人居创建活动，现在的环境污染越来越多地来自于生活污水、垃圾、汽车尾气等，很多已成为主要污染源，因此要通过生态文明示范创建，让自我参与、自我改造、自我提升成为一种社会行动，做好示范，从而提高生态文明整体道德水平。通过扩展环境权益来提高人们的海洋生态文明意识，就是把人们海洋生态文明意识的提高过程与人们切身利益的保护和改善联系起来。通过使人们获得更多和更大的环境权益来增进海洋生态问题的理解、关注和行动。舟山群岛新区海洋生态文明建设才起步，要形成良好的海洋生态道德习惯还需要做长期的努力。生态道德习惯往往体现在日常生活的小事上。对于年纪较大的人来说，要在生态道德习惯的宣传教育中逐渐改变其原有不良习惯；对于广大青少年而言，则是生态道德宣传教育的重点对象，他们处于成长时期，必须从一件件小事做起，从小养成良好习惯，成为具有生态道德素质的一代新人。生态道德的责任是要从道义上意识到人类在与自然的关系上应承担的义务和使命，要完成好这一义务和使命，必须对自然界了解和熟悉。在全社会要大力倡导生态文明意识，转变观念，弘扬人与自然和谐相处的价值观，树立公民的生态文明观、道德观、价值观，增强公民的生态忧患意识、参与意识和责任意识。

4. 健全公众海洋生态保护参与机制

加大生态环境资源管理力度，制止破坏生态文明的行为发生。海洋生态文明离不开公众的参与，需要每一个人的努力，因此要建立更多的环保组织，吸纳更多的社会公民参与到环保事业中去，增强市民的主人翁意识，在实践中提高海洋生态文明意识水平，引导其他城市居民更加注重公共资源的维护，减少与降低人为因素导致的生态危机或生态治理成本。海洋生态文明建设需要广大沿海人民的积极参与，并与全国生态文明建设齐步前进，最终实现中国文明而和谐的全面小康社会。就当前的情况，我们倡导全民加入到建设海洋生态文明中来，在我们憧憬美好的生态环境的同时，也必须清楚地知道美好的环境需要大家的共同努力。我们必须要有忧患意识，积极做好防护措施，不要等到能源用完的那一天，不要等到大海不能承受的那一天，爱护我们赖以生存的大海是每个人义不容辞的责任。所以，我们要从现在做起，从每一件小事做起，这样才能利用好丰富的海洋资源，才能保护好海洋环境。

各级组织切实带头，全体市民积极参与。“火车跑得快，全靠车头带”，生态道德建设要取得成效，各级组织必须发挥模范带头作用。一方面，各级领导要以身作则，成为生态道德的典范，给市民带好头；另一方面，各有关部门在制定政策、规划时要体现生态道德的要求，给市民更多的生态感受。生态文明城市建设是一项庞大的系统工程，必须要全体市民积极投入，这就要求每个市民都要自觉树立生态道德意识，参与到生态道德建设中来。生态文明城市建设涉及每一个市民的切身利益，关系到每一个市民的家庭幸福，必须是人人动手、积极参与，才能共创美好的未来。因此，每个市民都应把生态文明建设引为己任，严格要求，从一点一滴小事做起，不断提高自己的生态道德水平，为建设生态文明城市做出应有的贡献。各级领导干部按照科学发展观和生态文明建设要求，把生态文明理念体现到制定决策、部署工作的各个方面，贯穿到经济社会发展的各个领域；经济发展模式在发生转变，企业、群众保护环境、治理污染的自觉性不断提高；通过组织开展“环杭州湾生态行”活动、“学习实践科学发展观进社区”以及深化“绿色系列创建”、倡导绿色生产、绿色消费等活动，加强环境宣传教育，使广大群众生态文明意识有较大提高。根据国家统计局浙江调查总队反馈的舟山市2008年公众对城市环境保护满意率的调查结果显示，总满意率达85.87%，名列全省前茅。

放眼全球，当今世界无论是发达还是发展中国家都非常重视公民生态文明意识培育，将生态文明意识的内容融入到各种教育之中，把生态文明意识培育作为社会健康发展的重要手段，并根据不同的环境，实施不同的具体内容和方法。海洋生态文明素养培育必须与经济增长、生态环境建设和保护相结合，以社会经济发展为基础，以生态环境为条件，促进社会经济和生态环境和谐发展。海洋生态文明素养培育的目标是要建立物质文明、精神文明和生态文明相统一的和谐社会，促进自然、社会经济和人的全面发展。个体的海洋生态文明素养既可以通过直接的海洋生态文明教育塑造，也可以通过个体间互相影响而培养。如塑造氛围，通过宣传生态文明素养典型案例或培养具有影响力的个体的海洋生态文明素养来影响其他个体以达到提高整个社会海洋生态文明素养的目的。加强宣传教育，充分调动广大群众参与海洋生态文明建设的主动性和积极性，不断改善城乡人居环境，展示群岛新区新形象。从海洋生态文明行为、村规民约做起，以信念为支撑、道德为规范、制度为约束来化解，然后就是海洋生态经济和生态环境，从而确保海洋生态文明素养培育工作有序推进。[4] 生态文明意识培育的目标是使人们正确认识人与自然生态环境存在相互依赖的关系，在实践中以生态理念去维护生态平衡、环境保护和不可再生资源持续利用，实现社会、环境、经济可持续和谐发展。意识培育是生态文明建设的重要组成部分，其本质要求是实现人与自然的和谐，进而实现社会、经济与自然的可持续发展。当前生态文明建设需要着力解决的关键问题有很多，但最根本的是在全社会牢固树立生态文明观念，提高人的素质，具体来说是提高当代中国公民生态文明意识的觉醒和生态文明素质的普遍提高，而提高公民生态文明素质的根本途径就是要不断地进行生态文明意识的培育。生态文明意识培育需要社会各方面的共同努力，既要有物质技术手段的支持，也需要社会制度的保障。大力加强公民生态文明意识培育，带动生态文明风尚在全社会的形成普及和生态文明观念在全社会的牢固树立，对于构建和谐社会、实现中华民族的伟大复兴，具有极其重要的意义。

参考文献

[1] 刘家沂：《构建海洋生态文明的战略思考》，今日中国论坛，2007 年第 12 期，第 44 - 46 页。

[2] 周国辉：《舟山群岛新区：从海洋生态文明起航》，环境经济，2010 年第 12 期，第 58 - 60 页。

[3] 俞树彪：阳立军：《海洋产业转型研究》，海洋开发与管理，2009 年第 2 期，第 61 - 66 页。

[4] 吴凤章：《建设生态文明：厦门特区发展模式创新》，马克思主义与现实，2006 年第 4 期，第 13 - 18 页。

从交通文明看新区人文素养的培育

——对舟山交通文明现状的调查及思考

林晓芳

【摘　要】　交通文明是一个城市文明的体现。特别是在舟山群岛新区建设的大背景下，文明交通显得尤为重要。本文笔者通过调查，总结了当前新区交通文明方面存在的四大问题，并分析了造成这种现象的主要原因是个人素质问题、从众心理、侥幸心理。针对这种现象，笔者建议从多方面入手，社会各个层面共同参与，共同营造一个文明的新区交通。

【关键词】　交通现状；新区文明；人文素养

文明的交通是城市的一张名片，是展现新区文明的窗口。交通文明与每个新区人息息相关、密不可分。行车、走路不但直接反映新区人的思想素质和道德水平，还能集中体现新区的交通管理水平和社会文明程度。德国是一个汽车大国，路上车流不息，但是几乎见不到交通警察，所有的交通都由信号灯及路牌来指示，交通事故的比例并不高，最根本的原因是交通参与者大都能遵守规定且能够做到相互礼让。而在我们身边，车辆及行人不遵守交通法规的现象随处可见，上下班、上下学高峰期拥堵等现象严重，这些行为有悖于社会公德，与新区的文明格格不入，影响新区文明进程。

一、新区交通文明现状

就新区实际来看，交通文明方面存在的主要问题有：

一是电瓶车、自行车等非机动车驾驶人不规范行驶问题严重。这类骑车人中有相当一部分不遵守交通规则，缺乏自我保护意识。有的人不遵守交通信号灯和

作者简介：林晓芳（1973—），女，浙江舟山人，浙江海洋学院思政部讲师。

指示标志，乱闯红灯。在调查中发现，闯红灯的非机动车驾驶人以三四十岁的中年女性及初、高中生为主。有的人经常驶入机动车道，使得汽车驾驶员无法正常行驶。这种现象主要存在于电瓶车。现在的电瓶车马力一般都比较大，有些电瓶车主在机动车道上“横行”，甚至比汽车还要快！电瓶车与汽车剐蹭事件时有发生。有的人与汽车在斑马线上争抢，甚至为了走捷径，直接穿梭在车流中，以三轮车夫最为明显。调查中有近六成的私家车主表示，现在开在大街上最怕的就是三轮车夫，他们根本就不管有没有车，就横冲直撞过去！在路上，我们可以看到主动戴安全帽的电瓶车主较少，大概也就是十个人中只有一个戴安全帽，这是很大的安全隐患。

二是私家车车主不打或乱打转向灯令人担忧。随着私家车数量的猛增，交通压力也随之增大。在对行人及非机动车辆进行调查时，他们表示最害怕的就是私家车车主不打车灯或者打错转向灯，突然来个大转弯，太危险了！在路上，我们也经常看到私家车主不打转向灯或者打反了转向灯，突然转弯，造成行人、非机动车主都很被动，不知道私家车到底要去哪个方向，增加了安全隐患。

三是不规范停车或者违规停车现象突出。经常有出租车在繁忙的路段急速、随意停车，肆意抢道，突然调头横穿马路，造成堵车。现在“马路新手”又很多，碰到这种突如其来的举动，手忙脚乱中易发生追尾、碰擦等事故。还有随着私家车数量剧增，现有的停车位已经满足不了市场的需求，不少私家车直接停在了原本就十分狭窄的非机动车道上，给非机动车道添堵。

四是出租车乱收费现象令新区文明荡然无存。出租车是一个城市交通文明的窗口。但是在我们的新区，出租车乱收费现象确实经常发生，尤以汽车站附近最多。在采访中，一个被调查者诉说了一个浙江电视台记者的打车经历。他们从杭州来舟山采访，从新城公交总站到财富君廷大酒店，出租车司机直接向他们要30元，而且还不肯打表，最后他们拿出了摄像机说要到小强热线曝光，司机才勉强收了他们10块钱。但在那位记者心目中却留下了很不好的印象，直接说，这个新区的出租车司机怎么素质那么差！尽管这是部分出租车司机的行为，但却令我们整个新区蒙羞！

二、形成目前现状的原因分析

一是个人素质问题。遵守交通法规是每一个市民应该具备的最基本的道德素养。但是在调查中，我们却发现不少人心中缺乏这个意识。在对闯红灯的人群进行调查时，他们纷纷表示知道闯红灯是错误的，但是看到没有人还是直接闯了过去。在意识中，他们认为闯红灯不是什么大不了的事，不必要太紧张。说到底，这都是缺乏交通法规意识的表现，认为闯红灯、乱停车是小事，没必要大惊小怪，总是能想出种种理由推卸自己的责任。

二是从众心理。在调查中，有许多被调查者纷纷表示，别人都在闯红灯，我也就这样做了，不然我就被人家当傻子了，因为只有我一个人还傻等着，所以也就随大流了。正是因为有这种从众心理，让遵守交通法规者成为了违规者的讥笑对象，造成了红灯和斑马线如同摆设的交通窘境，让城市道路交通安全管理“剪不断，理还乱”。应该说现实生活中抱有这种心理违反交通管理行为的现象是比较普遍的，一个不文明的行为相互感染扩散成为群体行为，久而久之就成为许多人眼中司空见惯、习以为常的行为了。

三是侥幸心理。心存侥幸心理的交通参与者主要表现在以下几方面：机动车驾驶人认为自己技术高超，多少年来从未发生过交通事故，开起车来忘乎所以，横行霸道。即使有时会险情频发，也能化险为夷，有惊无险。因此以为自己不但经验丰富，而且运气很好，他们认为：闯红灯不一定会被摄像头拍到，酒驾不一定会被交警查到。有些刚考出来不久的马路新手不知天高地厚，以为开了几天车就很了不起。还有那些骑电动车、自行车、三轮车、黄包车的非机动车驾驶人，认为自己骑的是非机动车，占的空间小，又没有汽车、摩托车的速度快，不大会发生交通事故。正因为有了这些侥幸心理，这些人骑车上路时就会随意侵占机动车道，与机动车争时间抢速度；在道路上随意掉头、逆向行驶，转弯时不开转向灯或伸手示意；在十字路口明知红灯亮了也照闯不误。违法载人载货，手离车把，互相追逐，饮酒后驾驶非机动车，等等。行人也存在侥幸心理，这些人上路时不走人行道，随意在机动车道中间行走；通过交叉路口时随意闯红灯；横过道路时不走人行横道或过街设施，偏要和飞驰而来的汽车争先抢道；随意横穿马路，随意跨越道路隔离设施，等等。有些乘车人在上下车和坐车的过程中根本不知道自己的不良行为可能会导致交通事故的发生，因此在乘车时随意将头和手伸出车窗外，不按规定系上安全带或安全头盔；随意在机动车道中间拦车，下车时不顾来往车辆突然横穿马路，等等，还认为自己这些行为很正常，很多人都是这样做的，从来没有发生过交通事故。

三、培育新区交通文明意识的建议

文明交通不仅是新区形象的展现，更是对自己及他人生命负责。针对文明日常生活中存在的不文明的交通行为，笔者建议从以下几方面入手：

一是加强交通法律法规宣传力度，营造人人遵守交通规则的良好氛围。针对不同年龄、不同文化、不同经济条件、不同群体的教育对象，分类开展交通安全知识宣传教育。出租车和其他车辆司机由交通交警部门定期进行分类培训和教育。其他行人按照属地原则，在各自所在的村、社区、学校、企业进行培训和教育。切实采取各种形式，开展经常性教育，强化教育的持续性和持久性，真正提高所有人员的交通安全意识。特别是要加强侥幸心理危害交通安全的宣传教育活动，用侥幸心理引发交通事故的典型案例，采取播放事故视频、展出事故图板、张贴宣传标语、开展安全讲座、事故当事人现身说法等形式。不仅只是组织专业运输企业驾驶人进行宣传教育，也要深入到社区、学校、农村，组织非专职机动车驾驶人、非机动车驾驶人和行人进行宣传教育，让全社会都来认知心存侥幸心理参与交通活动的危害性，自觉遵守交通法规，按照客观规律开车，从而达到预防和减少道路交通事故多发的目的。

二是加大执法力度，对不遵守交通法规的车辆和行人进行处罚。在美国，闯红灯将被罚款 400～800 美元，被教育多次不改者吊销驾照，而在我国，仅处警告或 20 元以上 200 元以下罚款，处罚力度相差甚远。在交通领域里，普通行人往往还会被想象成“弱者”而受到同情甚至保护。但是，行人和机动车一样都是交通参与者，都必须遵守交通规则。过于“同情保护”，只会让行人的交通安全意识懈怠。对违反交通安全的行人，同样要采取相应的处罚措施。令普通行人群体也承担起交通违法的成本，才能进一步减少交通事故的发生，提高交通效率。

三是建立交通规则义务劝导员机制，在实践中提高教育效果。目前，定海区已经在重要的交通路段以及早晚高峰期间组织交通协管员进行劝导和宣传，引导各类群体各行其道。这个机制非常好，也起到了一定的作用。建议可以扩大范围，发挥机关干部、社区居民、人大代表、政协委员、企业工人、学校教师、义工等群体作用，将他们也纳入交通规则义务劝导员群体，开展文明出行体验等活动，提高效果。

四是加强对出租车的管理，促进落实企业主体责任。在强化对出租车司机交通安全教育的同时，也要建立起相应的奖惩措施，并形成长效机制。建议交通部门实施《出租汽车驾驶员 IC 卡记分考核办法》，由交警、城管每月将出租车交通违法通报给交通部门，在交警、城管处罚的基础上，交通部门再进行考核扣分，考核结果与出租汽车企业和驾驶员利益相关联，用制度来激励出租车司机们遵守交通规则，真正把交通安全摆在第一位。

五是媒体联动，曝光不文明交通行为。建议新闻媒体建立专栏、专版、专频等交通法规长效宣传平台，强化舆论宣传教育效果的同时，对不文明的交通行为进行曝光。新闻媒体记者不间断上街拍摄、跟踪采访不文明交通行为，充分利用电子监控影像资料，对不文明交通行为进行曝光，努力营造人人守交通的浓厚氛围，创造安全、文明、和谐的交通环境。

四、总结

随着新区建设的大力推进，文明交通必然也将助推新区的发展，成为新区文明的一个重要内容。我们真诚地希望广大市民从自身做起，从现在做起，告别交通陋习，倡导文明出行。展现文明新区，我们人人有责，我们每个人一个小小的举动就能扮靓新区的容颜，为它的腾飞插上翅膀。

第七部分
社会调查体会与心得

收获总归是有的

——“舟山市民生活负担”调查体会

胡妙妙

很开心度过了大学里最后一个真正属于自己的暑假，在其中作为点缀之一的便是社会实践。与以前的社会实践不同的是，这是我第一次亲身参与其中的实践。很幸运，终于有机会做了一件每一个学生都做过的事，抓住了暑假的尾巴，为学生生涯填满了其中的一些斑驳空白。我相信做任何一件事，都是会有收获的，更何况是持续好多天的社会实践呢！收获总归是有的！

其实，回想起来，还是觉得自己有些不可思议，在这么热的天气里，我竟然在外面各处跑着做问卷！想想那些天流的汗，感觉有点莫名的后怕。看看自己被晒黑的脸，熊猫一样的模样，还是会有点小小难过。付出一定是会有收获的，只是两者的正比例程度不同而已。在本次实践中我觉得自己的收获多过付出，所以在这里，应该要谈谈自己的收获。

就实践的单位和对象而言，我们走访了多个地方，也开阔了眼界。在舟山市政府里，我感受到公务员工作环境的优越，工作强度的紧张与松弛，工作薪酬的高高低低等各方面。某种程度上也鼓励了我考公务员，我相信这比任何言语鼓励都来得有效。很感慨，曾经的我，原来离市长这么近！在舟山医院里，我大概了解了新舟山医院的布局安排，医生护士的年龄结构，工作人员工作的热情度；在乐购里，我亲眼看到员工工作的忙碌，疲惫的身影，微薄的收入。多少感觉他们的心酸，同时也提醒了我应该为自己的青春奋斗一番，在这最好的年华里！最有特色的是在朱家尖乌石塘，我见识到原来渔民可以这么有钱！渔村里新建的楼房，别致的别墅，原本以为这些与渔村是格格不入的东西，却在这里见到了，颠覆了我心中原有的记忆，给心灵带来小小的冲击。其实，挺好，给井底之蛙的我

作者简介：胡妙妙，浙江海洋学院行政管理专业 2011 级在读本科生。

又凿出了另一口井。当然，在对社长、书记的访问中，也得知了一些政治体制方面的知识，也在实践走访中直接验证，方法有效快捷，我想这是在课堂中不可能学到的。在乌石塘还受到更大的冲击，原来温家宝总理在 2011 年时曾经来过舟山樟州村调研，王沛国书记办公室里他和总理的合照深深留在我脑海里，我想樟州村应该有它独特的魅力所在。有幸，我也走访了这个温总理曾经来过的地方。莲花村陆书记的平易近人、一心为民的风格也令我印象颇深，原来世界上还真的有这么热忱、奉献的干部，这么一心为民的基层干部是我第一次看到！

在我发放问卷的过程中，也增加了与人交流的频率，虽然大多时候都是重复着一句话。但再小的事都有可以学习锻炼的地方。渐渐地，我对别人的拒绝不会感到那么的难过，对别人不屑的白眼学会忽略，视别人的摆手如同招手，学着去平复自己的心态，不让别人乱了自己。

总的来说，收获总是存在的，也许有些东西已经潜移默化地注入了我的精神里。

“压力山大”为何诞生?

——关于“舟山市民生活负担调查”的心得体会

丁星慧

网上近来流行一句口语：“亚（压）历山大”，用来表示一个人的压力大，生活负担重，精神落寞的状态。在经济增长迅速，官方数据证明人民物质生活水平日益提高的中国，人们生活幸福感的增加与国民经济的增速却不成正比，越来越多的人感到压力山大，一个又一个叫“亚（压）力山大”的外国人诞生在中国的各个城市，我们不禁感慨：“亚（压）力山大”为何诞生？

前些天跟老师做了一个关于“舟山市民生活负担”的调查，走访了像舟山市普陀区政府、普陀区广播电视台、国家电网等政府和事业单位，同时也向扬帆集团、凯虹广场等企业单位发放了调查问卷，几天下来接触到了形形色色的人，也切身体会到了他们对于我们所发放问卷的态度。在填写调查问卷的过程中，绝大多数人首先关心的便是此问卷是否会泄露自己的隐私，在得知是匿名填写后，才稍微放松了对问卷的敌意。

发放调查问卷的过程比想象中顺利，没有得到人们的责难，更多的是人们的善意与帮助。通过走访不同的地方，我也亲眼见识到了舟山市企事业单位、政府公务员的工作环境，不同环境下人们的工作态度以及工作状态。政府公务员以及某些事业单位的工作条件是很好的，员工工作稳定，生活安逸。通过对调查问卷结果的统计分析，我们发现公务员的生活压力与其他人相比，还是相对低的；而像船厂这样的私企，普通职员的工作环境一般，技术能力要求高，工作紧张竞争激烈，虽然薪资或福利较高，但员工的整体压力还是较大的。

在问卷调查过程中让我感触较大的是：有些人在问卷填完时，总会发出些许感慨，譬如“光调查不作为，生活负担依旧大”；“调查有啥用，给我们涨工资

作者简介：丁星慧，浙江海洋学院2010级行政管理专业学生。

才是真理”等。似乎涨工资，降物价，压房价是人们认为能减轻生活负担，使“压力山大”消失所达成的共识，实际情况也的确如此。舟山的物价高，房价更是居于全国前列，平凡的工资却让住在这座岛城的居民为难了，尤其是外来人口。填写调查问卷的人中除了绝大部分的本地人也有少部分的外地人，舟山高昂的生活费用给外来人口尤其是低学历低收入的外来人口带来了较重的生活负担和心理压力，从本质上看外来人口算不上舟山市民，可是外来人口却给舟山注入了新的血液，推动了舟山市经济的发展，我觉得政府也应适当保障外地人的权益，对于给经济带来发展的人们我们是要同等看待的。

这次关于“舟山市民生活负担”的调查给我留下了深刻的印象，通过调查我也发现人们的精神消费是以人们的物质消费为基础的，只有充分的物质文化发展才能推动精神文化的发展。目前而言，人们物质文化生活水平的提高，物价相应地降低是舟山市民生活负担减轻、幸福感增大的重中之重。调查过程中极少部分的人却对问卷表现出了极大的愤怒，他们不满意当前的社会和当前的生活状态，却又无可奈何，生气、攻击政府成为他们的发泄方式，这也未免太极端。我们不能改变社会，却能改变自我，明明可以微笑着生活，却为何要忧愁愤恨，把自己搞到内伤呢?

走极端的人毕竟是少数，只有稳定住大多数人，控制好极少数人，整个社会才能平衡稳定，舟山的房价与物价依旧不断上涨，而人们工资的涨幅却不甚明显，如果政府不加以控制，一旦突破了人们所能承受的那个点，我想愤怒不满的人、感受生活有点重而不是很重的人就不像现在是少数人了，当不满的持有者变为了多数人，政府再多的行为也只是亡羊补牢——为时已晚!

作为政府，帮助我们在憧憬美好未来的同时，更多地还是多多关注民生，关注老百姓的安危冷暖。因此，认清现实，不断发展，不断提高人民的物质生活水平才是关键，“压力山大”我们不需要，我们需要的是幸福，在现如今情况下，要建设美好舟山，我们依旧任重而道远!

从社会调查中我学到了很多

陈　婷

今年暑假，我参加了学院暑期社会实践小分队，成为了其中的一员。我们实践小分队开展了关于“舟山市民生活负担”的社会调查活动。随着社会经济的快速发展，尤其是近几年物价、油价、房价的节节攀升，全国各地人民抱怨不断，也引发了许多的社会问题。因此，调查研究舟山市民生活负担具有极其重要的现实意义。

此次社会调查活动是通过实地采访、发放调查问卷的形式完成的。小分队成员分为两个小组开展调查活动，我们这组走访的地方包括：普陀区政府、普陀区广播电视台、鲁家寺扬帆集团、定海区国家电力局生产基地和普陀区凯虹广场。通过这次调查，我认识到调查在社会实践活动及学术研究中的重要性，能否获得第一手翔实的资料，是关乎整个研究成功与否的关键。在调查过程中，不断地学习、改善自己，提高自己，以下几点是在进行问卷调查时需要注意和改进的地方。

首先，调查对象合理选择、调查问卷设置科学。本次的调查问卷是对民生现状的最直接、最客观的一种反映，调查的对象应该是面向全体舟山市民的，因此，对象要包括社会各个阶层市民，不能以偏概全，不能由一部分人的生活状况决定整个舟山市民的生活情况，调查对象应尽可能地涉及社会生产生活的各个行业、各个领域、各个部门。调查问卷的设置同样需要具备高度的科学性、客观性，应该根据舟山市的具体状况来设置与市民生活负担密切相关的问题。除此之外，问题选项的设置要更加严格，答案尽可能齐全，文字表述要清晰易懂无歧义，问卷务必做到认真、客观、翔实，避免因问卷歧义产生误差。

其次，调查过程态度谦和、热情待人。调查过程中，我们会遇到各种各样的

作者简介：陈婷，浙江海洋学院2010级行政管理专业学生。

人，作为一名合格的调查者，素质体现之一即态度谦和。在调查活动开展之前就应该有这样的思想准备：并不是每一个人都会对调查活动积极配合。因此，被人拒绝是意料之中的事，不管遇到怎样的拒绝，调查者都应该维持一种谦和的态度，这是综合素质的体现之一。同时，热情待人，取得被调查者的信任，在调查过程中掌握和恰当地使用调查技巧。如在调查前，有必要介绍一些关于这次调查活动的基本情况，这次实践活动的意义，对被访者提供的信息严格守密，等等。由此逐渐消除和减少他们的抵御心理、戒备心理，拉近与被访者的心理距离，取得他们的信任、理解和支持。调查者与被调查者之间是一个互动的环节，要掌握好互动中的收与放，做到张弛有度。

最后，调查结束有序统计、客观评估。问卷回收之后，要及时做好统计工作，尽快把各种数据分门别类，进行汇总。在统计过程中，具体工作要有序地进行，保持数据的准确性，坚持对原始数据的尊重，避免人工操作中出现问题，造成结果的偏差。在全部的数据汇总后，应该对数据结果如实记录，客观地分析和评价。

社会调查时间虽然短暂，但其中蕴含的知识让我受益终生。这次社会实践，不仅发现了许多的社会问题，进一步了解了社会现实，还提升了自己与他人沟通的交流能力、应变能力。

后 记

当敲完最后一个字符，改完最后一个标点符号时，内心终于松了一口气，不过还是有一丝恍惚与不安。不安来自两方面，一是出版社已经联系好，就等着我把书稿交出，而且时间非常紧，三天前就应该交稿了，但我却交不出，缘于我审稿的效率比较低。现在想想，编书、审稿真像是煮一锅饭。就好像有人把锅已经烧热了，就等着我下米，而我却淘了半天米也没淘好。但我的初衷是善的，我是想把米淘得干净一点儿，不想让别人没吃几口就吃出什么沙子来。虽然算上今晚，已经连续六个晚上了，每天晚饭后就足不出户，一直孜孜不倦地淘这锅米，淘到凌晨一点多，几乎天天如此，但我无怨无愧。因为既然接了这个任务，就应该全心全意把它干好。至于这锅饭最后还有没有很多沙子，是不是夹生饭，那只有让吃饭的人来评判了。饭好不好吃那是水平和能力问题，但米淘得干不干净，是由态度决定的，至少我认为自己的态度是端正的。

非常感谢给我提供米的各位老师和学生，没有他们提供的米，我就是有天大的本事，也做不出饭来呀！但我在淘的过程中，反复地搓呀，冲洗呀，可能损害了营养，或搓碎了米粒，但愿能得到老师和同学们的谅解。此乃令我不安的第二个方面。

这是我主编的第一本书，书名仍然沿用了思政部曾连续使用过八年的书名——《蓝色报告》，这个书名很富有诗意，容易使人产生遐想。副标题用得很大——“浙江舟山群岛新区社会发展报告”。作为生于斯、长于斯的一所高校，建设新区，发展新区，浙江海洋学院责无旁贷。学校已经走过了五十五年的风雨历程，从平阳浦到定海，从定海到长峙岛，发展的路有点曲折。同时也见证了舟山从海岛时代到大桥时代再到新区时代的变迁。新区兴则学校兴，新区衰则学校衰。作为海院人，同时也是新区人，我们同样要发扬“四干”精神，在新区热火朝天的建设大潮中，我们不能做旁观者，理应通过自己的深入观察，冷静思考，客观分析，实事求是地发出我们的声音，为新区的发展呐喊、助阵。这是作为知识分子的一种责任、使命和情怀。我相信我们为新区发展提供的也是一种正能量，而不是杂音。

调查研究是一件苦差使，是要付出辛勤和汗水的工作。习总书记曾把领导干部的调查研究形容为“十月怀胎”，把决策比喻为“一朝分娩”，很形象。知识分子要有社会担当，要为地方政府提供决策参考也必须走出课堂，走出书斋，走向田间地头，走向车间码头，去收集第一手资料，掌握最原始的、最真实的信息，只有这样才有可能得出正确的结论。这既是做社会调查研究的态度，也是做应用科学研究的态度。

23 篇文章基本上是今年暑假思政部老师和学生们冒着几十年没碰上的酷暑，挥汗如雨，走村串户，调查收集了社会各方面的真实数据和情况。没有调查就没有发言权。文章中总结出来的一部分现象，提出的一部分观点，也许不全面、不完善，甚至是不科学的，但可以肯定地说，这些现象和观点都是真实的和真诚的，哪怕对新区的社会发展能起到一丝一毫的参考或借鉴作用，那我们编这本书的意义就得到了凸显。

主编

2013 年 9 月